문명의 교차로 **터키의** 오늘

문명의 교차로 터키의 오늘

변경에서 중심으로, 터키의 국제 전략

이희철 지음

문학과지성사
2012

문명의 교차로 터키의 오늘
변경에서 중심으로, 터키의 국제 전략

제1판 제1쇄 2012년 6월 29일
제1판 제2쇄 2012년 10월 26일

지은이 이희철
펴낸이 홍정선
펴낸곳 ㈜문학과지성사
등록번호 제10-918호(1993. 12. 16)
주소 121-840 서울 마포구 서교동 395-2
전화 02)338-7224
팩스 02)323-4180(편집) 02)338-7221(영업)
전자우편 moonji@moonji.com
홈페이지 www.moonji.com

ⓒ 이희철, 2012. Printed in Seoul, Korea.
ISBN 978-89-320-2312-0

* 이 책의 판권은 지은이와 ㈜문학과지성사에 있습니다.
   양측의 서면 동의 없는 무단 전재 및 복제를 금합니다.

프롤로그

　이 책에서는 최근 10년간 급변하고 있는 터키의 국내 정치·경제 발전과 대외 관계에서의 대약진을 다루고자 한다. 한마디로, 터키에서 일어나는 국내외에서의 큰 변화가 이 책의 핵심 주제이다.

　2009년, 터키를 떠난 지 5년 만에 다시 가보니 모든 것이 놀라울 정도로 변해 있었다. 만성적인 인플레로 늘 불안하던 경제는 활기를 띠고 있고, 여·야 정당 간 트집 잡기와 싸움 대신에 정의개발당^{AKP}★ 집권으로 정치적인 안정을 구가하고 있었다. 도시, 농촌 할 것 없이 역동과 생동감이 넘치는 게 피부에 느껴질 정도의 큰 변화였다. 한 번이라도 터키를 와봤던 사람이면 터키의 이러한 변화에 모두가 놀라워할 것이다.

★ 정의개발당은 터키어로 Adalet ve Kalkınma Partisi(AKP)이며, 영어로는 Justice and Development Party(JDP)이다.

짧은 시간 안에 터키가 이룬 사회적 변화는 그만큼 크고 의미가 깊었다. 이전에 사회 한구석에 늘 자리 잡고 있던 어둡고 침침하고 굼뜬 모습은 보이지 않는다. 이슬람계 정의개발당 집권 이후 창출된 신중산층이 사회 주류로 진입하면서 기존의 사회 질서가 깨졌다. 이로써 기득권층과 신중산층 간에 알력이 생기기도 했으나, 사회 구성원의 이동, 생성, 변화로 인한 새로운 활력이 사회 곳곳에서 감지된다.

2011년 6월 총선에서 레제프 타이이프 에르도안Recep Tayyip Erdoğan 총리는 2002년 이후 세번째로 압승을 거두며 연임에 성공했다. 터키 역사상 처음 있는 일이다. 아마 세계 자유민주주의 국가에서 그 유례를 찾기가 힘들 것이다. 세 번의 총선에서 연이은 압도적 승리는 어떻게 가능했을까?

정의개발당이 가져온 정치적인 안정이 무엇보다도 중요한 요인이었고, 그다음 정치적 안정을 바탕으로 국민들의 먹거리와 일거리를 해결한 경제 성장이 큰 몫을 했다. 여기에다 중동, 중앙아시아, 코카서스, 유럽 등 이웃 국가들과의 외교에서 터키의 역할과 위상이 그 어느 때보다도 돋보인 때문이기도 했다. 지역 문제를 중재하려는 터키의 노력은, 서구는 물론 중동 국가들로부터 인정을 받고 있다. 터키는 자신과 이웃하고 있는 지역 내에서 터키의 영향력이 얼마나 중요한지에 대한 메시지를 서구에 보내면서 자신의 위상과 가치에 대한 마케팅을 성공적으로 전개하고 있다.

한 가지 더 추가하자면, 터키의 정치 지도자 에르도안 총리의 리더십을 지목할 수 있다. 카리스마 있는 성격의 에르도안이 세 번 연임에 성공하자 독재 정치로 변질되지 않을까 하는 우려가 생기기도 했지만, 전반적으로 국내 정치에서의 장악력과 대외 관계에서의 담력 있는 처신으로 지도자로서의 신뢰를 얻어왔다. 에르도안은 강력한 리더십으로 정치권의 초년병이나 다름없는 정의개발당의 성공 질주를 이루어내고 있고, 국내외적으로 중요한 위기마다 흔들림 없는 결단력으로 국내외 정치판을 잘 운영해나가고 있다.

국제 관계에서 터키의 태도는 매우 적극적이다. 문제가 있는 곳에 해결점을 찾기 위해 뛰어드는 태도가 전과 다르다. 터키 외교의 핵심인 '이웃 국가와의 갈등 제로' 정책은 어느 정도 적대감과 긴장감을 지니고 있던 주변 국가를 거의 모두 동반자로 만들었고, 이제 그들은 자유시장 원칙에 맞는 경제 협력으로 서로 상생하는 방법을 배우고 있다. 2009년 5월 외교 장관으로 임명된 아흐메트 다부트올루 장관이 주창한 '이웃 국가와의 갈등 제로' 정책은 이웃 국가들과 문제는 최소화하고 협력은 최대화하여 안보와 경제 성장이라는 두 마리 토끼를 한꺼번에 잡는 성과를 보였다. 갈등 제로 정책으로 시리아, 이란, 이라크 등과의 관계는 획기적으로 개선되었고, 복잡하고 다양한 중동 내 분쟁 문제에서도 터키는 다양한 이해 당사국 간에 조성된 긴장을 해소시키기 위해 조정과 중재 역할을 해왔다.

최근 중동 지역의 민주화를 대변하는 '아랍의 봄' 사태를 맞아 터키의 '이웃 국가와의 갈등 제로' 정책의 효율성에 대한 비판이 제기되었다. 좋은 관계를 유지해온 리비아와 시리아의 지도자가 국민의 민주화 시위를 유혈 진압하는 독재자로 지목받고 있기 때문이었다. 중동의 민주화 시위로 갈등 제로 정책이 잠시 시험대에 올랐지만, 이 정책은 역내 불안정한 상황을 관리해나갈 수 있는 최선의 외교 방법이자 수단이 되고 있다.

 터키의 성공은 민주주의와 자유를 갈구하는 '아랍의 봄'을 위해 좋은 모델로 주목받고 있다. 터키의 전통적 세력권인 중동에서의 터키의 영향력은 과거 어느 때보다도 높은 평가를 받고 있고, 중앙아시아 및 코카서스 지역의 석유·천연가스 등 에너지 자원의 수송과 에너지 자원의 안보 측면에서 터키의 역할은 간과할 수 없으리만큼 중요해졌다. '유럽연합EU 가입'이라는 숙원 문제에 있어서도 터키는 EU에 자기 목소리를 낼 수 있는 입지를 다졌다. 터키와 가까이 있는 중동, 중앙아시아, 코카서스, 유럽에서 터키는 약진하고 있다.

 이 책은 3부로 구성되어 있다. 제1부에서는 국내외적으로 변화하는 터키의 모습을 짚어보고, 에너지 허브로서 터키의 상황을 조명하고 터키를 통과하는 석유 및 천연가스 수송관 현황을 살펴본다. 제2부에서는 이 책의 핵심인 터키의 대외 관계를 상세히 살펴본다. '이웃 국가와의 갈등 제로' 정책으로 인해 터키와 주변국, 즉 중동 국가, 코카서스 국가, 중앙아시아 국가 및 지역 강대국인 러시아, 중국 등과의 관계가 어떻게 개선되어왔는지 그 과정을 살핀다. 또한 서방으로 대표되는 미국과의 관계를 주목하고, 터키의 EU 가입 노력을 기술한다. 마지막으로 제3부에서는 60년에 이른 한국과 터키의 관계를 살펴본다.

 이 책을 내며 독자 여러분께 이해를 구해야 할 사항이 있다. 터키의 종교는 이슬람이지만, 정치에 종교를 끌어들이지 않는다는 소위 '세속주의'를 표방하고 있고, 이미 모든 사회 체제가 서구화되어 있어 이슬람 국가라고 하지 않는다. 그러나 이 글을 쓰면서 문맥상 편의와 이해를 돕기 위해 터키를 이슬람 또는 무슬림 국가로 표기했다. 그리고 아랍과 중동의 개념과 범주에 관련해서도, '아랍'은 아랍어를 사용하고 이슬람을 국교로 하는 나라들을, '중동'은 아랍 국가에 터키·이란을 포함해 지칭하는 게 일반적이지만, 이 책에서는 '아랍'과 '중동'을 같은 의미로 사용했다.

아무쪼록 이 책이 터키의 변화한 현재 상황과 역동적인 대외 관계, 그리고 국제사회에서 터키의 위치와 세계 10대 경제 대국을 꿈꾸는 터키를 이해하는 데 좋은 길잡이가 되기를 바란다. 이 글을 쓰는 데 수없이 많은 자료의 도움을 받았다. 원고 교정을 봐준 이선아 님과 터키의 국제 관계 문제에서 많은 조언을 해주신 빌켄트 대학의 육셀 이난 교수님과 가지 대학의 레페트 이난치 교수님께 감사드린다. 또한 졸고가 빛을 보도록 출판을 허락해주신 문학과지성사의 홍정선 대표님께 충심으로 감사드리고, 원고의 수정과 편집 과정에서 꼼꼼하게 도와주신 문학과지성사 편집부에도 고마움을 표하고 싶다. 그리고 이 책을 쓰는 데 인내하고 성원해준 아내와 아들 기범, 인범에게 애정과 고마움을 전하며, 우리 곁을 떠나 영면하고 계신 부모님께 삼가 이 책을 바친다.

2012년 6월
앙카라 디크멘 계곡 서재에서
이희철

| 차례 |

프롤로그　　　　　　　　　　　　　　　　　　　5

제 1 부　변화하는 터키

01　뉴 터키, 급격히 성장하고 변화하는 사회　　15
02　금기가 깨지다　　　　　　　　　　　　　　32
03　부상하는 지역 내 파워　　　　　　　　　　60
04　중동과 유럽 사이에서　　　　　　　　　　　72
05　터키의 미래를 밝히는 백열등　　　　　　　80
06　에너지 허브로서의 터키　　　　　　　　　　87

제 2 부　터키의 대외 관계

01　중동 국가와의 관계　　　　　　　　　　　101
02　코카서스 3국과의 관계　　　　　　　　　　172
03　중앙아시아 국가와의 관계　　　　　　　　206
04　흑해 지역 국가와의 관계　　　　　　　　　218

05	러시아 · 중국 · 일본과의 관계	225
06	미국과의 관계	253
07	EU로 가는 멀고 먼 길	268
08	남과 북으로 나뉜 키프로스 문제	286

제3부 한국과 터키의 관계

01	한국-터키 교류의 역사적 배경	299
02	군사 중심의 교류: 1950~70년대	303
03	본격적인 협력 기반 구축: 1970~90년대	307
04	교역 · 투자 · 인적 교류의 폭넓은 발전: 1990~2010년대	310
05	또 다른 60년을 위하여	317

참고문헌	320
찾아보기	326

일러두기

1. 인명, 지명, 고유명사 등의 외래어는 국립국어원의 외래어표기법에 따랐습니다.
2. 외국 자료의 경우 단행본은 이탤릭체로, 논문은 " "로, 번역문 혹은 우리말 자료의 경우 단행본은 『 』로, 논문은 「 」로 표기했습니다.
3. 이 책의 내용은 외교통상부의 견해를 반영하는 것이 아니며, 전적으로 저자의 견해임을 참고 바랍니다.

제1부 변화하는 터키

01

뉴 터키, 급격히 성장하고 변화하는 사회

터키 전역의 도시화와 시장경제의 발달

터키가 놀랍게 변하고 있다. 터키 내 81개 주州가 도시, 시골 할 것 없이 변하고 있다. 이토록 급격한 터키의 변화는 최근 10년이 안 되는 사이에 이루어진 것이기에 더욱 놀랍다. 1923년 공화국이 수립된 이후 현재까지 이런저런 변화와 개혁의 역사가 계속되고 있지만, 최근의 변화는 성격이나 규모 면에서 과거와는 비교할 수 없을 정도로 파격적이다. 2002년 중도 이슬람 성향의 정의개발당이 이끄는 정부가 정치·경제는 물론 대외 관계 면에서 터키의 외양을 크게 바꾸어놓았기 때문이다. 무엇보다도 터키의 급격한 변화가 이슬람 성향의 정부 아래 이루어지고 있다는 점에서 세계는 터키를 놀라운 눈으로 바라보고 있다.

활발해진 내수 경기, 새로 지은 건축물들과 도로 등을 통해 터키의 변화를 쉽게 느낄 수 있다. 큰 도시이건 작은 도시이건 대형 쇼핑몰과 호텔 등이 즐비하게 들어섰고, 쭉쭉 뻗은 도로가 사람과 물류의 이동을 손쉽게 해준다. 도시와 도시를 잇는 도로, 각종 기능을 두루 갖춘 건물들은 도시에 활기를 불어넣었고 사람들의 생활상도 많이 바꾸어놓았다. 이스탄불, 앙카라, 이즈미르, 안탈리아 정도가 큰 도시로 인식되던 시대가 그리 멀지 않다. 그러나 지금은 가지안테프, 샨르우르파, 반, 에르주룸, 디야르바크르 같은 동남부 지역의 도시를 가더라도 대도시에서나 볼 수 있었던 대형 쇼핑몰을 쉽게 볼 수 있다. 터키가 급격히 변화하는 것은 소도시를 찾아가면 더욱 쉽게 느껴진다. 터키의 급속한 변화는 우리가 1970~80년대 짧은 기간에 이룩했던 경제 성장을 보는 듯하다. 지난날 한국이 모든 면에서 단기간에 경제 성장을 이룬 것처럼, 최근 10여 년간 터키 역시 압축 성장을 하고 있다.

터키의 압축적 경제 성장

터키에 다가온 변화의 핵심은 민주화, 정치 안정, 경제 성장, 대외 관계의 변화다. 2002년 11월 총선으로 집권에 성공한 에르도안 총리는 터키의 경제력과 국제적 지위를 크게 발전시켰다. 우선 변화를 쉽게 체감할 수 있는 경제 발전에 관해 살펴보자. 터키 경제는 2002년 이후 구조 개혁과 건실한 재정 정책 시행으로 글로벌 경제에 통합되어 주요 20개국(G20)의 회원국이 될 만큼 국내외적 경제 규모가 글로벌 차원에서 크게 성장했다. 국내총생산^{GDP} 규모는 2002년 2,310억 달러에서 2010년 7,360억 달러로 세 배 이상 증가했고, 같은 기간 1인당 국민소득도 3,500달러에서 2010년에 1만 79달러로 증가하는 등 급격한 성장으로 국내총생산 기준 세계 17위 경제 대국이 되었다. 2010년 터키의 무역

터키의 주요 도시.

규모도 2,994억 달러를 기록하여 2002년 875억 달러 대비 3.4배 증가했다.★

경제 성장 면에서도 최근 5년간 연평균 경제 성장률이 7퍼센트 수준에 이를 정도로 안정적 성장을 하고 있다. 2010년도 경제 성장은 중국(10.3퍼센트), 아르헨티나(9.2퍼센트) 다음으로 세계에서 세번째로 높은 8.9퍼센트 성장률을 보였다. G20 중에서는 3위, 경제협력개발기구 OECD 국가 중에서는 5위를 기록했다. OECD의 중장기 세계전망 보고서에 따르면, 터키는 2011년부터 2017년까지 연평균 6.7퍼센트의 성장률

★ 터키 통계청(TÜIK: www.tuik.gov.tr), 『IMF 세계경제보고서』, 2011. 4., 터키 총리실 투자지원홍보처(www.invest.gov.tr) 등의 자료 참조.

을 보이며, OECD 국가 중 가장 빠른 성장세를 보일 것으로 예상된다. 터키의 성장 잠재력을 높이 평가한 것이다.★

투자 부문에서도 터키는 에너지, 금융업, 제조업, 건설업 부문에서 외국인 직접 투자의 최대 수혜국이 되었다. 외국인 직접 투자는 1973~2002년 사이에(29년간) 150억 달러이던 것이 2003~2010년 사이에 940억 달러 수준으로 크게 증가했다. 유엔무역개발회의 UNCTAD는 2008년부터 2010년까지 터키를 가장 매력적인 해외 직접 투자 대상 국가 15위로 선정했다. 터키는 전 세계를 강타한 글로벌 경제 위기의 여파로 2009년 경제 성장률이 -4.7퍼센트를 기록하긴 했지만, 2009년 후반기부터 빠르게 회복되면서 세계에서 가장 빨리 경제 위기를 탈출한 국가 중 하나로 평가받았다. 단기간에 놀라운 성장을 이룩한 터키는 세계 17대 경제 대국, 유럽 국가 중에서는 6대 경제 대국으로 자리 잡았다. 터키는 향후 10년 이내 세계 10대 경제 강국이 되고 터키 공화국 창건 100주년이 되는 2023년에 글로벌 파워 global power로 발전한다는 야심 찬 목표를 내걸고 있다.★★

이렇게 장황하게 경제 수치를 열거하는 데는 이유가 있다. 터키 역사상 이렇게 빛나는 경제 지표를 가져본 적이 한 번도 없기 때문이다. 먼 과거를 보지 않더라도 정의개발당이 집권한 해인 2002년에서 10여 년

★ OECD Economic Outlook No.86, 2009.11.19(www.oecd.org/oecdeconomicoutlook).
★★ 미국의 투자은행인 골드먼삭스가 2011년 11월 22일 런던에서 주최한 터키투자회의Turkey Investor Conference: The road to 2023에서 다부트올루 터키 외교 장관이 'Vision 2023: Turkish Foreign Policy Objectives'라는 제하의 연설에서 이처럼 밝혔다. "2023 Vision of the Republic of Turkey", *Business Turkey Today*(www.businessturkeytoday.com/2023-vision-of-the-republic-of-turkey-html) 참조.

만 거슬러 올라가 암울한 1990년대 상황과 비교해본다면, 터키가 최근에 이룩한 성취는 가히 평가받을 만하다.

1970~90년대 터키는 살인적인 인플레를 경험했다. 최악이었던 세 자릿수 인플레와 높은 두 자릿수 인플레로 터키 리라화의 대미 달러 환율은 상상할 수 없을 정도로 치솟았다. 2001년도에 미 1달러는 터키 리라화로 무려 160만 리라에 달했다. 정의개발당 정부하에 인플레가 서서히 잡히면서 터키 정부는 2005년 초 1백만 터키리라를 1터키리라로 바꾸는 화폐 개혁을 단행했다. 화폐 개혁 이후 인플레가 다시 발생할 것이라는 우려가 있었지만, 다행히 터키의 통화는 안정세로 돌아서게 되었다.

경쟁력을 갖춘 터키의 인적 자원

터키의 성장 잠재력을 점치는 요소는 여러 가지가 있을 수 있지만, 터키의 인구만 가지고도 충분히 미래를 내다볼 수 있다. 터키의 인구는 7,300만 명으로 유럽에서는 독일 다음으로 인구가 많고, 중동 내 강대국인 이집트(8,112만 명), 이란(7,397만 명)과는 거의 비슷한 수준이다. 인구수로는 세계 18번째 대국으로 연평균 1.3퍼센트 증가세를 보이고 있다.★

에르도안 총리는 연평균 인구 증가율이 2.5퍼센트 수준은 되어야 하는데 1.5퍼센트 수준 이하로 떨어진 것은 국가 경제 상황을 악화시킬 수 있다고 하면서 기회 있을 때마다 최소한 세 명의 자녀를 둘 것을 장

★ 유엔인구기금(UNFPA: www.fpa.org) 참조.

려하고 있다. 그는 인구가 증가하면 할수록 그만큼 강한 국가가 된다고 믿고 있다. 터키는 인구의 50퍼센트 이상이 30세 미만이고, 35세 미만은 무려 60퍼센트에 이른다. 국가 인구에서 많은 부분을 차지하는 청년층은 터키 경제 발전의 큰 동력이 되고 있다. 2030년경이 되면 독일, 이탈리아, 그리스, 스웨덴, 포르투갈, 오스트리아 등 유럽 대륙과 북유럽 국가들은 고령자 비율이 20퍼센트를 넘는 초고령 사회가 될 것으로 전망된다. 이처럼 전 세계의 많은 국가들에서 중대한 현안이 되고 있는 저출산 고령화 문제가 터키에는 해당되지 않는다.

정치적 암흑기에서 벗어나다

1980년대는 군사혁명 이후 민정 이양이 이루어져 외잘 총리가 이끄는 모국당ANAP이 단독 집권했다. 그러나 집권 여당인 모국당이 1991년 10월 총선에서 참패하고 제2당으로 전락하면서 터키의 1990년대 정치 암흑기가 시작되었다. 1990년대 어느 정당도 단독으로 정부를 수립하지 못하고 적게는 두 개, 많게는 세 개 정당이 모여 소위 모자이크식의 연립정부를 구성했는데, 정치적 색깔이 다른 정당의 합산合散이었기 때문에 연립정부의 생명도 오래가지 못했다. 길게는 3년 3개월간 유지된 적도 있지만 3, 6, 9개월 등 1년도 못 채운 연정이 세 번이나 있을 만큼 정치적 불안정은 극에 달했다.

1998년 11월 모국당의 일마즈 총리가 부패에 연루됐다는 혐의로 국회의 불신임에 의해 퇴진당하자, 데미렐 대통령은 민주좌익당DSP의 에제비트 당수를 총리 후보로 지명하고 내각 구성권을 주었다. 에제비트 당수는 처음에 세 개 정당 간 연정을 시도했으나 실패하고, 다시 두 개

정당 간 연정 구성에도 실패하자 내각 구성권을 대통령에게 반려하는 일이 발생했다. 이에 데미렐 대통령은 무소속의 얄름 에레즈 산업무역부 장관을 총리 후보로 지명하고 내각을 구성하도록 했으나 그 역시 연정 구성에 실패했다. 난관에 처한 대통령은 각 정당 지도자들과 협의하고 할 수 없이 다시 에제비트 민주좌익당 당수를 총리로 재지명했는데, 다행히도 에제비트 총리가 1999년 1월, 가까스로 국회의 신임을 얻는 데 성공했다. 내각을 구성하는 일이 얼마나 힘들었는지를 보여주는 극단적인 사례다.

복수의 정당 간 합의로 이루어진 연정은 파트너 정당 간 불화와 알력, 야당의 끈질긴 조기 총선 실시 요구 등으로 혼미한 정국 상황을 맞이할 수밖에 없었다. 게다가 2002년 5월부터 에제비트 총리의 노환으로 국정 운영에 공백이 생기기 시작하면서 국정이 불안정해짐은 물론이요, 경제도 파산 지경에 이르러 1961년 이후 18번째 국제통화기금^{IMF}의 구제금융을 받는 등 경제는 바닥을 치고 말았다. 무능력한 정치와 정치인에 지친 민심이 돌아선 건 자명한 일이었다.

군사혁명 이후 단독정부를 구성했던 모국당 정부 이후 1991년 11월부터 정의개발당이 집권한 2002년 11월까지 11년간 일곱 차례나 연립정부가 들어섰으니, 이로 인한 정치 불안정으로 민생 경제는 뒷전으로 밀릴 수밖에 없었다. 연정으로 인한 정치 불안정의 지속과 경제 파국이라는 정치적 암흑기 속에서 에제비트 총리의 연정이 혼비백산한 행태를 계속하자, 터키 국회는 조기 총선을 실시하기로 결의했다. 이때 정의개발당은 소리 없이 그러나 혜성같이 터키 정치 무대에 등장했다.

2002년 11월 실시된 조기 총선에서 이슬람계 정의개발당은 34.1퍼센트의 압도적인 지지를 얻어 국회 총의석 550석 중 66퍼센트인 363석을 차지하게 됨으로써, 1923년 터키 공화국 수립 이래 처음으로 이슬람계 정당이 국회에서 과반수를 차지하는 돌풍을 일으켰다. 정치 초단의 이슬람계 정의개발당이 예상을 넘어 갑작스레 제1당이 된 것은 기성 정치인이나 기존 정당에 대한 국민의 불만과 불신이 그대로 노출되었기 때문에 가능했다. 정치적 안정을 바탕으로 경제 성장을 이룬 정의개발당의 업적이 크게 돋보이는 것은 1990년대 정치적·경제적으로 어두웠던 터키의 상황과 너무 극렬하게 대비되기 때문이다.

개혁의 드라이브와 외잘 정부

터키 공화국 사상 최초의 급격한 변화는 1923년 터키 공화국 수립 이후에 아타튀르크의 지도하에서 사회 전반에 걸쳐 과감한 개혁이 진행되며 시작되었다. 즉, 이슬람을 기반으로 한 오스만 제국에서 터키 공화국을 건설하고 그 사회를 서구화된 세속주의 사회로 바꾸는 것 자체가 엄청난 혁명이었다.★ 그런데 세속주의 사회로의 전환을 넘어서, 세계와 통합이라는 목표를 가지고 기존 터키 사회의 모습을 확 바꾸려고 시도한 정치인이 있었다. 1980년대 투르구트 외잘Turgut Özal 총리가 그 인물이다. 아타튀르크가 터키 공화국을 건설한 인물이라면, 외잘은 정치·경제의 개혁가이자 터키를 세계와 연결한 인물로 꼽힌다.

쿠르드계인 외잘은 1983년부터 총리를 했고, 1989년부터 중앙아시아

★ 터키는 이슬람 국가이기는 하나 종교가 정치에 영향을 미치지 않도록 하는 세속주의를 절대적인 원칙으로 하고 있다. 터키 헌법 제2조는, 터키 국가의 성격이 민주주의, 세속주의, 사회주의임을 분명히 명시하고 있다.

방문을 마치고 터키로 돌아온 후 1993년 갑자기 사망할 때까지 대통령직에 있었다. 그는 국가가 모든 경제를 통제하는 사회계획경제 체제를 과감하게 자유개방경제 체제로 전환하고 시장경제 원리를 도입했다. 그리고 미국을 중심으로 한 서방 국가와 이슬람 중동 국가들과의 관계 증진에도 힘을 쏟았다.

개혁가인 그가 집권한 후 터키 사회는 크게 변화했다. 터키의 밤거리에 술집이나 네온사인이 생기고, 전국에 널려 있는 유적지가 유료 관광지로 변한 것이 바로 이때다. 일반 기업인들의 성공 신화가 나타나기 시작한 것도 이때다. 과거와의 단절, 자유시장 경제, 창업의 개념, 경쟁 원리가 터키 사회에 확산되었고, 터키 사회의 근본 문제인 이슬람과 쿠르드족 문제를 사회 담론으로 처음 이끌어낸 사람도 외잘이었다.

그가 이끈 모국당은 국회 내 과반수 의석을 차지하고 단독 내각을 구성함으로써 정치적 안정을 가져올 수 있었다. 그는 특히 1970년대 세속주의 개혁 세력을 대표하는 군부 및 관료 집단과 보수주의 이슬람 세력의 갈등 구조를 해결하기 위해, 이슬람을 국가와 사회를 통합시켜주는 매개체로 활용하고자 소위 '튀르크-이슬람 통합 정책'을 표방하여 일반 국민들로부터 많은 지지를 얻었다.

공화국 수립 이후 터키 정부는 서구와 같은 사회를 지향해 그러한 방향으로 나아가기를 적극적으로 추진했는데, 오히려 그 반작용으로 오스만주의, 이슬람주의, 튀르크주의 등 보수적 이념이 형성되었다. 터키 사회가 갑작스럽게 서구화되면서 터키인의 정체성에 대해 고민하는 지식인들이 1960년대부터 나타나게 된 것이다. 이들에 따르면, 터키인들은 이슬람을 빼고는 존재할 수 없고, 이슬람이야말로 터키인들에게 가장 맞는 종교이다. 터키의 민족주의와 터키인의 신앙인 이슬람을 하나로 통합시키는 소위 '민족주의-이슬람 통합 사상'도 고개를 들었다. 간략히 설명하자면, 터키 사회와 문화가 이슬람주의와 민족주의라는 두 개의 정신적 기둥으로 지탱되고 있다는 것이다.

1980년대 외잘 정부가 들어서면서, 경제적·군사적으로는 서구주의를 추구하면서도, 사회적·문화적으로는 이슬람을 근간으로 한 튀르크 민족주의를 추구하는 튀르크주의와 이슬람의 통합 사상이 정부 이념으로 자리를 잡으면서 구체화되었다. 이 이념에 따르면, 튀르크 민족주의는 이슬람과 조화를 이루고 있다. 터키 사회의 개혁은 튀르크 민족주의와 이슬람을 통합해야 가능하다는 것이다. 이것이 이른바 '튀르크-이슬람 통합 정책'이다. 이 시기에 학교에서 종교 교육이 강화되었고, 이슬람 종교 교육을 하는 이맘 하팁 학교가 많이 생겨났다.

이에 따라 1983년 12월, 내내 금지되어오던 이슬람 세력의 금융권 진입이 허용되었다. 쿠웨이트 재정은행과 파이잘 이슬람 은행 등 이슬람계 은행 설립이 허가된 것이다. 사회의 외양을 바꾸고 사회적 담론을 주도해나가면서 더불어 대외적으로도 역동적인 관계를 끌어나간다는 점에서 에르도안 총리와 외잘은 비슷한 면을 보여주고 있다. 에르도안 총리는 외잘 시대에 이루어진 개혁과 변화의 정신을 계승하면서, 터키가 지닌 경제 발전의 큰 잠재력의 기반 위에 유례없는 개혁의 드라이브를 걸고 있다.

국제사회에서 터키의 위상과 에르도안 총리의 자신감

터키의 몸집이 부쩍 커지면서 국제사회에서 터키의 위상도 높아지고 있다. 미국이나 유럽은 터키를 어떻게 상대해야 할지 고민하고 있다. 국제 정치·경제에서 형성된 복합적인 관계의 구조에서 볼 때 미국이나 서구는 터키를 무시할 수 있는 입장이 아니다. 터키를 끌어안기도, 그렇다고 아예 터키를 외면할 수도 없다. 그만큼 터키를 잘 다루기가 쉽지 않다는 의미다.

EU에 가입하려는 터키의 성의 있는 노력에 냉랭한 반응을 보이는 유럽에 거침없이 쓴소리를 낸다든가 가자 지구에 가하는 이스라엘의 무력 공격에 대한 신랄한 비판, 이란 핵 프로그램에 대해 미국 및 서방과 배치되는 입장을 표명하는 것, 유엔 안전보장이사회(안보리)의 이란 핵 제재안에 반대표를 행사하는 것 등은, 과거 터키 정치 리더십에서 볼 수 있는 일이 아니었다. 과거에는 강대국이 이끌어가는 국제 정치판을 따라갔다면, 현재는 자신감을 바탕으로 국제사회에서 자신의 목소리를 당당히 내고 있는 것이다. 터키의 자신감은 국내 정치 안정과 지속적인 경제 성장에서 나온다.

2011년 4월 에르도안 총리는 프랑스 스트라스부르에 있는 유럽평의회 회의에 참석해 연설한 후 유럽 의원들의 질문을 받았다. 한 프랑스 의원이, 터키 내 모든 소수민족이 예배를 볼 수 있는 종교의 자유를 증명해 보여줄 수 있느냐고 묻자, 에르도안 총리는 먼저 터키에 대해서 몰라도 너무 모른다고 은유적인 화법으로 질책한 다음, 지난해 트라브존의 수멜라 수도원에서 기독교인들에게 예배를 보도록 허락해준 사실 등을 설명했다. 또 다른 의원이 터키 내 언론 자유의 문제를 제기하자, 유럽인들은 유럽에 사법부의 독립이 확고하다고 말하면서도 유독 터키에서의 사법부 독립은 인정하지 않는다고 반박하고, 터키에는 행정부에 종속된 사법부는 없고 오직 독립된 사법부만 있을 뿐이라고 잘라 말했다. 에르도안 총리가 기존의 방어적인 답변 방식에서 탈피해 공세적인 답변을 하는 것을 지켜본 터키 국민들은, 국가 지도자의 자신감 넘치는 모습이 자랑스럽다고 평가했다. 에르도안은 자신의 카리스마를 통해 국가와 정부의 자신감을 대내외에 보여주고 있는 것이다.

2012년 5월 미국의 외교전문지 『포린 폴리시』는, 글로벌 경제 위기 속에서 놀라운 성장세를 보이고 있는 4개 강국★ 중 하나로 터키를 꼽고, 에르도안 총리가 터키를 지역 내 강국으로 탈바꿈시켰고 그의 지도력 덕분에 터키의 경제 성장률이 중국을 따라잡고 있다고 치켜세웠다. 또한 아랍 세계의 모델로 떠오른 터키는 위기 해결을 위해서도 중요한 나라이며, 이란 핵 문제의 중재를 위해 터키 외교관들은 동분서주하고 있다며 국제 정치 무대에서 높아진 터키의 역할과 지위에 대해 극찬했다.★★

세속주의 정치와 이슬람 종교의 공존 방식

세속주의 국가인 터키에서 어떻게 이슬람 성향의 정의개발당이 이 같은 변화를 주도할 수 있었을까. 이 지점에 폭발적인 궁금증이 인다. 집권당이 이슬람 성향인 만큼 당에는 또 다른 정치적 목적이 있지 않았을까, 라는 의심도 배경에 깔려 있다. 정의개발당은 터키 정치 사회에서 돌연변이인가? 정치 활동에서 종교적 해석을 허용하지 않는다는 세속

★ 『포린 폴리시』는 독일Germany, 미국United States, 터키Turkey, 한국South Korea 등 4개국의 영문 이름을 따 'GUTS' 라고 명명하고, 이들이 글로벌 경제위기 이후 선전하고 있는 강국이라고 했다.
★★ Bruce Jones & Thomas Wright, Meet the GUTS, *Foreign Policy*, 2012. 5. 17.

주의 사회에서 보수 이슬람계 정당의 정치 활동이 과연 가능한 것인가? 이 같은 질문들에 대해 정의개발당이 집권 이후 이룩한 성과는 사회 발전의 원천인 다양성을 추구하는 사회에서 이슬람계 정당의 정치 활동이 가능하다는 긍정적 답을 제공한다.

터키 최초의 이슬람계 정당은 1969년에 창당된 민족질서당MNP인데, 종교를 정치적 목적으로 이용했다는 헌법재판소의 판결로 1971년 해체되었다. 1972년에 다시 민족구원당MSP이 창당되었으나, 이 또한 1980년 군사혁명으로 폐쇄되었다. 이슬람계 세력의 정치 활동이 본격화된 것은 1983년 에르바칸에 의해 복지당RP이 창당된 이후이며, 복지당은 1995년에 총의석 550석 가운데 158석을 얻어 원내 제1당이 되었고, 비록 연정이기는 하지만 공화국 사상 이슬람계 정당이 처음으로 정치 제도권으로 진입했다는 기록을 남겼다. 그러나 복지당도 1998년 1월 종교를 정치에 이용하지 않는다는 세속주의 원칙을 위배했다는 이유로 헌법재판소에 의해 폐쇄 판결을 받으면서 활동이 끝나고 말았다.

세속주의란, 세상사를 종교적으로 해석하지 않고 종교적 목적을 가지고 정치를 하지 않는다는 것이다. 폐쇄된 복지당에서 나온 의원들은 1998년 2월 미덕당FP을 창당했으나, 2001년 6월 또다시 세속주의에 위배된다는 헌법재판소의 판결로 폐쇄되었다. 결국 미덕당은 이분되어 레자이 쿠탄이 2001년 8월 지복당SP을 창당했고, 에르도안은 정의개발당을 창당하기에 이르렀다. 2001년 8월에 당시 이스탄불 시장이었던 에르도안에 의해 창당된 정의개발당은 온건·중도의 이슬람계 정당임을 표방하고 정치 무대에 등장했다.

이렇게 터키에서 이슬람계 정당이 살아남는다는 것은 세속주의의 수호자인 군부의 감시와 보수와 개혁 세력 간의 갈등으로 매우 어려운 일이 되고 말았다. 터키 공화국 수립 이후, 이슬람 보수주의는 민주주의 체제 속에서 세속주의로부터 경계와 도전을 받고 있다. 공화국 수립 이후 터키는 이슬람 보수 세력과 개혁 세력 간의 '공존'이라는 민주적 실험이 현재까지도 진행 중이다. 터키는 서구화된 정치·사회 모습을 보이고 있지만, 국민의 99퍼센트가 무슬림으로 이슬람의 전통과 문화가 일상생활을 지배하고 있는 것은 분명해 보인다. 정치적으로는 서구 체제이지만 정서적으로는 이슬람의 전통을 버리지 못하고 있는 것이다.

여기서 문제가 되는 것은 이슬람의 문화와 전통 그리고 정치적 이슬람에 대해, 보수와 개혁 진영 간에 해석과 이해를 달리하는 것이다. 에르도안의 정의개발당은 터키 정치사에서 경험한 이슬람계 정당의 학습 효과로 탄생된 것이다. 정의개발당은 스스로를 '세속주의를 추구하는 민주보수 정당'이라고 규정하고, 이슬람계 정당이라고는 언급하지 않는다. 터키 사회에서 굳어버린 부정적 시각 때문이다. 동양과 서양의 교량 역할을 하고 있는 터키의 이슬람과 서구를 접목하는 정치적·문화적인 시도는 문화 다양성의 실험이라는 점에서 주목을 받고 있다.

온건, 중도의 이슬람계 정의개발당이 집권하는 사이 경제·금융 및 언론의 세력 균형도 크게 바뀌어가고 있다. 이전에 터키의 재계를 이끌어 간 경제 단체는 1971년 이스탄불과 그 주변 지역의 대기업을 주요 회원으로 설립된 터키경제인협회^{TÜSIAD}였다. 이에 반해 2005년에는 터키 전국의 중소기업을 회원으로 하는 터키경제인연합회^{TUSKON}가 설립되어 활발한 활동을 하고 있다.

양극화 문제와 신중산층의 등장

터키 사회는 도시 지식인과 농촌 서민으로 양극화되어 있었으나 최근 중소 도시와 농촌에서 주택과 승용차를 보유하고 안정된 직업을 가진 신중산층이 급격히 형성되고 있다. 신중산층의 형성으로 인한 변화를 교육 시장을 예로 들어 살펴보자.

이스탄불에는 미국계 로버트 리세시Robert Lisesi, 위스쿠다르 아메리칸 리세시Üsküdar Amerikan Lisesi, 독일계 알만 리세시Alman Lisesi 등 높은 입학 경쟁률을 자랑하는 명문 사립학교가 있다. 이 학교 출신자들은 외국어를 잘하기 때문에 졸업 후 수입이 많은 직장에 들어갈 수 있다. 학비가 비싸지만 모두가 이 학교들을 선호하는 이유다. 한편 터키의 지방에 사는 보수적인 이슬람계 가정에서도 경제적 여유가 생겨나고 외부 환경에 개방되면서 자녀를 유명 학교에 보내기를 희망하게 되었다. 학교의 학생 수는 정해져 있는데 입학을 희망하는 수가 늘어 수요와 공급이 안 맞는 상태다. 그래서 갑자기 지방 도시에서 몰려오는 새로운 진입자와 기존의 엘리트 학부모 간에 갈등이 생긴다. 지방에서 온, 머리에 이슬람식 베일을 쓴 어머니와 양장을 한 도시에 사는 어머니는 자녀의 입학을 두고 경쟁할 수밖에 없다.

현재 터키 사회는 한정된 양의 케이크를 기득권층과 새로 등장한 진입자가 나눠 먹어야 하는 상황이다. 종교성이 강한 터키의 내륙 지역과 흑해 지역 출신 정치인들과 지식인들의 사회 진출이 늘어나고 있다. 터키의 정치와 대외 정책을 지배하는 이스탄불과 앙카라의 대도시 세속주의 엘리트들에게 이들이 도전하고 있는 것이다.

터키 사회에서 중산층은 1980년대 군사혁명 후 민정 이양을 위한 총선에서 모국당이 승리하고 외잘 총리가 이끄는 신정부가 시장경제와 개방경제를 포함하는 획기적인 경제 자유화 정책을 실시한 이래 출현하기 시작했다. 이 같은 현상은 경제 활동이 대내외적으로 개방되면서 '관료-군부'라는 전통적 엘리트 중심의 사회가 급격히 변화하면서 일어나게 되었으며, 2002년 정의개발당 집권 이래 본격적인 변화를 맞게 되었다. 2002년에 관료나 군부의 뿌리가 없는 서민층에 뿌리를 두고 있는 지도자가 탄생했고, 정부가 서민들의 복지를 위한 정책을 시행함으로써 중산층이 점차 두꺼워지게 되었다. 중산층의 형성으로 도시로 진입하는 인구가 늘어나고 있어 큰 도시 인근에는 위성도시가 늘어나고 있다. 기업의 형태나 종류도 많이 변화하고 있다. 신중산층의 신규 기업들이 기존의 대형 기업들에 맞서 실력을 겨루고 있다.

정의개발당 정부 아래 터키는 민주화, 정치 안정, 경제 성장, 대외 관계 면에서 큰 진전을 이루었고, 이 같은 진전은 이전 정부가 이룬 성과와 크게 비교되고 있다. 특히 공화국 초기 위에서 내려온 개혁만으로 제한된 변화에 만족할 수밖에 없던 터키가 국민을 기반으로 하는 개혁을 추진하여 사회 전반에 변화를 가져온 것은 확연히 구분되어야 할 또 다른 특징이다. 2002년 이후의 터키를 '뉴 터키New Turkey'★로 부르는 이유가 거기에 있다.

★ 1997년부터 2001년까지 앙카라와 이스탄불에서 영국 BBC 기자로 활동한 크리스 모리스Chris Morris가 2005년에 발간한 저서의 제목 'The New Turkey'에서 처음 사용한 말이다. 그는 터키의 과거 역사 속에서 EU 가입, 이슬람 종교, 쿠르드 문제, 국제관계 등을 들여다보고 터키 정부의 정치 및 경제 개혁 등의 큰 변화를 기술했다. 그의 저서에는 '유럽 변방에서의 조용한 혁명'이라는 부제가 붙어 있다(Chris Morris, *The New Turkey*, Granta Books, 2005).

터키의 정치 체제

터키의 정치 형태는 정부의 핵심인 내각이 의회에 의해 구성되는 의원내각제이다. 터키는 입법·사법·행정의 3권 분립이 보장되어 있고 총리 중심의 내각책임제와 실권적 권한을 가진 대통령제가 병행되고 있다. 이런 이유 때문에 대통령과 총리가 권력을 공유하는 이원집정제라고 불리기도 한다.

내각은 총리와 각 부 장관으로 구성된다. 일반적으로 다수당의 당수가 총리가 되고, 장관은 대부분 국회의원 가운데서 임명한다. 터키 국회는 단원제로 국회의원 수는 550명이며, 임기는 2007년 5월 헌법 개정으로 5년에서 4년이 되었다.

터키의 국회의원 선거는 비례대표제인 동트$^{d'Hondt}$ 제도에 의해 실시되고 있다. 군소 정당의 난립을 막고 다수당에 힘을 실어주기 위해 총투표수의 10퍼센트 이상 득표한 정당만 국회에 진출할 수 있도록 '최저한계 10퍼센트 제도'를 시행한다. 이 때문에 군소 정당들이 이 제도를 폐지하거나 완화할 것을 요구하고 있다. 투표 방식은 유권자들이 개인이 아닌 정당에 투표하는 정당 명부제이다. 2011년 6월 총선에서 쿠르드계 정당인 평화민주당^{BDP} 후보들은 '10퍼센트 득표' 벽을 넘지 못할 것으로 예상하고 무소속으로 선거에 나서기도 했다.

대통령의 권한은 포괄적이다. 내각책임제에서 대통령은 보통 상징적·의전적 권한을 행사하지만, 터키 대통령은 국회 소집권, 법령 공포권, 법령 재심의 요구권, 헌법 개정안 국민투표 회부권, 각료 회의와 국가안보회의 주재, 고위관리 임명 최종 승인권 등의 실질적 권한을 갖고 있다. 대통령의 임기는 7년 단임제로 국회에서 국회 재적 의원 3분의 2 이상의 찬성으로 선출해왔으나, 2007년 5월 헌법을 개정하면서 국민이 직접 투표로 선출하는 5년 중임제가 되었다.

☪
02

금기가 깨지다

1. 쿠르드족을 둘러싼 화합 정책

EU 가입의 조건

터키의 금기禁忌가 깨지고 있다. 오랫동안 군부 문제, 쿠르드 문제, 소수민족 문제 등은 말하기 어려운 금기 영역이었다. 이제는 그런 문제들이 민주화 바람을 타고 정치와 대중 속에서 거론되고 있다. 이는 10여 년 전만 해도 상상하기 어려운 일이었다. 급격한 변화와 개혁이 이루어지고 있다. 그러나 개혁은 고통을 동반한다. 1923년 오스만 제국에서 터키 공화국으로 탈바꿈해 새로운 국가가 건설된 개혁 시대처럼, 지금의 개혁도 산통을 겪고 있다. 현재의 개혁을 이끌어가는 추동력은 터키의 EU 가입 추진 과정에서 나온다.

EU에 가입하려면 EU가 제시하는 기준을 충족해야 한다. EU는 소수민족의 인권 개선과 민주화를 터키에 요구했으며 터키는 EU의 요구에 따라 개혁을 추진하고 있다. 민주주의의 실현을 위한 우선 개선 과제는 쿠르드 문제, 알레비 문제다. 이 두 가지 쟁점이 바로 EU가 인권 개선 차원에서 터키에 제시했던 과제다.

오늘날 터키 정부는 종교, 민족, 문화 등 차이로 인해 차별을 받는 계층의 문제를 해결하기 위한 대화의 시작을 오프닝opening(터키어로 아츨름açılım이라고 한다)이라고 이름 붙이고 쿠르드 아츨름, 알레비 아츨름 등의 과제를 선정해 문제를 해결하려고 노력하고 있다. 또 다른 과제인 군부 문제란 정치적인 이슈인데, 군부가 정치에 개입할 수 있는 법적 장치를 억제하려는 것이다. 이렇게 예부터 정치적으로 민감하여 금기로 되어 있던 군부 문제, 쿠르드·알레비 문제가 현 정부와 함께 모두 수면 위로 나와 거론되고, 이 때문에 금기가 깨지면서 터키 사회가 근본적으로 변화하고 있다.

"터키인이라 말하니 얼마나 자랑스러운가"

터키에서 쿠르드족은 '산에 사는 터키인Mountain Turks'이라고 불린다.★ 쿠르드족의 존재 자체를 부인하려는 목적을 띤 호칭이다. 터키 공화국 건립 초기의 초대 대통령인 아타튀르크는 터키 땅에서 사는 사람들은 모두 터키인이라고 하면서 소수민족의 존재를 인정하지 않았다고 한다. 오스만 제국이 정복 사업을 해온 까닭에 터키 땅은 중앙아시아, 아랍,

---

★ 여기서 쿠르드족이라 함은, 혈통상 쿠르드계라는 문맥상 표기이며 이들은 이미 터키 사회에 동화되어 터키 국민이 된 사람들이다.

유럽 등지에서 섞인 수많은 민족의 집합지가 되어버렸다. 터키를 구성하는 민족의 수로 보자면 멜팅 포트melting pot라 불리는 미국과 다름없다.

아타튀르크는 망해버린 오스만 제국에서 이제 새롭게 건설한 터키 공화국의 국민을 하나로 이끌어갈 구호가 필요했다. 그것은 수많은 소수민족으로 구성된 터키 국민들을 하나의 통일체로 묶을 수 있는 구호여야 했다.

터키인이라 말하니 얼마나 자랑스러운가! (네 무틀루 튀르큄 디엔에 Ne Mutlu Türküm Diyene)

이 구호는 터키 영토에서 사는 다양한 민족을 모두 '터키인'으로 묶는 엄청난 응집력이 있었다. 이 구호 아래 쿠르드인들이나 아르메니아인들은 모두 터키인으로 살아왔다. 공화국 역사가 100년이 멀지 않은 시점에서 이 구호는 이제 빛을 바랬지만 아직도 관공서나 학교 건물 등에서 가끔 볼 수 있다.

쿠르드족은 아리안족 백인계로 인도유럽어족에 속한다. 기원전 7세기경부터 터키의 동부 지역에서 살아온 것으로 알려져 있다. 터키 내에 쿠르드족이 얼마나 되는지 정확한 수를 파악하기는 쉽지 않다. 1965년 인구조사 때까지 설문 중에는 모국어로 사용하는 언어가 무엇인지를 묻는 항목이 있었다. 당시 총인구는 3,228만 2,170명이었는데, 그중 쿠르드어를 사용한다고 대답한 인구는 6.7퍼센트인 218만 721명이었다. 총인구조사가 최초로 시행된 1927년에는 8.7퍼센트, 1935년에는 9.86퍼센트였으나 1945년 이후 인구조사 시에는 쿠르드어 사용 인구는 총인구 증가율보다 밑돌았다.★ 전문가의 추정치에 따르면, 1990년에 쿠르드어 사용 인구는 총인구의 12퍼센트인 7백만 명, 2007년에는 총인구의 15퍼센트인 1,150만 명이었다.★★

쿠르드족은 이란, 이라크, 시리아 국경 지역에서 살고 있는데 터키 동부 지역에 가장 많이 살고 있다. 정확한 수는 조사하는 기관이나 사람에 따라 다르기는 하지만, 터키에 1,500만 명, 이란에 8백만 명, 이라크에 450만 명, 시리아에 150만 명, 기타 지역 50만 명 등 약 3천만 명이 있는 것으로 추정된다. 터키에서 쿠르드어가 가장 많이 사용되고 있는 지역은 하카리, 반, 디야르바크르, 마르딘, 무슈 순으로 나타나고 있다.★★★

쿠르드인들의 땅?

터키, 이란, 이라크, 시리아 국경 지역은 모두 산악 지대다. 쿠르드족은 이곳을 '쿠르드인들의 땅'이라는 뜻으로 '쿠르디스탄^{Kürdistan}'이라고 부른다. 얼마 전 터키 동남부의 디야르바크르로 가는 비행기 안에서 옆에 앉은 사람에게 어디를 가느냐고 물으니, 그 사람은 바로 쿠르디스탄이라고 대답했다. 쿠르디스탄이라는 말이 생소해 그곳이 어디냐고 다시 물으니, 터키 디야르바크르를 경유하여 북부 이라크에 있는 아르빌에 간다고 했다. 쿠르디스탄이라는 나라는 없지만, 쿠르드인들은 서슴지 않고 그렇게 부르고 있는 것이다.

★ *Yeni Forum*, Ankara, 1992. 6., p. 44.
★★ Metin Heper, *Devlet ve Kürtler*, Istanbul: Doğan Kitap, 2010. p. 68.
★★★ Altan Tan, *Kürt Sorunu*, Istanbul: Timaş Yayınları, 2009, p. 33.

쿠르드족이 거주하는 동남부, 특히 동부 지역은 경제적으로 낙후된 지역이다. 지형적으로는 평원이나 산악으로 구성되어 있어 주로 농업이나 목축업을 주업으로 생계를 유지한다. 터키의 중부와 서부 지역에 비하면 동부 및 동남부 지역은 가난하고 소외된 지역이다. 터키 정부는 경제적·사회적으로 낙후된 지역을 개발하기 위해 1989년에 동남부 지역 개발사업GAP의 종합개발계획을 마련했다. 유프라테스 강과 티그리스 강 유역에 댐과 수력발전소를 건설하는 게 주를 이루는 이 사업은 국토의 균형적인 개발을 통해 터키의 경제 발전을 이룩한다는 목적 이외에도 이 지역에 밀집 거주하고 있는 쿠르드계 터키인들의 경제적·사회적 지위 향상이라는 정치적 목표 아래 국책사업으로 추진되고 있는 중이다. 격리되고 소외된 지역들이 이 사업을 통해 서서히 개발되고 있다.

그러나 쿠르드인들의 서쪽을 향한 이민은 멈추지 않고 있다. 낙후된 지역에 사는 쿠르드인들은 기회를 찾아 앙카라, 이스탄불 등 대도시로 이주하여 도시의 빈민 계층으로 살고 있다. 쿠르드인들의 이주로 도시 내에 시골이 존재하게 되었다. 아이러니하게도, 대도시 이스탄불은 터키 내 다른 어떤 지역보다도 쿠르드인들이 가장 많이 살고 있는 지역이 되었다. 이렇게 쿠르드인과 터키인이 섞여 살게 되면서 두 집단 사이의 보이지 않는 사회적·문화적 갈등 역시 점차 드러나게 되었다.

터키 쿠르드족의 언어

오늘 터키 내에서 쿠르드족에 대한 차별은 없다. 많은 쿠르드계 사람들은 터키인에 동화되어 삶을 누리고 있고, 정치나 사업계에서 이미 성공한 쿠르드인들도 많이 있다. 외잘 전 대통령도 쿠르드계 출신이고,

국민가수로 인기를 얻고 있는 이브라힘 타틀르세스도 쿠르드계 출신이다. 대부분의 쿠르드계 사람들은 자신을 터키인이라 말한다. 쿠르드인들이 상류 사회에 많이 진출해 있지만 쿠르드계라고 말하지 않는 게 일반적이다. 쿠르드인들은 터키인들과 같이 수니 무슬림이기 때문에 터키인들과 종교적 갈등은 없다. 그러나 서로에 대한 보이지 않는 이질감은 여러 정치적·사회적 부작용을 낳아왔으며, 터키 정부가 해결해야 할 최대 과제 중 하나로 여겨져왔다.

2009년에 개봉된 「이키 딜 비르 바울 İki Dil Bir Bavul (언어 두 개, 가방 한 개)」이라는 다큐 영화는 젊은 터키 교사가 동남부 샨르우르파의 데미르지 쿄이라는 쿠르드 벽촌에 있는 마을 학교에서 터키 말을 전혀 모르는

영화 「이키 딜 비르 바울」의 한 장면으로 쿠르드족 어린이와 교사의 모습.

쿠르드족 어린이에게 1년간 터키어를 가르치며 겪는 어려움을 그린다. 이는 쿠르드족 어린이들이 얼마나 열악한 교육 환경에 처해 있는지를 알려주었다.

'언어 두 개'는 터키어와 쿠르드어고, '가방 한 개'는 완전히 다른 문화의 이종 집단이 함께 부딪히며 살 수밖에 없는 터키 사회를 의미한다. 영화에 나온 벽촌의 쿠르드계 아이들은 터키인으로 살고 있지만 터키어를 전혀 모른다. 터키어를 깨우치는 아이들을 보며 보람을 느끼면서도, 한편으로는 완전히 다른 사회와 문화에 외로움을 느낀 초임 교사가 짐을 꾸려 고향으로 떠나는 것이 이 영화의 마지막 장면이다. 한 땅에서 물과 기름처럼 살아오던 터키인과 쿠르드인의 현실을 잘 보여주는 영화이다.

쿠르드인들에게 가장 문제가 되는 것은 바로 쿠르드어 사용 금지다. 1980년 군사혁명 이후 군사정권은 1982년에 쿠르드어 사용을 법적으로 금지시켰다. 쿠르드어를 사용한 출판, 방송, 교육 그리고 새로 태어난 아이들에게 쿠르드어 이름을 짓거나, 국회 연설이나 선거 활동 시 쿠르드어 사용이 금지되었다. 법 조항은 직접적으로 '쿠르드어 금지'가 아니라, '터키어 이외의 언어'라고 명시하고 있으나 실질적으로는 쿠르드어 사용에 한해 적용되었다.★

★ Mümtaz'er Türköne, "Kürt Sorunu 2: üniformasız milli birlik ve bütünlük", *Zaman Gazetesi*, 2005. 9. 1; Michael M. Gunter, "Turkey: The Politics of a New Democratic Constitution", *Middle East Policy*, vol. 19, No. 1, Spring 2012; Henri Barkey & Direnç Kadioğlu, "The Turkish Constitution and the Kurdish Question", *Carnegie Endowment for International Peace*, 2011. 8. 1(http://carnegieendowment.org/2011/08/01/turkish-constitution-and-kurdish-question/4eog#).

2011년 6월 밀리예트 신문사의 피크레트 빌라 기자는 1980년 당시 군사혁명을 주도했고 대통령을 지낸 케난 에브렌 전 대통령과 2007년 인터뷰를 했다면서, 에브렌 전 대통령은 쿠르드어 사용을 금지한 이유에 대해 다음과 같이 술회했다고 전했다.

내가 대통령으로 지방의 초등학교를 시찰할 때였다. 3~4학년 어린이들에게 책을 한번 읽어보라고 했더니 어린이들이 읽지 못했다. 나는 화가 나서 선생에게 어찌하여 애들이 책을 읽지 못하느냐고 물었다. 나중에 보니까 쿠르드인인 선생이 쿠르드어로 교육한다는 것을 알게 되었다. 나는 앙카라로 돌아와서 쿠르드어 사용을 금지하도록 지시하고 쿠르드어로 교육하지 못하도록 했다. 그 조치는 너무 가혹한 것이었다. 나중에 쿠르드어 사용을 금지시킨 것은 실수란 걸 알게 되었다.

쿠르드족 정체성을 인정하려는 움직임

쿠르드어 사용은커녕 쿠르드 인권문제를 거론하는 것만으로도 반정부 의혹을 받던 터키에서 2002년 정의개발당의 출현은 개혁을 불러왔다. 터키 국민은 이란-이라크 전쟁 때(1980. 9.~1988. 8.) 이라크 사담 후세인 정권이 쿠르드 지역에 유독성 화학 물질을 살포하여 쿠르드인을 대량 학살한 사건을 계기로 금기시되어오던 쿠르드 문제에 대해 관심을 가지기 시작했고, 정의개발당 정부의 본격적인 쿠르드 인권개선 정책을 반겼다.

정의개발당 정부는 터키 내 쿠르드인들에게 그간 가장 큰 문제가 되어오던 쿠르드어 사용 금지를 점진적으로 해제했다. 그리고 쿠르드 언어 사용과 쿠르드어 방송 허가 등 쿠르드계의 정체성을 인정하는 정책을 구체적으로 추진해나가기 시작했다.

2003년에는 신생아에 대한 쿠르드어 작명作名이 가능하게 되었다. 2006년에는 쿠르드계 밀집 지역 방송국에서 쿠르드어를 사용한 방송이 허용되었고, 2009년 1월부터는 국영방송인 TRT에서 TRT 6 채널이 개설되어 24시간 쿠르드어 방송이 시작되었다. 9월에는 소수계 사람들이 쿠르드어나 다른 언어로 수학할 수 있도록 마르딘에 있는 아르투클루 대학교에 소수계 언어연구소가 설립되었다. TRT 6 방송 개설식에서 에르도안 총리는 쿠르드 단어를 사용했다. 2009년 지방선거에서 쿠르드계 정치인들은 쿠르드어로 선거운동을 하기도 했다. 관련법에 따르면, 터키어 외에 다른 언어를 사용하는 것은 위법이지만, 법적인 조치는 취해지지 않았다. 이미 쿠르드어 사용이 기정사실화되었기 때문에 눈감아 준 것이다. 2010년에 일부 쿠르드계 지역 지방정부는 수도요금 고지서, 혼인증명서 및 도로 표지 등에 터키어와 쿠르드어를 병기하고, 일부 지역의 관공서에서는 쿠르드어로 민원 안내를 하기 시작했다.

1991년에 디야르바크르에서 국회의원으로 선출된 쿠르드계 레일라 자나 여성 의원은 국회에서 취임 서약을 하던 중 마지막 부분을 쿠르드어로 말해 국민통합을 해쳤다는 이유로 구속돼 10년 징역형을 받고 2004년에 석방되었다. 그러나 오늘날 아르빌로 향하던 여행객이 스스럼없이 '쿠르디스탄'이라고 말하고 터키 국영 방송사에서 쿠르드어 방송을 하는, 과거에는 상상도 할 수 없던 그러한 시대가 열린 것이다.

쿠르드 문제 해결이 쉽지 않은 이유

그러나 터키에서 가장 중요한 정치적 이슈인 쿠르드족 문제는 아직 완전히 해결하기에는 갈 길이 멀다. 쿠르드족 문제가 정말 무엇인지에 대해 터키 사회에서 논란이 없는 것은 아니다. 일각에서는 쿠르드 문제란 아예 존재하지 않는다고 주장하기도 한다. 그러나 일반적으로 쿠르드 문제란, 분리주의자들에 의한 테러 문제, 낙후된 동남부 지역의 경제 개발 문제, 소수민족으로서의 정체성 문제 등으로 이해된다.★

일반적으로 쿠르드족 문제는 두 가지, 즉 두 갈래로 나뉜 갈등을 전제로 한다. 하나는 터키에서 터키인과 동화되어 터키인으로 살아가는, 말하자면 쿠르드계 터키인들의 문제이다. 또 다른 갈래는 쿠르드 독립국가 건설을 위해 무력으로 투쟁하고 있는 쿠르드노동자당PKK의 문제다. 터키, 미국 등 국제사회가 테러 단체로 규정하고 있는 PKK는 터키 동남부 및 이라크 북부 지역에서 무장투쟁을 벌이고 있다. 무장한 쿠르드 문제를 군사적 방법만으로는 해결할 수 없다는 게 쿠르드 문제 해결의 딜레마다.

쿠르드 문제를 해결하기 위해서는 한편으로는 PKK의 무장을 해제시켜야 하고, 다른 한편으로는 쿠르드계 터키인들의 민주적 요구를 들어주어야 한다. 그리고 터키 민주주의 수준을 격상시킬 법적 정비도 해야 한다. 터키 내 쿠르드인 및 테러 단체 PKK와의 갈등을 해소하는 것은 터키 정부가 안고 있는 힘든 과제이다. 두 개의 다른 전선에서 쿠르드 문제에 접근해야 하기 때문이다. 더구나 쿠르드 문제는 쿠르드인들이

★ Altan Tan, *Kürt Sorunu*, 2009, pp. 15~16.

이란, 이라크, 시리아, 터키에 분산되어 살고 있기 때문에 터키 국내 문제를 넘어 국제 문제가 되고 있다. 쿠르드 문제의 해결이 쉽지 않은 또 다른 이유이다.

2. 근대화의 공신, 군부의 위상 변화

터키인의 무사 전통

모든 터키 사람들은 군인의 피를 갖고 태어난다(헤르 튀르크 아스케르 도아르Her Türk asker doğar).

이 말은 '터키인들은 조국을 지키기 위해서는 언제든 전투에 나갈 수 있는 유전자를 갖고 태어난다'는 뜻으로, 터키 사람들이 군인을 어떤 시선으로 보고 있는지 단적으로 보여주는 말이다. 오스만 제국이 영토를 팽창해나가는 데 예니체리라는 군대는 결정적 공헌을 했다. 제1차 세계대전 때 절망의 기로에서 패망하는 제국을 구하고 공화국을 건설한 것도 군인이었고, 공화국의 근대화를 이끌어나간 계층도 군인이었다.

터키 역사를 통해 군부는 스스로를 국가의 건설자이며 개혁의 보호자라는 인식을 보여왔고, 국민들도 군부가 가진 이러한 인식을 부정하지 않았다. 터키군은 국민으로부터 거의 무한한 신뢰를 받았고 국내 정치나 대외 관계에서 터키군이 갖는 영향력은 대단했다. 터키 공화국에서 제랄 바야르 대통령을 제외한 초대 일곱 명의 대통령이 모두 군 출신일 만큼, 터키 사회에서 군이 행사하는 영향력은 그야말로 막강했다. 그런데 터키 군부의 이런 위상과 영향력은 2000년대 들어 급격하게 추락했다. 그동안 몇 차례의 군사혁명과 정치개입으로 민주주의 발전을 저해했다는 비판을 받아왔고, 더욱이 EU는 터키가 EU에 가입하고 싶다면 민주주의의 개선책으로 군부의 정치 개입을 금지하는 제도적 장치를 만들라고 터키에 종용하고 있기 때문이었다.

터키군은 보통 케말리즘Kemalizm이라 불리는 아타튀르크주의Atatürkçülük를 철저히 구현하고 있다. 아타튀르크주의는 꺼져가는 촛불 같은 오스만 제국 말기의 위기에서 나라를 구하고 새로운 터키 공화국을 건설하기 위해 무스타파 케말이 주도한 서구적인 개혁 이념을 말하는 것이다. 무스타파 케말이 군 출신이었기 때문에 공화국 초기 개혁은 모두 군과 관료 세력이 이끌어갔다.

그중에서도 터키군은 아타튀르크주의의 수호자로서 터키 공화국의 근대화를 이끌어간 일등 공신이었다. 군이 추구하는 아타튀르크주의의 내용은 서구화를 목표로, 소수민족으로 분리할 수 없는 국가의 일체성, 그리고 이슬람 종교를 이용하여 정치를 하지 않는다는 것이다. 그중에서도 군은 터키 국민을 분열시키는 쿠르드계 분리주의자와 이슬람 세력의 정치화에 매우 민감하게 반응했다. 이 때문에 군은 국가의 안보가 위협을 받거나, 세속주의에 반하는 이슬람 정치 세력이 있다고 판단될 때는 정치에 개입해왔다.

소리 없는 혁명

공화국 수립 이후 터키에는 지금까지 두 번의 군사혁명과 두 번의 군부의 정치 개입이 있었다. 1960년 5월과 1980년 9월에 군사혁명이 있었다. 그리고 1970년 3월과 1997년 2월에 정치 개입이 있었다. 터키 군부의 군사혁명이나 정치 개입은 터키 사회에서 어느 정도 당위성을 인정받는 분위기였으나 1980년 군사혁명 이후, 특히 터키가 EU 가입을 추진하면서 군부의 정치 개입은 민주주의에 대한 도전으로 인식되어 서구로부터 집중적으로 비난받게 되었다.

1997년 데미렐 대통령이 주재하고 각 군 총수들이 참여한 국가안보회의가 열렸다. 이 회의에서 이슬람계 복지당에 세속주의 원칙을 지킬 것을 요구하는 내용의 대정부 권고안을 결의해 정부에 전달했다. 복지당의 에르바칸 총리가 이 권고안 수용을 거부하자, 검찰은 복지당의 폐쇄 심판을 헌법재판소에 제기했고, 급기야 1998년 1월 헌법재판소는 세속주의 원칙과 정당법을 위배했다는 이유로 복지당의 정당 폐쇄 판결을 내렸다. 군부의 정치 개입은 과거와는 달리 국내외에서 많은 비판을 받았다.

터키 군부의 정상에는 터키군 총사령부가 있다. 총사령부는 육·해·공군 및 잔다르마(치안)군을 관장한다. 터키군 총사령부는 군의 예산, 무기 구입, 군 현대화, 군 진급 등 주요 업무를 맡고 있고, 그리스-키프로스과, 안보과, EU과 등 외교부 조직과 비슷한 실무과를 두고 있다. 그리고 총사령부는 국가안보위원회 MGK를 통해 국내 정치에 대해 의견을 제시할 수 있는 시스템을 갖고 있었다. 국가안보위원회는 대통령, 총리, 총사령관, 법무·국방·내무·외교 장관, 육·해·공군 및 잔다르마사령관이 참여하는 협의체로 이 회의에서는 군부의 입장이 많이 반영된 정책들이 논의되고 협의 결과는 내각으로 전해졌다.★

국가안보위원회는 1960년 군사혁명 이후 국가안보 관련 군부의 입장을 내각에 전달한다는 목적으로 1961년에 조직되었다. 그 후 그 권한과 영향력은 1980년 군사혁명 때까지 계속 강화되었다. 국가안보위원회의 사무총장은 장성급이 맡았다.

터키의 EU 가입 협상이 시작되면서 국가안보위원회의 임무가 대폭적으로 개편되었다. 2001년 10월 헌법 개정으로 국가안보위원회의 구조와 임무가 개정되었고, '국가안보위원회의 결정을 내각이 우선적으로 고려한다'는 조항은 '내각이 평가한다'로 변경되었다. 이어서 2003년 7월에는 국가안보위원회의 사무총장은 민간인으로 임명되도록 변경되었다. 다른 정부 기관으로부터 정보도 요청할 수 없게 했다. 두 차례의 개정을 통해 국가안보위원회는 이제 더 이상 국가의 정책에 직접 관여하고 모니터링을 할 수 없게 되었다. 이 개정으로 국가안보위원회는 자문 역할만 수행할 뿐 정치적 영향력을 행사할 수 있는 제도적 틀을 잃고 말았다. 『파이낸셜 타임스』가 국가안보위원회의 위상 변화를 '소리 없는 혁명quiet revolution'이라고 할 만큼 이는 혁명적인 변화였다.★★

터키 군부의 영향력이 가장 정점에 있을 때는 1990년대였다. 안으로는 이슬람계 복지당이 터키 역사상 처음으로 정권을 잡았고, 또 쿠르드 분리주의자의 테러가 극에 달했으며, 밖으로는 중동, 발칸, 코카서스

★ Müge Aknur, "TSK'nın Dış Politikası Üzerindeki Etkisi", Der: Cüneyt Yenigün, *Türki ye'nin Değişen Dış Politikası*, Ankara: Novel Yayın, 2010, pp. 138~40.
★★ 같은 책, pp. 136~37.

지역에서 분쟁이 일어나 국가 안보에 대한 국민의 걱정도 높아지면서, 터키군의 위상과 역할도 최고조에 달하게 되었다.

외잘 대통령은 역사상 처음으로 막강 군부에게 제동을 건 국가 수장이었다. 1980~90년 모국당의 외잘 대통령 시절에는 외잘 대통령이 대외 관계 문제 관련하여 외교부나 총사령부에 자문을 구하지 않고 독자적으로 결정하는 일이 가끔 생겨 정부와 군이 대립각을 세우는 경우도 있었다.

헌법 개정을 통한 민주화

군부의 위상이 전과 같지 않다는 것은 2010년 8월 열린 최고군사위원회 회의에서도 나타났다. 최고군사위원회 회의는 매년 장성 진급을 결정하는 회의이다. 퇴임하는 터키군 총사령관의 후임은 임명되었지만 군부가 추천한 육군 사령관의 후임에 대해 이례적으로 총리가 거부권을 행사하면서 결국 임명 결정을 못 내린 채 최고군사위원회 회의를 마치게 되었고, 육군사령관은 나중에 임명되었다.

2011년 8월 최고군사위원회 회의에서도 전년과 유사한 일이 일어났다. 소위 에르게네콘, 발요즈 등 반정부 쿠데타 음모 사건과 관련해 구금 중에 있는 장성 중 군 진급 인사 대상자에 포함된 장성에 대해 정부와 군부 간 이견으로 총사령관 및 3군 사령관이 군 인사회의 직전 전격 사퇴하자, 정부 측 의견이 반영된 군 수뇌부 인사가 단행되었다. 지금까지의 관례는 터키군 총사령관이 추천하는 장성급 진급 대상자에 대해서 최고군사위원회 회의를 통해 정부가 거의 이의 없이 승인하는 것이었다. 장성급 인사와 관련하여 정부의 거부권이 행사된 것은 터키 역사상 이례적인 사건이라 볼 수 있다.

국가안보위원회의 개혁은 터키군이 정치적 영향력을 가질 수 있는 매개체를 상실한 것과 다름이 없다고 평가되었다. 에르도안 정부는 헌법에 남아 있는 군부 우위의 상황을 제한하는 개헌안을 2010년 9월 국민투표로 통과시켰다. 1980년 군사혁명 후 개정된 헌법은 군부의 우위가 보장된 헌법으로 인식되고 있다. 정의개발당은 군부의 우위와 특권을 보장한 헌법 조항을 개정했다. 총 26개 개정 항목에서 헌법재판소 및 판검사최고위원회의 재판관 선출과 임명 방식을 바꾸고, 군 범죄 혐의자들을 군사 법정이 아닌 일반 법정에서 재판할 수 있도록 했다. 군 인사들도 일반 법정에 세울 수 있다는 의미인데, 터키 헌정사에서 처음으로 등장한 큰 변화다. 1980년 9월 12일에 군사혁명이 있었는데, 2010년 같은 날에 국민투표를 통해 1980년 군사 헌법을 개정함으로써 9월 12일은 터키 정치사에서 중요한 날로 기록되게 되었다.

민주화 시대의 개막

지금 터키 사회는 과거 군 중심의 현대화로부터 정치 중심의 현대화로 변모하는 과정에 있다. 이 때문에 개혁을 하려는 정부와 기득권을 잃어버린 군부 간에 보이지 않는 간극이 생겼다. 변화로 가는 과정이기 때문이다. 군이 외부의 세력으로부터 나라를 보호한 것이 아니라 내부의 이념을 지킨 데 문제가 있다는 비판도 나온다. 군부가 정치적으로 이념화된 것이 문제라는 것이다.

터키군 총사령부가 친이슬람 성향의 정의개발당 압둘라 귤 당시 외교부 장관을 대통령 후보로 지명한 직후인 2007년 4월 27일, "군은 세속주의의 절대적인 수호자로서 이를 지켜보고 있다"라는 내용의 성명을 인터넷을 통해 발표하자★ 특히 이슬람계 지지자들로부터 강한 반발이 거세게 일었다. 터키군 총사령부의 인터넷 성명에도 불구하고, 귤 후보가 대통령으로 당선되었고 사회의 변화에 따라 2011년 8월 29일 터키군 총사령부는 인터넷 성명을 삭제했다. 최고군사회의나 국가안보회의에서의 이러한 외양의 변화는 정부와 군부가 더 이상 갈등을 갖지 않겠다는 의지의 표현으로 해석되었다.

군부와 관련되어 최근 4년간 터키 언론을 달구는 사건이 발생했다. 2007년 6월 이스탄불의 한 가정집에서 수류탄 및 폭탄이 발견되자, 친이슬람 정부를 왜곡하고 침몰시키기 위한 반정부 조직이 존재할 가능성이 있다며 수사가 시작되었다. 정의개발당 정부는 소위 '에르게네콘'★★ 이라는 광범위한 극우파 네트워크를 구성하고 쿠데타 및 정부 전복 등을 모의해온 혐의로 고위급 퇴역 장성, 언론인, 정치인 등에 대한 수사를 진행하고 있다. 이 수사 과정에서 민간 검찰이 특전사령부 기밀실을 수색하는 일도 벌어졌다. 혐의 여부는 사법부가 결정하겠지만, 정부 전복을 기도했다는 혐의로 전·현직 군 장성들이 줄줄이 연행되어 수사를 받는 모습은 이전의 군부에서는 볼 수 없던 모습이다. 터키 국민들도 이를 보면서 세상 많이 바뀌었다고 말한다.

★ 위키피디아 관련 항목(http://tr.wikipedia.org/wiki/27_Nisan_Genelkurmay_Başkanliği_Basin_Aciklamasi) 참조.
★★ 에르게네콘Ergenekon은 원래 터키인들의 조상인 돌궐인들이 근원지로 삼고 세력을 길러나갔다는 중앙아시아 내 전설의 장소로, 현재 터키의 반정부 조직단을 에르게네콘이라 부르고 있다.

터키의 정치 역사를 보면, 국내 정세 혼란으로 정치적 힘의 공백이 생길 때마다 이 공백을 군부가 메워왔다. 정치적 안정이 확보된 시대, 특히 정의개발당 집권 시대에는 힘의 공백이 생기지 않아 정치에 대한 군부의 영향력과 역할이 제한될 수밖에 없다. EU의 민주화 개선 조치 요구에 따라, 터키 정부는 군부가 정치에 개입하지 못하도록 제도적 장치를 마련하고 있다. 이처럼 새로운 민주화 시대를 맞아 터키군의 위상이 전과 다르다 하더라도, 국가 발전에 대한 터키군의 공헌과 기여로 인해 터키군에 대한 국민의 신뢰는 탄탄한 편이다. 다만 터키 군부의 시대가 서서히 막을 내리며 민주주의 제도 아래 정치 무대의 뒤로 물러서고 있을 뿐이다.

3. 그들만의 신비한 공동체, 알레비

"나를 쏘세요"

2006년 10월, 미국 펜실베이니아 주 랭커스터에 있는 아미쉬 공동체 마을 학교에서 수업 중이던 아미쉬 소녀 열 명에게 한 남자가 총을 난사하여 다섯 명이 죽고 다섯 명이 중상을 입는 충격적인 사건이 벌어졌다. 이 사건으로 조용하던 시골 아미쉬 마을에 세계 언론이 몰려들었다. 범인은 월요일 오전 수업을 하던 아미쉬 원룸 스쿨에 들어가 남학생들은 모두 나가게 하고 어린 여학생 열 명만을 감금한 채 범행을 저질렀다. 감금당한 아미쉬 소녀들이 놀람과 공포 분위기 속에서도 평정을 유지하며 죽음을 무릅쓰고 어린 동생들을 구하려 했던 당시의 정황이 상세하게 알려지면서 세상 사람들은 한 번 더 놀라게 되었다.

"나를 먼저 쏘세요." 열세 살 마리안 피셔가 범인에게 호소하자 곧이어 "그다음엔 나를 쏘세요" 하고 열한 살 동생 바비 피셔가 뒤따랐다는 얘기는 모두에게 애잔한 충격을 주었다.★ 랭커스터에는 일반 개신교와는 다른 교리와 규범을 지키며 살아가는 미국 내 최초의 아미쉬 종파의 정착지이자 집단 거주지가 있다. 아미쉬는 유럽의 종교개혁 당시 그들이 보인 급진적인 개혁 성향으로 말미암아 종교개혁의 큰 흐름 속에서 '개혁자들 중의 개혁자'로 인식되었다. 그들은 정부 관리와 가톨릭은 물론 개혁의 물결에 나선 여타 개신교파의 교도들로부터 법질서와 종교적 일체감을 해치는 반사회적 위험 집단으로 지목되었고, 혹독한 박해를 받게 되었다. 그들은 감시의 눈을 피해 교도의 집이나 산속 동굴에서, 때로는 어두운 밤 물 위에 띄운 배 위에서 몰래 예배 모임을 가지며 교리를 확산해나갔다.

이슬람 소수파 알레비로 산다는 것

미국의 아미쉬와 비슷한 종단이 터키에도 있으니, 바로 소수 이슬람 종단 알레비이다. 알레비는 이슬람의 역사와 같이 시작되었고, 정통 수니파가 아닌 시아파 계열이라는 것 때문에 오스만 제국 때는 이단이라 하여 수니파 왕정의 미움을 받았다. 그들은 조정의 압정, 학살, 과다한 세금을 이유로 6백여 년간 오스만 왕국에 대항한 '불량한 신민'이었다. 시아파인 알레비는 정통 시아파에서도 인정받지 못하고, 그렇다고 시아

★ 임세근, 『단순하고 소박한 삶: 아미쉬로부터 배운다』, 리수, 2009, pp. 92~94.

파 이란의 동정을 받은 것도 아니면서 터키 내에서는 이단으로 금기시 되어온 그야말로 '왕따 중의 왕따'였다.

알레비는 세속화되어 있으면서도 세속화된 터키 사회 내에서 자신들의 존재를 인정받지 못하고 있는 것이 문제다. 그들은 수니 이슬람을 신비적으로 해석하는 수피주의자들과 비슷한 면이 많다. 알레비는 제4대 칼리프인 알리를 신격화하고 알리 숭배를 극단화하면서 기독교 의례까지 받아들여 부활절까지 축하한다. 수피 이슬람과 시아 이슬람의 혼합이고, 기독교와 이슬람교를 절충한 것 같은 성격 때문에 알레비는 수니파, 시아파 이외에 제3의 종파로 분류되기도 한다. 정통 수니파의 시각에서 볼 때 이들은 왜곡된 교리를 받아들인 이단적 시아 극론자들이다.

알레비 인구가 얼마인지는 잘 알려져 있지 않으나, 터키 인구의 25퍼센트인 1,500만 명으로 추정하고 있다. 많게는 30~40퍼센트라고 주장하는 사람도 있다. 그리고 알레비의 약 20퍼센트는 쿠르드인으로 추정된다. 오스만 제국 당시 이단적 요소 때문에 도시에서는 호응을 받지 못하고 변방의 촌락에 머물던 알레비인들은 현재까지도 주로 터키의 중부와 동부 저개발 농촌 지역에 살고 있다. 특히 카이세리-시바스-디바르기를 잇는 삼각 지역에 집중되어 있으며, 쿠르드계 알레비인들이 많이 살고 있는 지역은 툰젤리, 엘라즈, 무슈 지역으로 알려져 있다.

터키 알레비의 역사

역사적으로 알레비는 터키의 오스만 제국과 이란의 사파비드 제국 간 경쟁의 희생물이 되어 크즐바시 kızılbaş (빨간 머리라는 뜻)라는 악명을 얻었다. 이란의 서북부 지방에 은둔하던 시아파 우두머리 이스마일 İsmail은 아나톨리아 전역에 이단적인 종교 메시지를 전하고 당시 오스만 제국 통치에 불만을 품은 신민과 유목민들에게 반오스만 봉기를 일으키도록 선동했다. 결국 이스마일은 정복 전쟁을 개시하여 1501년 시아파 이슬람을 이념으로 하여 이란에 통일 왕조인 사파비드 왕조를 세웠다.

알레비는 이때 이스마일이 오스만 제국과 벌인 싸움에서 이스마일을 도왔다. 정통 수니파 오스만 조정에서 볼 때 알레비는 이단 시아파 사파비드 왕조를 위해 협력한 반역자였다. 알레비는 투르크멘들이 머리에 붉은 터번을 착용하고 전장에 나가는 것을 따라 함으로써 크즐바시라고 불렸는데, 이 말은 알레비를 비하하는 뜻으로 사용되었다. 알레비의 반역에 분노한 오스만 제국의 셀림 술탄은 이스마일 군대와 전쟁을 치르고 4만 명의 크즐바시를 살해했다. 이 시기에 터키 땅은 터키의 오스만 제국(수니)과 이란의 사파비드 왕조(시아) 간 전쟁터가 되었다.

알레비는 수니 이슬람에 반대함으로써 이슬람 주류와는 지리적으로나 사회적으로 격리되었다. 그들은 자신들에게 던져지는 무시와 편견을 피해 사회적·종교적으로 자신들만의 네트워크를 만들어가게 되었다. 그래서 그들끼리 결혼하는 관습이 생겼다. 이슬람 수니파 사회에서 알레비는 이단이고, 융화할 수 없는 '타인'이라는 불명예를 안고 지금까지 살아오고 있다.

알레비의 문화와 전통

알레비는 세속적인 터키 사회로 편입되었으나, 사회의 편견 속에서 그들의 문화적·종교적 특징을 상실하게 되었다. 그러나 1980년대 중반부터 알레비의 문화적 전통을 살려내자는 움직임이 시작되었다. 전통적으로 알레비는 거의 문맹으로 벽촌이나 오지에서 폐쇄된 생활을 해왔으나, 1960~70년대 일자리를 찾아 대도시 또는 유럽으로 이주하는 현상이 생기고 개방 사회에 눈뜨고 교육받은 인구가 늘어나면서 그동안 닫힌 공간에만 있다가 서서히 사회 밖으로 나오게 되었다. 알레비들은 유럽에서 힘든 타향살이를 하면서 유럽의 자유로운 문화에 익숙해졌고, 그들의 자유로운 행동은 본토의 알레비에게도 영향을 미쳤다.

알레비는 모스크가 아닌 젬에비cemevi라 불리는 예배당에서 예배를 보고, 종교적 의식에 포도주를 사용한다. '젬cem'이란 모이기, 하나 되기라는 뜻의 아랍어로, 알레비의 의식이란 한자리에 모여서 행하는 모임이라는 개념이다. 알레비는 정통 수니 무슬림이 하는, 무릎 꿇고 절하는 것을 하지 않는다. 라마단 기간에 하는 금식을 하지 않고 모스크에 가지 않는 것 등이 수니 이슬람과 다른 점이다. 그들은 절대 개종을 못 하게 한다. 알레비끼리의 결혼은 외부에서 오는 적대감을 해소시키는 방편이기도 하다. 터키 내 다른 종단인 낙쉬벤드Nakşibend나 누르주Nurcu와는 달리 알레비는 조직적이지 못하고 일부 지역에 편중되어 살고 있다. 알레비는 벡타쉬Bektaş 수피 종단 내에서 발전하여 벡타쉬 종단과 매우 가깝다. 하즈벡타쉬 벨리Hacı Bektaş Veli는 13세기 성인으로 알레비와 벡타쉬 종단은 모두 하즈벡타쉬를 숭배한다.

알레비와 세속주의

독립전쟁(1919~22년) 당시 아타튀르크가 알레비의 지원을 받기 위해 알레비 지도자를 만났다고 전해진다. 알레비는 아타튀르크 시대에 아타튀르크를 구세주로 받아들였다. 아타튀르크가 주창한 세속주의는 수니계로부터 오는 무시와 편견의 멍에로부터 탈출할 수 있는 절호의 기회였기 때문이었다. 알레비들은 아타튀르크의 개혁 조치를 적극 환영하고 지지했다. 아타튀르크의 공화국 선포, 그리고 이슬람적 지위인 칼리프 및 세이홀이슬람의 폐지는 모두 알레비의 절대적인 환영을 받았다.

이 때문에 알레비들은 그들이 추종하는 알리와 하즈벡타쉬 사진을 국부인 아타튀르크 사진 옆에 같이 걸어놓고 있다. 그러나 아타튀르크 시대의 정부와의 밀월은 짧은 순간에 끝나고 말았다. 1925년 11월에 이단 종파의 활동이 금지되고, 각 종단에서의 수장을 일컫는 호칭(셰이, 세이트, 데르비스, 데데 등)을 사용하는 것이 법적으로 금지되었다. 세속주의 요소가 강조되면서 이슬람 문화에서 파생된 종파와 관련된 것은 모두 시대에 뒤떨어진 것으로 평가받게 되었다. 그 이후 알레비는 사회의 편견을 피해 그 활동이 지하로 들어가고 말았다.

터키 사회에서 알레비와 관련된 두 가지 큰 사건이 있었다. 그중 하나는 1978년 12월 카흐라만마라시(보통은 '마라시'라고 한다)에서 알레비와 수니계 간 유혈 싸움으로 111명이 목숨을 잃은 사건이다. 마라시의 치첵이라는 극장에서 민족주의 성향의 영화 「태양은 언제 뜨는가」 상영 도중 극우파가 극장 안에 폭발물을 던지면서 시작된 유혈 싸움은 일주일간 계속되었다. 알레비와 수니계 간 싸움은 좌익과 우익의 싸움으로 확산되었고, 1백여 명이 넘는 사망자를 내고 수백 채의 가옥과 상점이 파괴되어 공화국 역사상 가장 큰 폭동 사건으로 기록되었다.

그리고 마라시의 유혈 싸움은 1980년 군사혁명이 일어나는 데 중요한 원인을 제공했다. 2012년에는 마라시 폭동 사건과 관련한 영화가 나올 예정이다. '아버지의 목소리(바바믄 세시 Babamın Sesi)'란 제목의 이 영화에선 일자리를 찾아 디야르바크르에서 중동으로 떠난 아버지가 문자 해득을 못해 편지를 대신해 목소리를 카세트에 담아 보내는데, 마라시 사건과 관련된 가족이 겪는 시대의 애환을 담고 있다.

또 다른 사건은 1993년 7월 시바스에서 일어난 사건이다. 16세기 알레비 시인 '피르 술탄 압둘Pir Sultan Abdul'을 기념하기 위한 문화 축제에 참가한 알레비의 시인, 예술인들이 투숙한 호텔에 수천 명의 극렬 이슬람 시위자들이 '이단자를 죽여라'라며 돌을 던지고 불을 질러 알레비 33명 등 총 37명이 사망한 사건이 일어났다. 터키 문학사의 거장이자 풍자 시인인 아지즈 네신Aziz Nesin은 가까스로 호텔을 빠져나와 목숨을 구했다. 이 사건은 인권과 표현의 자유에 대한 공격이자, 세속주의와 이슬람주의자들의 대립으로 비쳐졌다. 또한 1995년 1월 어느 TV 프로그램에서 사회자가 알레비를 폄하하는 발언을 하자 수천 명의 알레비가 거리로 뛰어나와 시위를 벌이는 일도 일어났다.

알레비의 종교 의식

알레비의 종교 의식은 1925년에 이단 이슬람 종파를 금지한 법에 따라 금지되었다. 쿠르드 문제와 마찬가지로 알레비는 존재 자체가 인정되지 않았다. 터키 국민은 대부분이 수니계이다. 게다가 알레비에게 차가운 눈초리를 보내던 터키 사회에서 알레비 존재가 인정받지 못하는 것은 터키 국민에게 큰 문제가 되지 않았다. 수니계의 눈에 비친 알레비는 도덕적으로 타락한 사람들이기 때문에 무신론자들보다 더 나쁜 사람들이었다. 알레비의 정당 설립도 허용이 되지 않았다. 알레비에 대한 수니계의 보이지 않는 적대감으로 알레비는 세속주의 편이나 좌익으로 기울게 되었다. 그들에게 따라 붙는 크즐바시, 공산주의자, 쿠르드 등의 부정적 의미의 별명은 사회적으로 알레비를 폄하하는 뜻으로 남게 했다.

이러한 상황에서 터키 정치 역사상 처음으로 알레비 문제를 터키 내부의 인권 문제로 받아들이고 개혁을 시도한 것 역시 정의개발당이었다. 터키 정부는 2007년에 알레비 오프닝(아츨름)을 개시했다. 2008년 12월 문화부 장관은 처음으로 알레비연구소 개소식에 참가하고, "알레비가 그동안 인정받지 못한 것을 유감스럽게 생각한다"고 말했다. 에르도안 총리도 2009년 1월 알레비 조찬기도회에 참석하고 알레비의 인권 개선을 위한 정부의 의지를 보여주었다. 정부는 알레비의 문제는 무엇이고, 그들이 무엇을 기대하고 있는지를 밝혀내기 위해 조사위원회를 구성했다.

알레비 측 요구는 구체적이다. 자신들의 예배당인 '젬에비'를 합법적으로 승인해줄 것과 종교 교육에 알레비를 포함시킬 것을 요구한다. 또한 1993년 시바스 사건이 일어난 마드막 호텔을 박물관으로 만들어주고, 수니 이슬람만 지원하는 종교청을 폐지할 것 등을 정부에 요청하고 있다. 이단자로 멸시받던 터키의 알레비가 역사상 처음으로 정부를 대상으로 큰 목소리를 내게 된 것이다. 알레비 오프닝 이후에 알레비에 관한 서적도 봇물 터지듯 나오고 있다.

터키의 군사혁명

터키는 1960년, 1971년, 1980년, 세 번에 걸쳐 군사혁명을 경험했다. 일반적으로 1960년과 1980년의 경우를 군부가 직접 혁명을 주도했다는 뜻에서 군사혁명 military coup(터키어로는 askeri darbe)이라고 하며, 1971년의 경우는 군부가 간접 개입했다 하여 군사개입 military intervention(터키어로는 skeri mudahale)이라고 구별하기도 하나, 세 경우 모두 단순히 '군사혁명'이라고 하기도 한다.

1960년 군사혁명: 터키공화국이 수립된 이래 집권해온 공화인민당은 터키공화국 내 단일 정당으로 1945년까지 관료와 군부의 절대적 지지를 받고 집권했다. 공화인민당은 이슬람 전통을 벗어난 세속주의를 중심으로 과감한 개혁 정책을 단행함으로써 노동자, 농민, 중소상업자들의 반감을 샀다. 이 같은 상황 아래 1950년 실시된 총선에서도 민주당이 압도적인 승리로 의회 내 다수당이 되었고, 1954년 총선에서도 민주당이 다수당으로 승리했다. 민주당 정권은 당시 전체 국민의 75퍼센트가 넘는 농민의 지지를 얻기 위한 선심성 정책을 폈고, 공화인민당 정권의 전통적인 기득권 계층인 민간 관료, 군부 및 지식인에 대해서는 부정적인 태도를 보였다. 1950년 후반에 이르러 민주당 정부에 의해 소외된 관료, 지식인들과 학생들의 민주당 정권에 대한 반감은 절정에 달했다. 대학생들의 반정부 시위는 1960년 4~5월에 이르러 극에 달했다. 터키 학생들의 반정부 시위는 한국에서 자유당 정권의 3·15 부정선거를 규탄하기 위해 학생들로부터 일어난 1960년 4·19 혁명의 영향을 크게 받았다. 특히 민주당 정부의 야당과 언론에 대한 탄압, 종교의 정치 도구화는 1954년 이후 군부의 불만을 크게 자극했다. 1960년 5월 3일 제말 귀르셀 육군사령관이 국방 장관에게 공한을 보내 대통령의 사임과 반민주적인 법령의 개정을 요구했다. 마침내 군부는 민주당 정권이 종교를 정치에 이용하고 국민 간 파벌과 적대감을 조성했다는 이유로 군복무규율법 제34조를 근거로 1960년 5월 27일 정부를 장악했다. 5·27 군사혁명으로 귀르셀 장군이 이끄는 군사정권이 등장함에 따라 1960년 9월 민주당은 해체되었고, 1961년 9월에는 멘데레스 총리가 처형되었다.

1971년 군사혁명: 1960년 군사혁명 이후 개정된 1961년 헌법은 노동자 권리 및 학원의 자치 활동, 사상 표현의 자유, 노조의 시위 및 동맹 파업의 자유 등을 보장하는 자유 헌법이었다. 1961년 헌법은 또한 좌익 정당의 활동을 허용함으로써 좌익 세력이 정치 세력화되었다. 1965년 총선에서 좌익계 터키노동당이 처음으로 선거에 참여하여 15석을 얻어 국회에 진출했다. 좌익 세력의 등장으로 정치적·사회적으로 격동기를 맞은 터키는 총선 이후 좌·우익 간 이념 논쟁이 거세게 일어났다. 1965년 총선에서 공화인민당은 쉴레이만 데미렐이 이끄는 정의당에 참패하고 야당으로 전락했다. 공화인민당이 기울어가는 당세를 회복하기 위해 좌경적인 사회주의 정치 노선을 채택한 것도 좌·우익 대립에 영향을 미쳤다. 대학가의 계속되는 소요 사태와 좌·우익 과격 분자들의 충돌로 데미렐의 정의당 정권은 정치적 혼미 상태로 빠져들었다. 좌·우익 학생 충돌과 좌익 세력의 팽창에 따라 국내 질서가 혼란해지자 1971년 3월 12일 터키 군부는 국영 TRT 라디오 방송을 통해 정부의 퇴진을 요구하고 행정부와 국회의 무능을 지적하면서 헌법이 명시한 대로 아타튀르크 정신에 입각한 개혁을 추진해야 한다고 밝혔다. 이에 따라 데미렐 총리와 내각은 사임했고, 3월 19일 니하트 에림 교수를 수반으로 하는 과도 내각이 구성되었다. 좌·우익 학생 충돌이 계속되자 과도 내각은 1971년 4월 26일 계엄령을 선포했고, 앙카라, 이스탄불 등 11개 도시에 내려진 계엄령은 1973년 9월이 되어서야 해제되었다. 계엄령 해제 후 10월에 실시된 총선에서 공화인민당은 의회 내 다수당이 되었으나, 과반수 의석은 얻지 못했다.

1980년 군사혁명: 1973부터 1980년까지 7년간은 터키 정치가 가장 시련을 겪은 시기다. 1973년 총선 이후 구성된 어떤 정부도 단독 정부를 구성하지 못했고, 허약한 정부는 난무하는 폭력 사태와 위기에 몰린 경제 문제를 해결하기에 역부족이었다. 키프로스를 병합하려는 그리스를 저지하기 위해 1974년에 터키는 엄청난 재정 부담을 안은 채 키프로스에 군사작전을 감행했다. 터키군의 키프로스 침공에 대해 미국이 대터키 금수조치를 취하고 전 세계를 휩쓴 오일 쇼크로 터키 경제는 생필품 부족을 겪을 만큼 어려워졌다. 정치적으로도 1970년대 후반은 최대의 혼란기였다. 소수당들로 구성된 연립정부가 계속되어 정국의 불안정과 정쟁을 가속화했고, 무정부 상태에 가까운 치안 부재는 1970년대 후반에 더욱 극심해졌다. 1977년 이스탄불에서 개최된 노동절 시위가 유혈 사태로 진전되어 30여 명의 시위 가담자가 사망한 사건이 도화선이 되어 터키는 예상하지 못한 폭력의 시대를 맞게 되었다. 정치 불안으로 정파 간, 학생들의 좌·우익 유혈 충돌이 고조되었고, 급기야 1978년 카흐라만마라시에서 발생한 유혈 사태는 터키를 파국으로 몰아가는 기폭제가 되었다. 좌·우익 간 유혈 충돌로 1977년에 231명, 1978년에 832명, 1979년에 1,200명이 희생되었다. 이 같은 정국 혼란 상태에 직면하여 1979년 8월 27일 케난 에브렌 총사령관은 성명을 통해 집권 정부에 경고성 메시지를 전하였다. 군복무규율법이 터키군에 부여한 임무와 권한에 대해 언급하고, 군부가 정치에 개입할 수 있음을 시사했다. 마침내 1980년 9월 12일 케난 에브렌 총사령관을 중심으로 한 군사혁명위원회는 전국에 계엄을 선포하고 국회를 해산시키고 무혈 혁명으로 정부를 인수했다. 케난 에브렌 군사 정부는 1983년 11월에 실시된 총선에서 승리한 모국당에 정권을 이양했다.

03

부상하는 지역 내 파워

적대에서 화해로

터키는 신흥국 가운데 핵심 국가이며, 지역 내 대표 국가로 부상하고 있다. 터키의 외교 정책은 최근 몇 년 사이 참으로 많이 변했다. 터키 외교 정책의 '변화'는 특히 터키가 중동 국가들과 가까워지면서 두드러지게 나타나고 있다. 특히 서구로의 편입을 시도하는 정책의 일환이었던 EU 가입이 날이 갈수록 지지부진하고, 서방과의 관계도 이전처럼 조화롭지 못하며, 미국이나 이스라엘과의 관계가 이전 같지 않다는 현실을 바탕으로 해서 볼 때 더더욱 그 '변화'가 커 보인다. 그리고 오랫동안 터키의 외교 정책이 미국을 포함한 서방과의 강한 유대 관계를 가지고 있다는 점에서도 크게 대비되고 있다.

터키는 2009~2010년 유엔 안전보장이사회의 비상임 이사국 역할을 맡으면서 국제적인 감각을 새롭게 터득하고 이웃 국가들과의 관계에서 자신의 힘과 역량을 키워나가고 있다. 특히 중동 국가와의 관계에서 터키의 정책은 극적으로 변화했다. 이웃 국가뿐만 아니라, 거의 모든 중동 국가들과 경제·통상 교류 확대를 위해 고군분투하고 있다. 경제·통상 교류를 확대해나가기 위한 기반으로 비자면제협정 체결을 빼놓지 않고 하고 있다. 비자면제협정 체결로 그간 이웃 및 주변 국가들과 형성된 보이지 않는 벽을 허물고 있다.

국제 정치·경제 무대에서 터키의 위상이 달라졌다. 터키는 과거 유럽, 중동, 소련이라는 큰 세력을 이웃으로 했다. 이들 세력은 너무 덩치가 커서 어느 것 하나도 무시할 수가 없었지만, 터키의 국력이 이들을 이끌어나가기에는 역부족이었기 때문에 터키의 영향력은 매우 제한적이었다. 오스만 제국에서 탈피하여 수립된 공화국은 건장했지만, 세계 정치의 중심과는 거리가 멀었다. '국내의 평화, 세계의 평화'라는 모토 아래, 제2차 세계대전 이후 근근이 현상 유지하는 정책이 전부였다. 그런데 터키가 최근 이웃 국가와의 관계 개선을 통해 지역 내 문제에 적극 나섬으로써 국제사회의 시선을 받고 있다. 터키의 외교가 소극적인 자세에서 적극적인 자세로 그 모드가 바뀐 것이다.

그렇다면 어떻게 해서 터키의 외교 정책이 공세적인 자세로 바뀌게 되었을까? 무엇보다도 터키의 지정학적·지전략적 중요성이 큰 요인이 되었다. 터키가 구소련과 국경을 접하고 있을 때는 터키의 지정학적 중요성이 부각되었다. 그러다가 구소련이 해체되자 터키 내의 나토군도 많이 철수하고 더 이상 소련과 국경을 접하지 않게 된 터키의 지정학적 가치도 그 의미를 잃는 듯했다. 그런데 1990년대 국제 정세는 터키 외교에 또 다른 기회를 제공했다. 발칸 지역에서는 보스니아, 코소보, 마케도니아 분쟁이, 코카서스에서는 나고르노카라바흐, 압하지야, 체첸 분쟁이 이어지는 한편 중동에서는 이라크의 쿠웨이트 침공과 이스라엘-팔레스타인 분쟁 등이 꼬리에 꼬리를 물고 이어지면서 터키의 중요성이 다시 부각되었다. 터키가 이러한 불안정한 지역들 바로 중심에 자리하고 있기 때문이다. 갑작스러운 주변 환경의 변화로 터키는 자신의 정체성은 물론 주변국과의 역사, 경제, 안보 등 모든 면에서 지금까지의 자세를 점검해야만 하는 시기를 맞게 되었다.

터키의 외교 정책이 공세적으로 바뀌게 된 또 다른 배경에는 EU와의 관계가 자리하고 있다. 터키 외교는 냉전시대에는 국방, 군사 면에서 미국과 북대서양조약기구NATO(이하 나토) 관계에 중심이 있었다가, 경제, 인권 등 소위 외교적 소프트 파워가 중요시되면서 EU와의 관계로 그 무게중심이 옮겨지게 되었다. 그러나 터키의 EU 가입 건이 잘 진척되지 않고, 특히 독일, 프랑스 등 유럽 지도자들이 터키의 EU 가입에 대해 부정적 발언을 내놓으면서 터키를 불편하게 만들었다. 때마침 미국이 이란-이라크 문제, 아프가니스탄, 아랍-이스라엘 문제 등 중동 문제에 적극 개입하면서 자연스럽게 터키도 중동 국가와의 관계와 중동 지역 문제에 관심을 가질 수밖에 없었다.

그러나 무엇보다도 더 중요한 요인은 터키가 주변 국가, 이웃 국가들의 중요성을 깨달았다는 것이다. 정의개발당 정부는 2002년 들어서 러시아를 포함해 이란, 이라크, 시리아 등 중동 국가들과 관계를 호전시키면 경제·통상이 확대되어 국가 경제 발전에 실질적으로 도움이 될 수 있다는 데 착안하기 시작했다. 선린 우호 관계를 바탕으로 한 인적·통상 교류 증진을 위해 이웃 국가에 대한 인식을 바꾸기 시작한 것이다.

지역 내 군사력 대치를 해소하는 것이 필요하게 되었다. 20년 전과는 안보 환경이 너무나 달라진 것이다. 터키가 경제 성장의 고삐를 늦추지 않고 지속시키려면 이웃 국가와의 교류가 중요하고, 국제 무대에서 힘을 과시하려 하더라도 이웃 국가가 발목을 잡는다면 의미가 없다. 더구나 터키는 지역 내 문제를 해결해야 하는 입장이다. 그러지 않으면 지역 내 문제가 바로 터키 문제로 부메랑처럼 되돌아오기 때문이다.

지역 화합을 도모하다

터키 주변국은 13개국이다. 13개국에는 열 개의 다른 언어와 여섯 개의 종교가 있을 만큼, 이들 국가들은 모두 터키와 다른 역사적 경험과 열망을 가지고 있다. 터키는 정세 불안정, 취약한 민주주의, 독재국가 등 다양한 성격의 국가들에 둘러싸여 있다. 그리스, 키프로스, 시리아 등과는 정치적 현안으로 불편한 관계에 있었고, 이란과는 이념 대립으로 긴장 관계에 있으며, 아르메니아와는 영토 점유 문제로 대립하는 등 주변 국가와 편안한 관계에 있는 나라가 없었다.

'주변이 다 적敵이다.' '터키는 터키인 말고 친구가 없다.' '터키는 삼면은 바다로, 사면은 적으로 둘러싸여 있다.' 이 말들은 터키가 주변 국가들과 얼마나 어려운 관계를 유지하고 있는지를 대변한다. 서로 이웃으로 존중하지도, 또 존중받지도 않는 이웃들이었다.

그런데 정의개발당 정부가 이 같은 정의를 다 바꾸어놓고 있다. 특히 중동·아랍 국가와의 관계에서는 더욱 그렇다. 오늘 터키는 미국과 중동 세계, 지역 내 무슬림 국가와 비무슬림 국가 사이에서 중재자 역할을 잘하고 있다. 이슬람협력기구OIC에서도 지도자 역할을 수행한다. 더 나아가 터키는 독립적인 대외정책으로 지역 내에서 더 강한 지도자 역할을 수행하려 한다. 구소련의 해체로 주적이 없어지면서 중동 국가와의 관계를 증진해나갈 수 있는 여력이 생겼기 때문이다.

2002년 정의개발당 정부가 이웃 국가와의 문제 해결에서 제일 먼저 한 일은 비자면제협정 체결이었다. 보이지 않는 국경의 벽을 무너뜨리고자 한 것이다. 2011년 6월 현재 터키는 61개국과 비자면제협정을 체결하고 있는데, 그중 12개국과의 비자면제협정은 정의개발당 정부 때 이루어졌다. 대상 국가는 러시아, 우크라이나, 시리아, 레바논, 요르단, 파키스탄, 알바니아, 보스니아-헤르체코비나, 크로아티아, 조지아, 카타르, 탄자니아 등이다. 비자면제협정으로 이웃 국가와의 무역량도 세 배로 늘어났다.

터키의 2002년 이웃 국가와의 무역량은 전체 무역량의 5퍼센트에 그쳤으나, 2010년에는 16퍼센트로 늘어났고, 2015년에는 40퍼센트로 늘릴 목표를 갖고 있다.★ 이란, 시리아와 관세면제협정을 체결할 예정으로 있고, 이어 요르단, 레바논, 조지아, 아제르바이잔 등 다른 나라와 관세면제협정도 추진할 계획도 갖고 있다. 제2차 세계대전 이후 경제통합으로 정치 안정을 이끌어낸 유럽의 경우와 같이 터키도 지역 내 국가들과의 경제적 상호의존도를 높여 정치 안정화를 구축하려 하고 있다.

한때 터키는 시리아와 적대 관계에까지 이르렀다. 시리아와의 화해 조치는 2011년 2월 터키의 에르도안 총리와 시리아의 알아사드 대통령

★ Ercan Yavuz, "Turkey to set up NAFTA-like union with neighbors", *Sunday's Zaman*, 2011. 2. 13.

터키는 북쪽으로 흑해, 서쪽으로 에게 해, 남쪽으로 지중해에 연한 국가들과, 그리고 동쪽으로는 내륙 국가들과 이웃하고 있다.

간 친선의 댐 건설 기공식을 가짐으로써 구체화되었다. 기공식에서 에르도안 총리는 시리아와의 주요 협력사업으로 누사이빈-카므쉴르 국경 세관 설치, 시리아와 공동투자은행 개설, 가지안테프와 알레포 간 고속철도 건설, 천연가스 연결망, 시리아 정부에 대한 터키수출입은행의 신용 대여, 친선의 댐 건설 사업 등을 하겠다고 천명했다. 지난 2년간 두 나라는 무려 51개에 달하는 협력협정을 체결했다.

이웃 국가와의 갈등 제로 정책

터키 외교 정책이 변화하게 된 데는 아흐메트 다부트올루 외교 장관의 역할이 크다. 다부트올루는 2002~2009년까지 에르도안 총리의 외교 보좌관을 지낸 후, 2009년 5월 외교 장관으로 임명되었다. 정의개발당 정부의 외교 정책 조율사로 불리기도 한다. 2010년 미국의 외교 전문지 『포린 폴리시』는 '뉴 키신저 리스트'를 발표하고 터키의 다부트올루 외교 장관을 네 명의 뉴 키신저 리스트에 포함시켰다. 아랍 국가와의 관계를 증진시키고, 아랍-이스라엘 분쟁을 중재하는 그의 역할이 높이 평가된 것이다.

다부트올루 외교 장관은 '이웃 국가와의 갈등 제로' 정책을 제시했는데, 이 정책은 에르도안 정부가 추진하는 외교의 중심 아이디어다. 다부트올루는 터키의 비전을 키워나가기 위해서는 반목과 갈등을 되풀이하고 있는 이웃 국가와 갈등을 해소해야 한다는 외교 원칙을 창출해냈다. 이웃 국가와의 갈등 제로 정책은 특히 중동 국가와의 관계에서 빛을 발했다. 갈등 해소를 위한 고위급 전략 회의를 갖고 국경을 개방하고 비자 면제를 통해 사람과 상품의 교류가 증대하도록 하여 결국 교역이 증가하고 관광객이 증가하는 수순을 차례로 밟아갔다. 2006년 3월, 에르도안 총리는 아랍연맹 정상회의에서 처음으로 연설하는 터키 총리가 되었다.

터키가 중동 국가와의 대외 관계에 보다 적극적인 모습을 보이는 데는 이유가 있다. 중동에는 터키가 역할을 할 수 있는 공통의 이슈가 많기 때문이다. 그 반면 발칸 지역이나 중앙아시아에서는 중동 지역에 비해 터키가 할 수 있는 역할이 많지 않다. 이곳에서는 강력한 경쟁자가 있어 터키의 역할이 제한적이기 때문이다. 터키 외교의 목표는 지역 내 힘을 가진 역할자로 자리매김하는 것이다. 그런 면에서 보면 터키가 주변 지역 중 역할자로서 능력을 최대한 과시할 수 있는 곳이 중동 지역이다. 북아프리카를 포함한 중동 지역은 터키 외교의 중심지이다. 이곳과 '무슬림'이라는 강한 정체성을 공유한다는 사실 역시 터키 측에 유리하게 작용하고 있다.

이를 놓고 서방은 터키의 외교 축이 변했다고 비방한다. 주로 미국을 포함한 서구 국가와 교류해오던 터키 정부의 친서방 외교 노선이 친중동 노선으로 바뀌고 있다는 것이다. 일례로 유엔 안보리가 2010년 6월 이란에 대한 경제 제재를 결의했을 때 터키가 반대표를 던지자, 서방은 터키가 서방의 영향권에서 벗어나려는 움직임을 보인 것이라고 해석했다. 중동 전문가들은 터키가 외교 노선을 변경한 것은 중동의 균형자 또는 역할자로서의 입지를 굳히려는 것이라고 보기도 하고, 반세기 동안 기다려온 EU 가입이 계속 지연되는 데 대한 터키 측 실망의 표현이라고 해석하기도 한다.

물론 터키는 이러한 견해에 강하게 반발한다. 2009년 12월 미국을 방문한 에르도안 총리는 존스홉킨스 대학에서 '세계 정치와 터키'라는 제하의 강연에서, 터키 외교 정책이 중동을 중심으로 주요 축이 변화하고 있다는 주장에 반박하고, 터키는 전 세계 360도 전방위 외교 정책을 수행할 수 있을 만큼 충분한 외교 역량을 갖고 있다고 강조했다. 즉, 터키는 외교의 축을 바꾼 것이 아니라 국익에 따라 전방위 외교를 하는 것이라고 맞서고 있다.

사실, 터키가 유럽으로부터 등을 돌리는 것은 가능하지 않다. 터키와 서구와의 관계는 오스만 제국 말기에 서구식 개혁을 위해 서구와 접촉을 시작한 1860년 이래로 약 150년이나 지속되어온 오랜 역사를 가지고 있다. 서구와의 접촉은 끊임없이 계속되었으며, 정의개발당 정부도 이전의 터키 정부가 국책사업으로 추진해오던 EU 가입을 주요 국정 사업으로 내세울 만큼 서구를 대하는 태도에는 변함이 없다는 것을 보여주고 있다. 또한 유럽 쪽에서도 터키를 떼고 생각할 수 없는 부분이 많다. 안보 측면에서 터키는 유럽 안보에 핵심적인 위치에 있어 터키와 유럽은 떨어질 수 없는 이해관계에 있기 때문이다. 서방이 지중해, 에게 해, 발칸반도, 중앙아시아, 중동 등에서 협력을 끌어내려면 터키의 지지가 필수적이다.

오늘날 중요한 국제 문제 중 무려 70퍼센트가량이 터키와 연계되어 있다. 중동 평화 문제, 이스라엘-팔레스타인 문제, 아프가니스탄 문제, 대테러, 에너지 안보 문제 등 굵직하고 중요한 국제 문제들을 터키를 빼놓고는 논의할 수 없다. 최근에 터키는 중요한 국제 문제의 해결에서 단순 참여자 역할을 넘어 중재자 역할을 하고 있어 국제사회에서 중견국가 이상의 위상을 보여주고 있다.

또한 미국의 '신중동 전략'의 핵심 고리로 주목받고 있는 터키는 오바마 정권이 추진하고 있는 중동 정책의 핵심으로 떠올랐다.★ 그리고 경제적으로도 터키는 중동과 비교할 때 원유는 보유하지 않았지만 중요한 에너지 수송국의 입지로 '경제 강국'이 되어가고 있다. 경제 성장은 정치 안정으로 배가되었다. 에르도안 총리의 도도하고 깐깐한 리더십이 터키인의 오만으로 비쳐지기도 하지만, 터키인 특유의 자신감은 터키의 정치·경제 및 대외 관계의 외적 성장에 큰 힘이 되고 있다.

★「터키, 오바마 중동정책 핵심으로」,『한겨레』, 2009. 4. 5.

수니파와 시아파

무함마드에 의해 610년에 창시된 이슬람 종교가 수니파와 시아파로 분리되기 시작한 것은, 예언자이자 창시자인 무함마드가 사망한 이후부터였다. 632년 무함마드가 사망한 후 누가 이슬람 공동체(움마 Ummah)를 이끌어갈 후계자(칼리프)가 될 것이냐 하는 문제가 대두되었다. 무함마드가 죽자, 생존 시의 그의 언행, 그리고 신의 말씀인 코란을 이상으로 하는 이슬람 역사가 시작되었다.

이슬람 공동체는 부족회의를 통해 무함마드의 친구이자 장인인 아부 바크르를 632년에 제1대 칼리프로 임명하였다. 그러나 바르크가 칼리프로 결정되자, 무함마드의 혈통을 가진 자만이 후계자가 될 수 있다고 보는 파들은 무함마드의 사촌이자 사위인 알리가 후계자로 가장 적격이라고 주장하며 반발했다. 결국 무함마드의 혈통을 가진 알리가 656년에 제4대 칼리프로 계승되면서, 공동체 부족회의를 통한 승계자 결정을 지지하는 파(훗날 수니파가 됨)와 무함마드의 혈통을 가진 자만이 무함마드가 될 수 있다는 세력(훗날 시아파가 됨) 간에 갈등이 표면화되었다. 결국 이 두 파는 교리상의 문제가 아니라 칼리프의 승계 문제 때문에 분리가 된다.

제3대 칼리프 오스만이 새벽 기도 중에 암살을 당하자 양대 세력 간의 갈등이 더욱 심해졌다. 암살 배후가 파악되기도 전에 제4대 칼리프로 알리가 선출된 것이었다. 이때 오스만의 6촌 동생이자 오스만을 추종하던 우아위야가 알리를 암살 배후자로 지목하고 알리 추종자들을 상대로 전쟁을 개시했다. 결국 제4대 칼리프 알리가 661년에 살해되고 난 후 우아위야는 무력으로 제5대 칼리프로 등극하고, 이후에 칼리프 지위를 자신의 아들인 야지드에게 세습했다. 이후 알리의 차남 후세인이 중심이 되어 반란을 일으켰으나 680년 카르발라에서 야지드에 의해 죽임을 당하고 만다.

이처럼 후계자 문제를 놓고 갈등을 겪으면서 이슬람은 수니파와 시아파로 완전히 분리되었고, 이슬람의 분열과 갈등은 지금까지 계속되고 있다. 알리를 추종하는 자들이 지금의 시아파가 되었다. 시아파는 무함마드가 이슬람 공동체의 초대 칼리프로 알리를 지명했다고 보고 있고, 알리 이전의 세 명의 칼리프를 찬탈자라 부르며 인정하지 않고 있다. 시아파는 알리 및 그의 자손을 신자 공동체의 우두머리인 이맘^{imam}이라 부르지만, 수니파는 이를 인정하지 않는다. 수니파는 무함마드와 직접적인 혈연관계가 없더라도 충분한 자질과 독실한 신앙을 가지고 있다면 통치자가 될 수 있다고 보며, 예언자의 관행을 바탕으로 공동체를 운영하고, 이슬람 공동체의 법체계인 샤리아(이슬람법)를 만들어냈다.

'무함마드의 말과 행동을 따르는 자들'이란 뜻을 가진 수니파는 사우디아라비아를 중심으로 무슬림 인구의 90퍼센트를 차지하고 있다. 반면, '알리의 추종자'란 말에서 유래한 시아파는 이란, 이라크를 중심으로 무슬림 인구의 10퍼센트를 차지한다. 시아파는 레바논, 바레인, 시리아 등지에도 퍼져 있다. 시아파 최고의 성지는 알리가 묻혀 있는 쿠파와 그의 아들 후세인이 묻혀 있는 카르발라이다. 두 곳 모두 이라크의 중심부에 있으며, 지금도 이란인들의 성지 순례가 끊이지 않고 있다.

04

중동과 유럽 사이에서

터키의 두 얼굴

터키는 중동 국가인가? 아니면 유럽 국가인가? 이 질문에 대한 답은 다음과 같다. 터키는 유럽에 있는 중동 국가이자, 중동에 있는 유럽 국가이다. 터키는 아시아와 유럽을 잇는 교량적 위치에 자리해 있어 동양과 서양의 문화가 혼재한다. 이러한 지리적·경제적인 관계로 인해 터키는 중동과 유럽의 두 가지 얼굴을 모두 가질 수밖에 없는 것이다.

터키가 이슬람 국가이므로 중동의 얼굴을 지닌 것은 쉽게 수긍이 가능할 테지만, 이슬람을 떠올릴 경우 터키가 오히려 유럽의 얼굴을 갖고 있다는 점에 대해선 갸우뚱해질 수밖에 없다. 핵심은, 터키의 이슬람은 중동의 이슬람과 다르다는 데 있다. 터키의 이슬람은 수니, 시아를 다 포용한다. 터키의 이슬람은 근대화와 접촉한 최초의 이슬람으로 세상사를 모두 다 종교적으로만 해석하지 않는다. 이슬람 종교와 근대적 민주

정치와의 충돌을 경험한 터키 이슬람은 자기 비판적이라는 특징이 있다. 19세기 오스만 제국은 이슬람과 근대화를 어떻게 조화하느냐 하는 문제를 두고 고민했다. 최초의 의회 제도, 헌법, 선거 제도를 도입하는 과정을 통해 민주주의 제도 속에서 통합되고 근대화된 이슬람을 창조해 냈다. 이러한 과정을 겪은 터키의 이슬람은 서구를 향한 자신감이 충만해 있다.

터키는 지리적으로 가까운 중동과 유럽을 연결하면서, 다양한 지역과 잇대어 있다. 터키는 이슬람 세계, 중동, 투르크 세계 그리고 유럽과 직접 연결되어 있다. 이 같은 다양성이 터키라는 국가를 특정 지역성을 띤 국가로 두지 않고 국제적인 성격을 지닌 국가로 성장하게 했다. 이러한 과정에서 동양과 서양, 전통과 현대, 이슬람과 세속주의 등 이중적이고 다층적인 터키 특유의 색채가 생겨나게 되었다.

중동 국가들의 민주화 모델

2010년 12월, 튀니지 청년 노점상의 분신 사건 이후 정치적 변화를 요구하는 물결이 아랍 세계에 민주화 운동 현상으로 확산되고 있다. 중동의 민주화 운동은 구소련이 해체된 것과 같이 국제 질서에 변화를 가져올 것으로 전망된다. 정치권에 대한 극도의 불신, 그로 인해 변화를 원하는 열망으로 불고 있는 중동의 개혁 바람은, 중동 세계가 신정주의 이슬람으로부터 벗어나 이슬람 자유주의와 민주적 정부 수립이라는 목표를 향해 다가가려는 것을 보여준다. 중동이 민주주의에 대한 자각으로 깨어나면서 점차 구정치 질서를 벗어나 새로운 사회로 탈바꿈하고 있다. 이에 중동 이슬람 국가들의 발전 방향이 무엇인지, 중동이 어떻게 진화할 것인지에 관심이 모아지고 있다.

　중동에 민주화 운동이 번지면서 터키는 지역 내에서 가장 민주적인 국가로 무슬림 세계의 발전 모델로 거론되고 있다. 이슬람과 민주주의를 조화시켜 정치 체제에 종교의 개입을 허용하지 않는 세속주의를 채택하고, 이슬람 국가이면서 서구식 민주주의를 운영하고 있는 터키의 경험이, 이슬람 방식도 아니고 서구화 방식도 아닌 제3의 대안으로, 검토 가능한 중동의 민주화 모델로서 제시되고 있는 것이다. 터키의 정치 구조의 틀이 종교적 믿음과 가치에 따라 만들어지지 않고, 민주주의, 인권, 투명성 등 인류의 보편적 가치를 바탕으로 만들어졌기 때문이다.

　터키라는 국가 자체가 중동 변화의 모델이 될 수 있다면, 그 근거는 2002년 집권한 이슬람계 정의개발당에 있다. 정의개발당은 그 뿌리를 이슬람에 두면서도, 민주적인 정치 제도 안에서 지속적으로 경제 성장을 이루고 지역의 전략적 역할을 증대시키기 위한 정책을 개발해나가고 있다. 한편으로는 EU 가입을 위한 노력을 경주하면서, 다른 한편으로는 시장경제와 민주주의를 향한 자신들의 발전 방향을 이웃 국가들에 보여주고 있다. 정의개발당은 이슬람의 전통적 가치를 고수하면서 터키를 민주적 국가로 부상시키고 있다. 정의개발당 정부는 민주주의와 이슬람, 자본주의가 함께 공존하는 것이 가능하다는 것을 실제로 보여주었다. 압둘라 귤 대통령은 터키는 개혁, 현대화, 지역 협력을 수행하는 데 소중하고 독특한 경험을 가지고 있다면서, 이러한 경험이 중동 국가에 롤 모델이 될 수 있다고 언급했다.

　터키가 중동 국가들에게 긍정적으로 받아들여지고 있는 이유는 무엇일까? 2011년 2월 터키경제사회연구재단이 발표한 조사에 따르면, 가장 큰 이유는 최근 터키가 지역 문제에 대해서 적극적으로 중재 역할을 하고 있고, 또 하나는 이슬람과 민주주의를 조화시킨 대표적인 나라이며, 세번째로 끝없이 성장하고 있는 경제력을 지니고 있다는 게 그 이유라고 한다. 그리고 마지막으로는 적극적으로 주변국들과 친선 우호 관계를 개발해온 게 이유이다. 말하자면, 터키는 민주주의를 기반으로 성장하는 경제와 활발한 대외 정책으로 중동 국가들에게 영감靈感을 제공해주고 있다.

터키를 보는 시선의 변화

중동에서 터키를 바라보는 인식도 변화하고 있다. 2010년 터키경제사회연구재단이 이집트, 요르단, 팔레스타인, 레바논, 사우디아라비아, 시리아, 이란 및 이라크 등 8개국 국민을 대상으로 실시한 '중동에서의 대터키 인식' 앙케트 조사에 따르면, 이들 국가에서 터키에 대한 호감도는 전년 대비 5퍼센트 포인트 상승한 80퍼센트로 나타났으며, 조사 대상의 66퍼센트가 터키는 이슬람 국가의 모델 국가가 될 수 있다고 답한 것으로 나타났다.★ 중동에서 터키에 대한 인식이 변하고 있는 데는, 터키산 제품이 중동 국가에 대거 진출해 있고 터키의 TV 드라마, 영화 등이 대부분 중동 국가에서 큰 인기를 얻고 있는 것도 중요한 원인으로 작용하고 있다. 중동 지역에서 터키 드라마의 시청률은 매우 높다. 2005~2007년간 터키의 'Kanal D'라는 민간 TV 방송사가 방영한 100부작 드라마「규무쉬 Gümüş」가 처음으로 중동 지역에 진출한 이래, 현재 중동

★ "Orta Doğu'da Türkiye Algısı", Türkiye Ekonomik ve Sosyal Etüdler Vakfı, 2010. 9.

지역에 진출한 터키 TV 드라마 수는 42개에 달하고 있다. 요르단의 한 조사에 따르면, 요르단 국민의 83퍼센트가 터키 드라마를 시청하고 있다. 이는 중동 사람들이 터키를 이해하는 데 터키 드라마가 중요한 매개 역할을 하고 있음을 시사한다.★

터키 국민의 99퍼센트가 이슬람을 믿고 있지만, 터키를 이슬람 국가라고 하지는 않는다. 그 이유는 터키가 세속주의와 민주주의 가치를 수용한 국가이기 때문이다. 터키가 아랍 세계에 모델이 될 수 있다고 보는 것은, 터키가 과거 이슬람 전통 국가에서 터키 공화국으로 이행하며 발전시킨 '세속주의, 민주주의, 법치주의'라는 인류 보편적인 세 가지 원칙을 가지고 있기 때문이다. 거기에다 국제 무대에서 터키의 외교 능력은 주변 아랍 세계가 본받을 만한 가치로 받아들여지고 있다. 급진적인 민주개혁을 추진하면서 경제 성장을 이루고 이스라엘과 시리아의 불화를 중재하기 위해 이들을 이스탄불에 불러들이는 터키의 능력은 중동 세계에서 그냥 보아 넘겨지지 않았다. 석유나 천연가스 등 천연자원이 다른 중동 국가에 비해 거의 전무한 상태지만, 이란보다 나은 경제 성장을 유지하는 터키의 능력 또한 아랍의 관심의 대상이 되고 있다.

터키는 아랍 세계에서 볼 때 가장 민주적인 나라로, 이슬람 국민들에게는 '꿈'으로 비쳐지고 무슬림 세계의 발전된 모델로 거론되고 있다. 이슬람, 민주주의, 경제 발전, 대외 정책은 중동에서 터키의 인식을 실

★ Osman Bahadır Dinçer & Mustafa Kutlay, *Türkiye'nin Ortadoğu'daki Güç Kapasitesi*, USAK Raporu No: 12-03, 2012.

측할 수 있는 중요한 지표이다. 이러한 요소가 터키를 그들의 모델로 만들었는지는 장담할 수 없지만, 터키가 민주주의, 성장하는 경제와 활발한 대외 정책으로 그들에게 영감을 제공하고 있는 것은 틀림없는 사실이다.

　이집트, 예멘, 바레인, 리비아, 시리아 등 아랍권을 휩쓸고 있는 '아랍의 봄'이 민주주의 체제로 전환하는 데 터키는 지역 내 맹주이자 정신적 모델로서 중동 및 서방 국가와 모든 외교적 노력을 경주하고 있다. '아랍의 봄'은 중동에서 터키가 건설적인 역할자로서 인지도를 높일 수 있는 기회를 만들어주고 있다.

아랍의 봄

'아랍의 봄'이란, 2010년 12월 이래 중동과 북아프리카 등지에서 시민들이 민주화를 요구하면서 들불처럼 일어난, 이전에 볼 수 없었던 동시다발적 반정부 시위를 일컫는 말이다. 알제리, 바레인, 이집트, 이란, 요르단, 리비아, 모로코, 튀니지, 예멘 등 중동과 북아프리카 일부 지역에서 대규모 반정부 시위가 일어났으며, 이라크, 쿠웨이트, 모리타니, 오만, 사우디아라비아, 소말리아, 수단, 시리아에서도 규모가 크고 작은 반정부 시위가 발생하였다. 미국의 저명한 시사주간지 『타임』은 2011년 말, '아랍의 봄 Arab Spring'을 2011년 세계 최고의 뉴스로 선정하기도 했다.

중동 민주화 시위의 최초 발생지는 튀니지였다. 2010년 12월 17일 튀니지의 남부 소도시 시드 부지드의 지방정부 청사 앞에서 경찰 단속으로 청과물과 노점 장비를 모두 빼앗긴 과일상 청년 모하마드 부아지지가 경찰의 횡포와 모욕에 저항하여 분신자살했다. 이 사건을 계기로 아랍의 민주주의 시위가 촉발되었다. 이로 인해 1987년 무혈 혁명으로 집권한 벤 알리 전 대통령은 결국 시민혁명에 떠밀려 2011년 1월 14일 23년의 철권통치를 마감했다. 튀니지의 붕괴는 이집트로 확산되어 30년간 철권통치를 해온 무바라크 대통령이 하야했으며, 인근 리비아, 예멘, 바레인, 시리아 및 다른 아랍국 전역으로 파급되었다.

이어 리비아에서는 2월 15일부터 시작된 반정부 시위로 시민군이 정부군에 맞서 42년 카다피 철권통치를 종식시켰고, 예멘에서는 33년간 장기 통치한 알리 압둘라 살리 대통령도 퇴진하였다. '아랍의 봄'으로 튀니지, 이집트, 리비아, 예멘 등 4개국에서 정권 교체가 일어나 민주화 이양 과정이 진행 중이며, 현재는 시리아에서 민주화 시위가 계속되고 있다.

이처럼 중동 지역 내 민주화 시위가 일거에 터지게 된 것은 권위주의적이고 전체주의적인 장기 독재에 대한 염증, 빈곤과 실업 등 악화된 경제 문제 등을 원인으로 보고 있다. 또 아랍권에서 민주화 시위가 일어나는 데는 교육 수준 향상으로 대중의 정치의식이 높아졌고, 페이스북, 트위터, 유튜브 등 인터넷과 소셜네트워크 서비스SNS가 발달되면서 권위주의 정권의 통제를 넘어 대중들끼리 소통이 가능해진 것도 도움이 되었다.

   서방의 관심은 이슬람의 중동이 어떤 형태의 민주주의로 안착할 것인가에 모아지고 있다. 중동의 변화는 이슬람과 민주주의의 공존이 과연 가능한가를 보여주는 일종의 시험대가 될 것으로 보인다. 그런 면에서, 이슬람을 택하면서도 동시에 서구 민주주의와 세속주의를 택하여 경제 성장을 구가하고 있는 터키의 경험이 하나의 모델로 부상하고 있다.

05

터키의 미래를 밝히는 백열등

세 번에 걸친 압도적 승리

2011년 6월 12일 실시된 제24차 총선에서 에르도안 총리가 이끄는 정의개발당은 49.91퍼센트의 지지를 얻고 국회 총의석 550석 중 326석을 차지해 앞으로 다시 4년간 국정을 맡는 데 성공했다. 약 50퍼센트 지지 확보라는 압도적인 승리를 거두면서 지난 2002년, 2007년 총선에 이어 3기 연속 집권에 성공하는 기록적인 성과를 거둔 것이다. 정의개발당에 대한 지지율은 2002년 34.28퍼센트, 2007년 46.58퍼센트에서 2011년 49.91퍼센트로 계속 상승했다. 터키 국민들은 2002년에 처음 집권한 정의개발당에 연이어 세번째 집권 기회를 안겨주었다.

정의개발당의 성공은 일찍부터 예상되어 있었다. 여론조사 기관들이 정의개발당의 압승을 점치고 있었는데, 그들이 예상한 지지율은 거의 정확하게 투표 결과로 그대로 나타났다. 너무 오래전부터 결과가 예상

2011년 터키 북동부 소도시 바이부르트의 총선 유세장에 모인 군중. 정의개발당의 로고인 백열전구가 그려진 깃발이 보인다.

된 터라 6·12 총선의 결과가 어떻게 될까 하는 사회적 긴장은 일찌감치 없었다. 정의개발당에 대한 지지는 도시, 농촌 할 것 없이 충분히 감지되고 있었다.

정의개발당의 로고는 1879년 토머스 에디슨이 발명한 백열전구를 상징한다. 요즘과 같은 첨단과학기술 시대, EU 가입을 앞두고 있는 터키 집권당의 로고가 '반짝반짝 빛나는 백열전구'라니 믿어지는가? 2002년 총선을 기다리는 터키 국민은 어두움을 밝혀주는 백열등의 역할을 하는 정치 지도자를 기다리고 있었다. 정의개발당의 백열전구는 지금도 터키 방방곡곡에서 빛을 발하고 있다.

제1부 변화하는 터키 81

국민 대다수의 절대 지지를 받는 에르도안 총리

이스탄불의 빈민가 아들이었던 에르도안 총리가 나라 안에서는 터키 정치와 사회의 변화를 이끌어가는 강력한 지도자로, 나라 밖에서는 이슬람권 신흥 지도자로 떠올랐다. 2002년부터 시작하여 세번째 연임에 성공한 에르도안 총리는 터키 정치 역사상에서도 신기록을 세운 정치 지도자로 기록되었다. 우선 이슬람계 성향의 정당이 국민의 전폭적인 지지를 이렇게 세 번씩이나 연거푸 받는다는 것은 세속주의를 기반으로 한 터키 정치 사회에서는 유례를 찾을 수가 없는 일이었다. 이는 이슬람의 정신과 가치를 정치 활동에 적용하는 '정치 이슬람'이 가능하다는 것을 보여주었다.

총선을 며칠 앞두고 영국의 『이코노미스트』는 2011년 6월 2일자 기사를 통해 터키의 민주주의를 위해 가장 좋은 길은 이번 총선에서 야당인 공화인민당CHP에 표를 찍는 것이라는 기사를 내보냈다. 야당에 힘을 실어주어야만 헌법 개정을 포함하여 여당의 일방적인 독주를 막을 수 있다는 것이었다. 물론 터키 여론은 내정 간섭이라고 반발했다. 그러나 개표 결과 주요 야당의 득표율은 정의개발당 득표율의 절반 정도에 그치고 말았다. 대세를 타고 있는 정의개발당의 상승세를 아무도 막지 못했다.

터키의 총선 구조는 우리와는 사뭇 다르다. 우리는 지역 후보자에게 표를 찍지만, 터키에서는 후보자 개인에게 표를 찍는 것이 아니라, 정당에 표를 찍는다. 소위 정당명부제라는 것이다. 각 지역에는 정당별로 국회의원 후보자 명단이 정해진다. 선거 후에는 각 정당별 득표율에 따라 국회의원 수가 정해지고, 국회의원 후보자 명단 순서대로 국회의원이 정해진다. 정당에 표를 찍기 때문에, 81개 주 전국의 선거 유세는 모두 당 총재의 몫이다. 에르도안 총리도 정의개발당 총재 자격으로 81개 주를 매일 쉬지 않고 돌며 대중 연설을 통해 정의개발당에 표를 달라고 호소했다.

터키 국민은 왜 2011년 총선에서도 에르도안의 정의개발당에 표를 던졌는가? 터키 국민은 무엇보다도 독실한 무슬림이자 강력한 지도자에 대해 신뢰를 보냈다. 영국의 BBC는 에르도안이 터키의 국부인 아타튀르크 이후 가장 강력한 지도자라고 평가했다. 이슬람적 가치를 중시하면서 자신감 넘치는 외교적 행보로 국제무대에서 활동하며 그는 국민으로부터 '믿을 수 있는 지도자'라는 인상을 깊게 남겼다.

이를테면 그는 연설에서 복잡한 의미로 해석될 가능성을 피하고, 또 너무 직접적인 표현을 피하기 위해 아랍어 단어를 종종 사용하는데, 이는 이슬람 사회에서 신뢰의 제스처가 되기도 한다. 또 다른 이유는 정의개발당 정부가 이룩해놓은 정치적 안정과 경제 성장이라는 성적표이다.

2002년에 정의개발당이 총선에서 승리한 것은 1990년대 연정에 지쳐버린 국민이 홧김에 표를 몰아준 덕분이었다. 그리고 2007년 총선 승리는 2002년 이래 정의개발당이 꾸준히 쌓은 업적을 좋게 평가받은 때문이며, 2011년의 승리는 정의개발당 정부가 확실히 성과를 보여주었다는 공감대를 형성하고 대중에게 인기를 얻은 덕에 가능했다.

국민 복지 실현을 위해 노력하는 봉사자 정부

에르도안 총리가 이끄는 정부는 단지 구호에 그치는 것만이 아닌, 국위 선양과 국민 복지를 위해 실제로 일하는 '봉사자'라는 평가를 받았다.

2002년과 2010년의 터키의 경제 성적표를 증명하는 각종 경제적 지표를 비교하면 모두 몰라보게 성장했음을 보여준다. 정치, 경제 발전으로 터키를 17대 경제 대국과 주요 20개국(G 20)으로 진입시키는 데 성공함으로써 터키의 국제적 위상을 크게 향상시킨 것도 한몫을 했다.

에르도안은 총선 결과가 거의 확정되는 시점에 중앙 당사 발코니에서 가진 연설에서 정의개발당의 승리는 터키뿐만 아니라 중동, 코카서스, 발칸, 유럽의 승리라고 했는데, 이는 자신이 국제사회에서 자리매김하고 있는 지도자라는 것을 간접적으로 표현한 것이었다. 『뉴욕 타임스』는 중동 정국이 혼란스러운데도 에르도안이 터키의 영향력을 행사하는 데 성공하여 국민들로부터 호응을 얻었다고 평가했다.

무엇보다도 서민들의 생활에 깊이 파고든 것, 즉 서민들이 피부로 체감할 수 있는 주택, 의료, 교육, 보건 사업 등에서 성과를 올린 것이 승리를 안겨준 효자 요인이다. 에르도안 정부는 빈곤층과 저소득 서민 계층을 위한 사업을 대대적으로 벌였다. 터키의 빈곤층 비율은 2002년 28퍼센트에서 2010년 18퍼센트로 줄었다.

큰 도시 주변에 무질서하게 들어선 무허가촌에 사는 서민들에게는 주택건설청TOKI이 발주하는 소형의 서민 아파트를 분양하고 주택 매입비는 장기로 저렴하게 납부하도록 했다. 벽돌집에 사는 서민들에게는 '꿈'의 실현이나 다름없는 일이었다. 그리고 병원 가기가 쉽지 않은 서민들을 위해 각 지방마다 병원을 많이 설립하고 의료보험 혜택을 받도록 했다. 또한 각 주마다 최소 한 개 이상의 대학이 있을 수 있도록 지방에 대학을 설립하여 대학 교육을 받기 힘든 지방의 학생들에게 진입로를 열어주었다.

터키에는 우리의 '달동네'와 같은 개념으로 '게제콘두^{gecekondu}'라고 불리는 빈민촌이 많았는데, 122개 지역에서 빈민촌을 걷어내고 18만 8천 채의 아파트를 지어 달동네를 현대적인 도시 모습으로 바꾸어놓았다. 그리고 저소득층에게는 일체의 선금 지불 없이 20년 장기로 매달 100리라만 납부하고 자기 집을 마련할 수 있게 했다. 의료 문제 개선은 더 획기적이다. 의료보험을 들지 못하는 저소득자들도 병원을 다닐 수 있도록 '그린 카드'를 발급했다. 저소득층 임산부와 아기에게는 철분과 비타민 D를 무료로 지급했다. 정의개발당이 집권을 시작한 2002년에는 2만 명당 한 명꼴로 의사가 배당되었는데 현재는 2천 명에 한 명꼴로 의사가 배당된다. 2002년 터키 내에는 76개 대학이 있었으나 현재는 165개의 대학이 개설되어 있다. 에르도안 총리는 '우리는 군림하는 정부가 아닌 국민을 위해 일하는 봉사자'라는 것을 거의 하루도 빼지 않고 강조하면서 민심 깊숙이 파고들었다.

에르도안 총리는 다시 한 번 화려하게 정권의 정상에 앉았다. 2002년 집권 이래 현재까지 총선 세 번, 지방선거 두 번과 국민투표 두 번을 치렀는데, 정의개발당 정부는 야당의 존재가 무색할 정도로 모두 압도적인 승리를 거머쥐었다. 2002년 정의개발당이 창당되었을 때는 이러한 당으로는 동장洞長도 배출하지 못할 것이라는 비아냥 어린 여론이 지배적이었다.

정의개발당이 집권하기 전까지 터키의 정치는 가장 역사가 오래된 공화인민당^{CHP}이 터키의 민주화와 세속화를 주도했고, 다른 당들은 공화인민당을 제외한 '나머지' 정당 정도로 인식되었다. 그러나 정의개발당 등장 이후 정당들의 세력 판도도 완전히 바뀌었다. 공화인민당이 자리 하던 곳에 정의개발당이 자리 잡았다. '정의개발당'이 곧 '에르도안'과 동의어가 될 만큼 에르도안은 정의개발당을 지역, 계층 구분 없이 전국 全國 정당으로 발전시키는 데 주도적 역할을 했다.

이제 에르도안은 친이슬람적이고 독선적이라는 비판을 받으면서도 터키 민주주의를 한 발짝 더 발전시켜야 하는 과제를 안고 있다. 에르도안 총리는 1980년 군사혁명 이후 개정된 헌법을 민주 헌법으로 개정하는 문제를 가장 긴급한 국정 과제로 선정함으로써 야당과 민간 사회단체들과 중지를 모아야 하는 어려운 정치 과제를 앞에 두고 있다.

06

에너지 허브로서의 터키

지역 내 에너지 허브, 터키의 전략적 중요성

터키는 석유 및 천연가스 등 에너지 자원 생산국인 카스피 해 연안국과 에너지 소비국인 유럽의 중간에 위치하고 있다. 풍부한 에너지 자원 보유국과 서방 소비국 사이에서 에너지 자원을 연결시켜주는 다리 역할을 하고 있다.

대륙에서 돌출한 아나톨리아 반도는 에너지 자원의 병참기지 역할을 한다. 터키는 에너지 자원 생산국을 소비국으로 연결하는 소위 다리 역할, 교량 역할, 병참기지 역할 등에 만족하지 않는다. 교량 역할보다는 생산과 이어지는 수송, 판매 전 과정을 담당하는 의미의 허브, 말하자면 에너지 자원을 수송하고 판매하는 중심 국가가 되고자 한다.

터키는 에너지 생산국은 아니지만 지리적 이점을 최대한 활용하여 지역 내 국가들과의 경쟁 속에서 자국의 이익을 최대한 확보하려 하고 있다. 한마디로 터키는 에너지 소비국이자 지역 내 최대 에너지 자원 수송의 중심국이다. 터키의 지리적인 위치가 경제적이고 효과적인 수송비 산출을 가능하게 하고, 지정학적인 위치는 다양한 에너지 보유국에 접근을 가능하게 하며, 터키의 외교적인 소프트 파워는 지역적이거나 국제적인 에너지 문제의 해결을 가능하게 하기 때문이다. 이런 이유로 터키는 중동과 카스피 해의 에너지 자원을 EU에 수송하는 가장 안전한 국가로 부상했다.

1990년대 들어 유럽에서는 석유와 천연가스를 안정적으로 공급받는 문제, 그리고 에너지 자원을 공급하는 나라들을 다원화하는 문제 등 에너지 수급 문제가 국가 안보 차원에서 신중하게 다루어지게 되었다. 석유와 천연가스가 중동과 아프리카, 러시아에 한정되어 매장돼 있는 데다, 유럽은 에너지 자원 소비량의 대부분을 러시아에 의존하고 있기 때문이었다. 그런데 우려하던 일이 현실로 나타났다.

2006년 1월 러시아와 우크라이나의 가스 분쟁으로 러시아가 우크라이나에 가스 공급을 중단했고, 우크라이나가 유럽에 가스 공급을 못하게 되자, 동유럽 국가들이 3주간 에너지 기근에 시달리고 국정이 마비된 사건이 일어났다. 이와 유사한 사건은 2009년에도 반복되었다. 2007년 1월 벨라루스의 드루즈바 송유관 차단, 2008년 8월 조지아 침공으로 인한 카스피 해 지역의 주요 수송로 차단 등은 러시아가 정치적 영향력을 행사하기 위해 자국의 에너지 자원을 지렛대로 사용한 사례이다. 이것은 즉, 한 국가의 에너지 자원에만 의존하는 것이 얼마나 위험한지를 보여주는 예이다.

EU의 에너지 수입 중에서 러시아산이 차지하는 비중은 전체 석유 수입량의 33퍼센트, 전체 천연가스 수입량의 40퍼센트에 달할 정도로 매우 높다. 수입 의존도가 높은 시장에서는 시장 독점으로 인한 가격 상승, 공급 물량 감소 등으로 경제적 위험성이 항상 우려되므로 에너지 수급 문제가 국가 안보 차원으로 이해되었고, 효율적인 에너지 수급을 위해서는 공급원의 다양화와 안정적인 공급이 필요하게 되었다. 유럽은 공급원의 다양화를 위해서 러시아에 대한 의존도에서 벗어나 코카서스 및 카스피 해 연안의 에너지 자원을 공급원으로 하고, 안정적인 공급을 위해서 양자나 다자 간 분쟁 요소가 없는 터키를 선택하게 되었다.

유라시아의 에너지 자원을 둘러싼 이해관계

중앙아시아의 에너지 자원 문제에서 러시아는 세계 최대의 천연가스 매장량 보유국이자 생산국이라는 지위를 가지고 세계 에너지 부문에서 가장 중요한 역할자로 인정받고 있다. 유럽이 러시아를 제치고 에너지 공급원을 다양화하려 하지만 러시아는 아직도 에너지 시장에서의 역할이 매우 큰 나라이다.

러시아는 구소련 시대에 건설된 천연가스 수송관을 통해 자국 가스는 물론 중앙아시아 국가의 가스를 유럽에 공급하려 하고 있다. 유럽은 러시아에 대한 수입 의존도를 줄이기 위해 대체 시장을 확보하려 하는 동시에 재생 에너지 확보에도 역점을 두고 있다. 한편 미국은 러시아가 에너지 카드를 사용하여 지역 내에서 러시아의 영향력을 확대해가는 것을 저지하려 하고 있다. 터키는 미국, 유럽, 러시아, 중국 등 큰 역할자들의 이해관계 틈바구니에서 전략적 협력 관계를 통하여 최대한 이익을 찾는 에너지 정책을 수행하고 있다. 러시아, 미국, EU는 물론, 중국,

터키, 이란 등 주요국들은, 코카서스 및 중앙아시아의 에너지 자원 보유 지역에서 영향력을 확대하고 이익을 획득하기 위해 치열하게 경쟁을 벌이고 있다.

유라시아의 풍부한 에너지 부존자원을 유럽에 수송하기 위해 석유 및 천연가스의 다양한 수송관 프로젝트가 실현되었거나 추진되고 있다. 이러한 가운데 에너지 수요가 증가하고 있는 유라시아 국가들은 에너지 자원의 수입 다변화를 위해 이를 수송할 노선을 개발하게 되었다.

유라시아 에너지 자원을 러시아나 이란을 통하지 않고 중앙아시아, 카스피 해, 조지아, 터키를 거쳐 세계 시장에 파는 프로젝트가 미국과 터키의 지원으로 개발되고 있다. 터키는 그간 바쿠-트빌리시-제이한을 연결하는 BTC 석유 파이프라인, 바쿠-트빌리시-에르주룸 천연가스 파이프라인, 터키-그리스 파이프라인 사업 등을 통해 에너지 수송 시장에서 가장 믿을 만한 파트너라는 것을 증명해주었다.

터키에게 천연가스 주 공급국인 러시아는 블루 스트림 파이프라인으로 터키에 가스를 공급하는데, BTC 프로젝트와 블루 스트림은 이미 세계적으로 널리 알려진 프로젝트가 되었다. 에너지 허브로 발전하려는 터키는 2009년 7월 앙카라에서 서명된 나부코 프로젝트를 실현시키려는 야심을 갖고 있다. 프로젝트의 실현이 공급과 재정 문제로 지연되고 있지만, 실현될 경우 EU 회원 가입을 목표로 하고 있는 터키와 EU의 관계를 새로운 시대로 이끌어갈 것으로 내다보고 있다. 나부코 프로젝트에 대한 대응으로 러시아는 러시아 가스를 유럽 시장에 수출하는 사우스 스트림 프로젝트를 내놓았다. 미국과 EU가 지원하고 있는 나부코 프로젝트와 러시아 주도의 사우스 스트림 프로젝트는 서방과 러시아 간 경쟁으로 많은 문제가 해결되지 않은 채 남아 있다.

터키는 에너지 소비의 60퍼센트를 수입에 의존한다. 터키 정부는 터키의 에너지 수요는 앞으로 20년간 매년 10퍼센트 증가할 것으로 예상한다. 터키로서는 안정적인 에너지 공급은 지속 가능한 성장과 발전을 위해 필수적인 과제이다. 러시아는 터키의 중요한 에너지 공급국이다. 터키는 천연가스 수요의 65퍼센트를 러시아로부터 수입하고 있고, 원유 수입의 30퍼센트 역시 러시아에 의존하고 있다.

최근에는 아제르바이잔이 터키의 에너지 공급국으로 부상했다. 이웃 국인 이란과 이라크도 앞으로 중요한 에너지 공급국 위치에 서게 될 것으로 예상된다. 전 세계 석유 및 천연가스 총 생산량의 70퍼센트 이상이 터키 주변 국가들에서 생산되고 있다는 점을 고려할 때, 터키의 지정학적 중요성은 더욱 부각된다. 에너지 중심 국가로 거듭나기 위해 터키가 진행하고 있는 주요 에너지 프로젝트를 살펴보자.

BTC 송유관: 아제르바이잔-조지아-터키

아제르바이잔 석유를 터키로 수송하는 바쿠(아제르바이잔)-트빌리시(조지아)-제이한(터키)의 BTC 수송로는, 1994년에 금세기 최대 협정으로 불리며, 80억 달러 규모의 사업으로 등장했다. Amaco, Penzoil, UNOCAL, Exxon, Ramco, Staatoil, Itochu, Delta, SOCAR, TPAO, Lukoil 등 11개 국제 업체가 포함된 아제르바이잔 국제 석유 컨소시움 회사가 설립되었다.

당시 아제르바이잔 대통령이던 알리예브는 이란에 5퍼센트의 지분을 주려 했으나 미국의 반대로 Exxon에게 돌아갔다. 터키의 석유 회사인

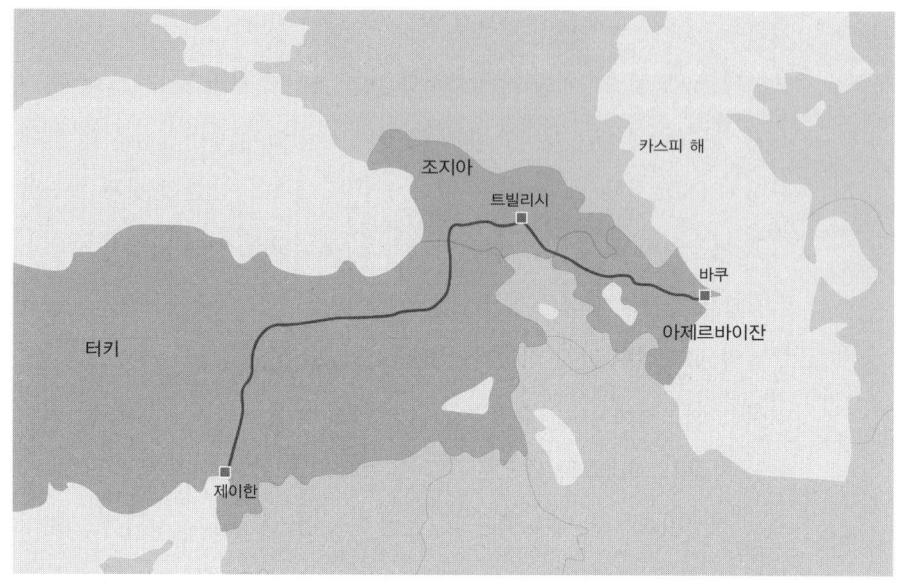

BTC 송유관. 아제르바이잔의 석유를 러시아를 통하지 않고 조지아를 경유하여 터키에 수송하는 파이프라인이다.

TPAO는 1.75퍼센트의 지분이 있었으나, 터키와 아제르바이잔 간 협상으로 아제르바이잔 업체인 SOCAR가 자기 지분의 5퍼센트를 터키 측에 이전함으로써 TPAO의 지분이 6.75퍼센트가 되었다. 2005년 5월 25일 시추를 시작한 BTC 라인은 2006년 6월부터 정상 활동을 시작함으로써, 카스피 해로부터 러시아 영토나 터키 해협을 통과하지 않고 지중해 연안으로 직접 석유를 수송하는 최초의 파이프라인이 되었다.

키르쿠크-유무르탈륵 송유관: 이라크-터키

이라크 북부 키르쿠크의 석유를 터키의 지중해 유무르탈륵으로 수송하는 수송관이다. 유무르탈륵 가까이 있는 제이한이 중동, 중앙아시아,

러시아에서 수송되는 원유와 천연가스의 수송 중심지가 되면서 '키르쿠크-유무르탈륵 송유관'을 '키르쿠크-제이한 송유관'이라고도 부른다. 터키의 항구도시 아다나에 있는 유무르탈륵은 터키석유회사 BOTAŞ의 원유와 천연가스의 터미널이며, 이라크 북부 키르쿠크에서 수송되는 키르쿠크-제이한 송유관의 종착점이다.

키르쿠크-유무르탈륵 송유관은 총길이가 970킬로미터로 직경 40인치(1,020밀리미터)인 송유관은 1977년에, 직경 46인치(1,170밀리미터)인 송유관은 1987년부터 운영에 들어갔다. 이 송유관은 직경 40인치와 46인치 두 종류의 송유관이 병렬로 연결되어 있으며, 40인치의 송유관의 수송 능력은 하루 50만 배럴, 46인치의 송유관은 하루 110만 배럴이다. 하루 165만 배럴 수송 능력을 가진 키르쿠크와 유무르탈륵 수송관은, 북부 이라크 내 정정 불안과 2003년 3월 이라크 전쟁이 일어난 이후 이라크 북부 저항 세력이 송유관을 대상으로 간헐적으로 공격을 해 시설이 파괴되거나 화재를 입는 상황이 발생했다. 이 때문에 이 송유관은 몇 차례 부분적으로 가동되거나, 일시적으로 완전 폐쇄되기도 했다. 현재 40인치 송유관은 이라크 부분의 송유관이 노후되어 사용하지 못하고 있고, 46인치 송유관은 작동 중이다. 이라크는 터키 측에 바스라에서 자호에 이르는 송유관의 추가 건설을 희망하고 있다.

키르쿠크-유무르탈륵 송유관은 이라크와 터키의 석유 회사가 공동으로 운영하고 있다. 터키는 이라크와 수송 계약을 통해 터키로 수송되는 석유의 수수료를 받고 있다. 그러다가 이라크와의 수송 계약이 2010년 3월에 만료됨에 따라, 터키는 2010년 9월 이라크와 향후 15년간 수송 계약을 체결했다. 새로 체결된 계약으로 배럴당 통관 수수료는 과거 75센트에서 1달러가 되었다.

삼순-제이한 송유관: 러시아-터키

터키와 러시아는 러시아와 카자흐스탄의 석유를 흑해에서 지중해로 수송하는 삼순-제이한 송유관 건설을 검토 중이다. 삼순은 터키 흑해 연안 도시이고, 제이한은 터키 지중해 연안 도시이다. 터키 보스포러스 해협의 대안 루트가 될 삼순-제이한 송유관은 작동될 경우, 매년 1,900만 세제곱미터의 원유가 수송되는 보스포러스 해협의 교통량을 50퍼센트 이상 줄일 수 있을 것으로 예상되고 있다.

총 550킬로미터 길이의 삼순-제이한 송유관은 BTC 송유관과 같은 루트를 통과하며, 원유 보관 탱크 용량은 삼순 탱크가 95만 세제곱미터, 제이한 탱크가 130만 세제곱미터이다. 2005년 9월 26일 터키의 찰륵 에너지 회사와 이탈리아 에너지 회사 에니 간 협력 의정서가 체결되었으며, 2007년 4월 24일 터키 귈레르 에너지 장관과 이탈리아의 베르사니 경제개발 장관의 참석하에 터키 제이한에서 착공식이 진행되었다.

2009년 10월 19일 이탈리아 밀란에서 동 송유관 프로젝트에 러시아 석유 회사를 참여시키기로 하는 정부 간 협정이 터키와 이탈리아 정부 간에 체결되었다. 삼순-제이한 송유관은 2012년 작동을 목표로 추진 중이다.

블루 스트림 프로젝트: 러시아-터키

러시아산 천연가스를 제3국 경유 없이 흑해 해저를 통과하여 직접 터키로 공급하는 가스 노선이다. 터키와 러시아 정부는 1997년 12월 가스

협정을 체결했고, 이에 따라 러시아의 가즈프롬과 터키의 보타쉬 사가 연간 수송 능력 160억 세제곱미터로 향후 25년간 총 3,650세제곱미터 가스 공급 계약을 체결했다. 블루 스트림 라인은 러시아의 이조빌노예에서 터키의 앙카라까지 이어진다.

블루 스트림 수송관은 총길이가 1,213킬로미터로 러시아 내륙(373킬로미터)-흑해 해저(396킬로미터)-터키 내륙(444킬로미터)을 연결한다. 2001년 9월 시작된 해저 부문 건설 공사는 9개월 만에 완성되었고, 2005년 11월 터키의 삼순에서 러시아 푸틴 대통령, 터키의 에르도안 총리, 이탈리아의 베를루스코니 총리가 참석한 가운데 전 노선의 개통식을 가졌다.

블루 스트림 수송관에 이어 블루 스트림 프로젝트 2가 검토 중에 있다. 이미 완공되어 가동 중인 블루 스트림 수송관의 확장 사업으로 중동 및 이스라엘 등으로 가스를 수송하는 것을 목표로 한다.

사우스 스트림 프로젝트: 러시아-터키

러시아가 가스 공급망 다양화의 일환으로 주도적으로 추진하는 천연가스 공급 프로젝트로 2015년부터 연간 630억 세제곱미터 가스를 유럽에 공급한다. 러시아산 가스를 제3국을 경유하지 않고 흑해 해저를 통과해서 터키로 직접 공급하는 사업이다. 최대 수심 2,150미터의 흑해 해저에 설치된 가스관의 길이는 396킬로미터로, 해저 부분을 포함한 총 길이는 1,213킬로미터이다.

사우스 스트림 프로젝트는 러시아산 천연가스를 흑해 해저를 거쳐 수송한 뒤, 불가리아를 기점으로 북서노선과 남서노선으로 갈라진다. 한 갈래는 불가리아-세르비아-헝가리-슬로베니아-오스트리아를 잇는 북서노선이고, 다른 한 갈래는 불가리아-그리스-이오니아 해-이탈리아 남부를 잇는 남서노선이다.

 2007년 6월 러시아 국영 가스 회사 가즈프롬과 이탈리아 에너지 회사 에니 간에 협력 의정서를 체결했으며, 양 업체는 2008년 1월 합작법인을 설립했다. 사우스 스트림은 러시아 가스를 유럽에 판매한다는 목적이 나부코와 같다. EU와 터키는 나부코 프로젝트와 사우스 스트림 프로젝트가 유럽의 에너지 안보와 공급 다양성을 위해 서로 보완적이라고 주장하지만, 경쟁적인 성격을 띠고 있다.

나부코 프로젝트: 터키-불가리아-루마니아-헝가리-오스트리아

 EU는 러시아에 대한 가스 의존도를 줄이기 위해 우크라이나를 거치지 않고 터키를 경유하여 유럽에 가스를 공급하는 나부코 프로젝트를 개발했다. 나부코 수송관은 터키-불가리아-루마니아-헝가리-오스트리아 등 5개국 구간을 잇는 총길이 3,300킬로미터 노선으로 연간 수송 능력 310억 세제곱미터를 목표로 한다.

 나부코 수송관으로 수송될 가스의 공급원은 카자흐스탄, 투르크메니스탄, 아제르바이잔이다. 나부코 수송관 프로젝트 관련 정부 간 협정이 2009년 7월 앙카라에서 서명되었으며, 2017년 작동을 목표로 하고 있으나, 참가국 간 이해관계 및 공급원 확보 등의 문제로 중간중간 위기에 처해왔다. 2011년 1월 EU와 아제르바이잔 간에 가스의 장기 공급에 관한 협정이 체결됨으로써 위기에 처한 나부코 프로젝트에 새로운 활력을 불어넣었다. 터키는 국내 소비를 위해 수송관으로 수송되는 가스의

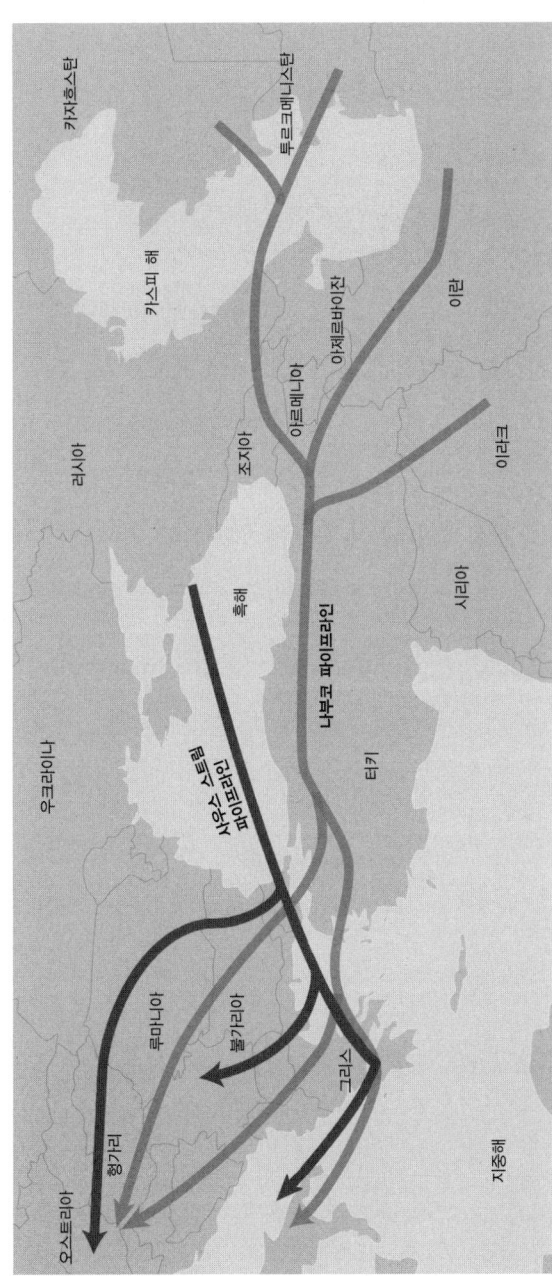

나부코 파이프라인은 카자흐스탄, 투르크메니스탄, 아제르바이잔의 가스를 터키를 경유하여 유럽에 공급하기 위해 계획된 프로젝트이다. 사우스 스트림 프로젝트가 공급자 주도의 가스관 사업이라면 나부코 프로젝트는 소비자인 유럽이 주도하는 가스관 사업이다.

15퍼센트를 싼 가격에 줄 것을 요구했다. 또한 터키가 나부코 프로젝트를 지지하는 대가로 EU-터키 간 협상 중 열리지 않은 에너지 챕터를 여는 것을 지지해달라고 요구하고 있다.

BTE 수송관: 아제르바이잔-조지아-터키

바쿠-트빌리시-에르주룸BTE 수송관은 아제르바이잔의 샤 데니즈 가스전의 천연가스를 조지아의 트빌리시를 거쳐 터키의 에르주룸으로 운송하는 총길이 692킬로미터의 파이프라인이다. 이 수송관의 공식 이름은 사우스 코카서스 파이프라인으로, 아제르바이잔 석유를 수송하는 BTC 송유관과 평행하게 건설되었다. 우선 조지아와 터키 측에 천연가스 수송을 목표로 하고 있으나, 장기적으로 나부코 수송관을 통하여 유럽으로도 수송이 가능할 것으로 예상되고 있다.

제2부

터키의 대외 관계

01

중동 국가와의 관계

1. 중동: 오스만 제국의 지배와 서구 열강의 분할통치의 유산

중동을 차지하려는 서구 열강들의 경쟁

중동은 고대 문명의 발상지로서 지리적으로 유럽과 아시아 그리고 아프리카를 잇는 요충지이다. 또한 지중해와 인도양을 연결해주는 운하가 있기 때문에 대륙 간 육상 및 해상 교통의 요지가 되어왔으며, 1900년대 초에는 영국, 프랑스 등 유럽 세력들의 이해관계가 상충되는 지역이었다. 제1차 세계대전 당시 중동은 오스만 제국의 지배하에 있었다. 오스만 제국의 술탄은 이슬람 세계의 수장인 칼리프라는 지위도 가지고 있었으므로, 오스만 제국은 중동 이슬람 세계의 지도자였다. 유럽 열강들이 중동에 진입한 때에 이 지역에는 오스만 제국과 이란 왕국만 있을 뿐이었다.

오스만 제국이 지배하던 시기 중동은, 전략적 가치의 중요성이 부각되지 않은 평범한 영토에 불과했다. 그러다가 1902년 메소포타미아 지역에 석유 자원이 매장되어 있다는 사실이 알려지고 1908년 이란에서 석유가 최초로 발견되면서 중동의 전략적·경제적 가치가 인식되기 시작했고, 이로 인해 열강들의 진출전이 치열하게 벌어지게 되었다.

바로 이 시기에 영국의 3C(케이프타운-카이로-캘커타) 정책과 독일의 3B(베를린-비잔티움-바그다드) 정책이 충돌하며 제1차 세계대전의 발발로 이어졌고, 이란의 석유를 안전하게 공급받으려는 영국과 이를 막으려는 독일이 중동에서 충돌했다. 당시 산업이 한창 발달하는 중이었던 독일은 동방의 신시장 개척을 목적으로 오스만 제국과 정치적·경제적 동맹 관계 구축에 나섰다. 강대국들이 석유의 가치를 알게 되면서 1914년부터 1918년까지 제1차 세계대전이 일어나며 중동의 식민지·분할 역사는 시작되었다. 에너지 자원을 확보하려는 강대국 간 세력 다툼의 각축장이 된 것이다.

제1차 세계대전은 궁극적으로 오스만 제국의 해체를 위한 전쟁이었다. 오스만 제국은 1877~78년 러시아와의 전쟁에서 대패한 이후 발칸 지역에서도 힘을 잃게 되었다. 북아프리카와 발칸 지역에서 영향력을 상실한 오스만 제국은 이제 마지막 남은 중동에서 패권의 명맥을 유지시키려 했다. 오스만 제국이 영토를 상실함으로써 영국과 오스트리아의 이해관계에도 영향을 미쳤다. 두 나라는 러시아의 영향력이 지중해에 침투되는 것을 막기 위해 오스만 제국을 지원했다.

독일의 비스마르크가 오스만-러시아 간 전쟁 이후 발칸 문제를 해결하기 위해 스스로 중재자임을 자청하고 주재한 1878년 6월 베를린평화

회의 이후, 독일은 중동에 대한 야심을 오스만 제국과 같이하게 되면서 오스만 제국의 개혁 사업에 깊이 참여했다.

술탄 압둘하미드 2세는 영국, 프랑스, 러시아와 대항하여 세계적으로 독일의 위상을 높이려는 빌헬름 2세와 가까워졌다. 빌헬름 2세는 1889년과 1898년 두 차례에 걸쳐 오스만 제국의 술탄을 방문하고 칼리프 제도에 대한 압둘하미드 2세의 주장을 지지했다. 당시 이슬람의 수장인 칼리프 직위는 오스만 제국의 술탄이 가지고 있었지만, 제국 내 개혁파들에 의해 칼리프 지위를 아랍 국가에 넘기려는 움직임이 있었다. 국력이 약해지는 상황에서 칼리프로서의 지위마저 흔들리는 압둘하미드 2세의 상황은 매우 불안정했다. 압둘하미드 2세는 범이슬람주의를 강조하면서 칼리프 직위는 당연히 자신이 갖고 있어야 함을 빌헬름 2세에게 주장하고, 독일의 지지를 요청했다. 빌헬름 2세는 칼리프 지위를 보장받으려는 압둘하미드 2세의 입장을 지지해주었다. 압둘하미드 2세는 범이슬람주의를 이용하여 다마스쿠스에서 아랍인들의 마음의 고향인 이슬람의 성시聖市 메디나를 잇는 헤자즈 철도를 건설하여 아랍 백성들의 환심을 사려는 계획을 갖고 있었다. 범이슬람주의를 확산시켜 아랍 백성의 충성심을 모으려는 계산이었다.

오스만 제국의 개혁을 독일이 지원하는 사이 중동 지역에 대한 세력 균형을 위해 영국, 프랑스, 독일이 오스만 제국과 동맹을 맺기 위해 치열한 경쟁을 벌였다. 오스만 제국은 유럽 3대 강대국의 경쟁을 최대한 이용하여 경제적인 이익을 얻으려고 했고, 독일의 지원을 받아 바그다드까지 연결되는 철도를 건설했다. 독일은 오스만 제국 내의 풍부한 천연자원을 개발하기 위해 1899년 오스만 제국으로부터 베를린에서 바그다드를 연결하는 철도 부설 특허권을 얻었다. 독일의 철도 부설 이면에는 중동에서 석유 자원을 확보하려는 계산이 담겨 있었다.

이미 1800년대 중반부터 중동에 서서히 발을 들여놓은 영국은 뒤늦게 중동의 석유 시장에 눈독을 들인 독일과 경쟁했다. 영국과 독일이 중동을 놓고 전쟁을 치를 상황으로 발전하는 가운데 제1차 세계대전이 발발하자, 오스만 제국은 어느 편에 서야 할지 고민에 빠졌다. 오스만 제국은 동맹국인 독일과 오스트리아, 연합국인 프랑스, 영국, 러시아 사이에서 중립을 유지하려 했다. 많은 터키인들이 영국과 프랑스 편을 들었다. 역사적으로 오스만 제국의 적국인 러시아가 영국과 프랑스와 연합한다는 사실이, 터키인들이 어느 쪽에 서서 전쟁에 참여해야 하는지 결정을 어렵게 만들었다. 전쟁에 대해 중립을 고수하는 것은 대부분 터키인들과 오스만 제국의 내각이 바라는 바였지만, 결국 오스만 제국은 독일 편에 서고 영국-프랑스-러시아의 연합국 측에 맞서 싸우게 되었다.

제1차 세계대전의 발발, 그리고 참전 종용

제1차 세계대전이 발발하자 독일의 빌헬름 2세는 동맹국 측을 위해 싸우는 이슬람교도는 교전자로 간주하지 않을 뿐만 아니라 만일 독일군의 포로가 되더라도 무슬림은 오스만 제국으로 송환될 것이라며 서방국으로서는 유례없이 친아랍 정책을 선언했다. 열강의 정치적·경제적 도움이 필요한 오스만 제국은 독일 편에 가담하여 참전했다. 오스만 제국의 종교 장관이 서방의 이슬람 지역 침략에 대해 성전에의 참전을 촉구했고, 술탄이 전군에 성전 명령을 내렸다. 이에 당황한 영국은 쿠웨이트와 이집트를 보호령으로 선언하는 한편, 아랍인의 독립 보장을 내세워 반오스만 봉기를 사주하고 나섰다. 오스만 제국의 제1차 세계대전 참전은 친독파인 엔베르 파샤의 결정으로 이루어졌다. 그는 러시아에 맞서 독일과 같이 싸우는 것이 오스만 제국의 국익에 최선이라고 믿었다. 제1차 세계대전은 오스만 제국, 중동 모두에게 큰 상처만 안겨주었고, 영국과 프랑스가 주요 역할자로 중동 무대에 등장하게 되었다.

사실 오스만 제국은 전쟁에 참여하는 것을 원하지 않았다. 영국, 프랑스, 러시아 역시 전쟁 준비를 위한 시간을 벌기 위해 오스만 제국이 중립을 지키기를 내심 바랐다. 독일-오스트리아도 오스만 제국의 군사적 약점을 잘 알고 있었기에 오스만 제국이 참전할 경우 자신들에게도 그다지 이익이 되지 않을 것이라는 계산속이 있어서 오스만 제국의 즉각 참전을 원하지 않았다. 오스만 제국은 이 전쟁에서 독일이 승리할 것으로 믿었고, 독일 편에 선다면 러시아의 위협으로부터 구출될 것이라고 생각했다. 하지만 바로 독일 편에 서지 않은 까닭은 병사 교육이나 무기 배치 등 군사작전상 시간이 필요했기 때문이었다. 오스만 제국은 가능한 한 늦게 참전하려 했지만 상황은 생각대로 되지 않았다. 전쟁의 흐름은 오스만 제국이 참전할 수밖에 없는 상황으로 흘러갔다.

독일은 전쟁 초기에 기대에 부응하는 결과를 얻지 못했다. 서부 전선은 계획대로 세워지지 않았고, 동부 전선에서는 러시아의 공격을 받게 되었다. 러시아의 대공세를 늦추기 위해 독일은 오스만 제국이 가능한 한 빨리 전쟁에 참여할 것을 종용하기 시작했다. 독일과 오스만 제국은 1914년 8월 2일 이스탄불에서 비밀 동맹협정을 맺었다. 이 협정의 2조에서는, 독일이 러시아와 전쟁에 들어가면, 오스만도 러시아와 전쟁에 들어간다는 내용을 명시하고 있다. 거의 3개월간 협정 체결의 비밀이 유지되는 가운데 오스만 제국의 군대는 전열을 가다듬고 이스탄불 해협은 폐쇄되었다. 그러나 오스만 제국은 큰 전쟁을 치르기 위한 준비가 미흡했고, 내각은 실제 참전 여부를 놓고 의견이 분분했다. 서유럽에서 교착 상태에 빠진 독일은 오스만 제국이 빨리 군사 행동을 취하도록 압력을 가했다.

독일 함대 두 척과 참전 결정

그 무렵 지중해에서 영국 함대의 추적에 쫓긴 괴벤(2만 3천 톤급)과 브레슬라우(4,500톤급)라는 독일 함대 두 척이 피신을 위해 차낙칼레 해협으로 접근했다. 독일 함대의 요청에 따라, 오스만 조정은 이들의 이스탄불 해협 진입을 승인했다. 독일 함대는 8월 11일 이스탄불 해협에 정박하게 되었다. 그러자 러시아, 프랑스, 영국이 오스만 조정에 항의하고, 특히 영국이 이스탄불 해협에 진입한 두 척의 독일 함대를 즉각 퇴각시키도록 오스만 조정에 압력을 가했다. 위기를 맞은 오스만 제국은 독일과 긴급하게 내부 협상에 들어갔다. 두 척의 함대는 오스만 제국이 독일로부터 8천만 마르크를 지불하고 산 것이며, 함대 이름은 '야부즈'와 '미딜리'라고 발표하고서는 위기를 모면했다. 이 때문에 독일 함대의 병사들이 오스만 제국 병사의 제복으로 바로 갈아입는 해프닝이 벌어지기도 했다.

야부즈와 미딜리 함대 사건은 오스만 제국이 영국에 주문한 전함과 관련이 있는 사건이다. 오스만 제국은 해군력 증강을 위해 1909년에 해군방위국민처를 세웠다. 정부 예산으로 전함을 건조한다는 게 어렵없다는 것을 안 『타닌』과 『테르주만』 등 주요 신문이 앞장서 범국민 모금운동을 벌였다. 오스만 조정은 1910년에 술탄 직속으로 해군 군사력을 전담할 해군방위협회를 설립하여 매주 회보도 발간하게 했다.

오스만 제국은 1년간 모은 성금으로 독일로부터 네 척의 순양함을 구입할 수 있었다. 이에 힘을 얻은 오스만 조정은 추가로 전함을 확보하기 위해 5백만 리라의 예산을 해군방위협회에 배정하고, 자금을 조달할 수 있도록 양피羊皮 판매 독점권을 주었다. 해군방위협회는 국민들의 성금 외에 전함을 주문하기 위한 자금을 모으기 위해 이슬람 명절인 쿠르반 바이람 때 대량으로 나오는 양피를 걷어들여 팔았다. 그러던 중 그리스 부호가 자신의 이름을 딴 전함 한 척을 그리스 정부에 기증하자, 오스만의 해군방위협회는 영국의 비커스-암스트롱 선박회사에 레샤디예(2만 3천 톤급)와 술탄 오스만(2만 7천 톤급)이란 이름의 전함 두 척을 서둘러 주문하고 대금을 선지불했다.

그런데 전쟁이 발발하자 8월 3일, 영국의 처칠은 오스만 제국이 주문한 두 척의 전함을 강제로 징발하고 영국 함대에 편입시켜버렸다. 처칠의 전함 압류 건이 알려지자 오스만 제국 내에서는 반영 감정이 일어나게 되었다. 이런 상황 아래서 독일의 함대가 정박한 사건이 독일이 전함을 선물했다는 소식으로 와전되어 알려지면서, 오스만 신민들은 영국이 강탈한 전함을 '알라'가 돌려주었다며 환호했다.

자신감을 얻은 오스만 제국이 러시아의 포격에 대응하여 10월 29일 러시아 해안에 포격을 가하자 러시아가 이를 빌미로 11월 2일 오스만 제국에 전쟁을 선포했다. 그러자 영국과 프랑스 역시 오스만 제국에 선전포고를 했다. 이제 러시아, 영국, 프랑스가 모두 오스만 제국의 적이 되었다.

11월 13일 오스만 제국의 메흐메드 레샤드 술탄은 3백 년 동안 오스만 제국에 피해를 주고 있는 러시아에 대해 정당방어를 위해 무장했음을 알리고, 전 무슬림을 위해 성전을 선포했다. 독일이 러시아를 이길 것이라는 판단이 일반적이었지만 상황은 정반대였다.

오스만 제국의 야부즈와 미딜리 함대가 러시아의 오데사, 시바스토폴, 노보라시스키를 포격했지만 성과가 없었다. 동부 전선에서의 전쟁에서 오스만 제국은 러시아에 대패하여 큰 손실을 입었다. 1916년 8월에 이르러 러시아는 반, 에르주룸, 트라브존 등 터키 동부 지역을 점령했다. 이 같은 상황은 1917년 2월 러시아 혁명 때까지 계속되었다.

러시아와의 전쟁으로 터키는 수많은 인력을 잃고 영토를 뺏기는, 그야말로 참패의 쓴맛을 보았다. 오스만 제국은 코카서스, 이스탄불 해협, 이라크, 이집트, 아라비아반도, 시리아 등 여섯 개 전선에서 싸웠지만, 제국의 영토를 방어하는 데만 급급했다.

강대국들의 영토 분할 쟁탈전

오스만 제국이 독일 편을 들어 전쟁에 참여한 것은 결과적으로 중동 지역의 역사를 완전히 바꿔놓는 계기가 되었다. 독일이 오스만 제국의 지배하에 있는 바그다드에 진입한다는 사실은 석유에 대한 야심이 있는 영국에게는 큰 위협이었다.

제1차 세계대전이 당초 오스만 제국의 계산과는 달리 독일을 포함한 동맹국의 패전으로 끝나자, 오스만 제국도 패전국이 되고 말았다. 전쟁이 연합국 측의 승리로 끝나자 이 지역에서 영국과 프랑스가 오스만 제국을 대신하여 새로운 세력으로 대두했다. 승전국인 영국과 프랑스는 이라크와 시리아를 각각 나누어 분할 통치하는 데 합의했다.

1915~20년은 중동에 대한 영토 쟁탈을 놓고 영국과 프랑스 등 열강의 야심이 적나라하게 드러난 시기였다. 영국은 중동 지역에서 오스만 제국의 군사 활동을 저지하기 위해 아랍인들을 회유하면서 식민 통치하에 있는 이 지역을 아랍인들에게 돌려주겠다고 약속하는 소위 '맥마흔 서신'을 1915년에 발표했다.

아랍 지역 분할안은 영국, 프랑스, 러시아 사이에 1916년 러시아의 상트페테르부르크에서 조인된 사이크스피코 협정으로 구체화되었는데, 프랑스는 시리아, 레바논 지역을, 영국은 바그다드를 포함한 메소포타미아 남부 지역을 분할 통치하고, 영국과 프랑스 지역 사이에 양국의 공동 영향력 아래 아랍국 또는 아랍 연방국을 설치하기로 했다. 이는 이미 영국이 맥마흔 서신을 통해 베이루트와 그 연안 지역, 즉 레바논을 제외한 전 아랍 지역의 독립을 약속한 것과는 배치되는 것이었지만, 두 승전국은 중동의 분할 통치에 같은 야심을 드러냈다.

사이크스피코 협정은 제1차 세계대전이 한창인 때, 영국, 프랑스, 러시아가 오스만 제국의 분할 방안을 결정한 비밀 협정이었다. 오스만 제국의 영토였던 시리아, 이라크, 레바논, 팔레스타인을 영국과 프랑스의 관할 지역으로 두고, 러시아에게도 오스만 제국의 동부 지역을 주며, 팔레스타인은 공동 관리하기로 했다. 사이크스피코 협정은 1917년 12월 러시아의 볼셰비키 혁명 정부에 의해 폭로되었다.

이 협정은 제1차 세계대전 중에 영국이 보여준 이중 외교와 강대국 간 패권 투쟁의 전형이었다. 그리고 종전 후 독립시켜주겠다는 약속을 받고 오스만 제국과 맞서 싸우는 아랍인들을 속이는 협정이었다.

그리고 1917년에는 영국의 외교 장관 밸푸어가 유대인 사회가 영국에 협력할 경우 팔레스타인에 유대인 국가를 건설해주겠다는 밸푸어 선언을 발표했다. 영국은 팔레스타인에 유대인의 민족국가 건설에 호의적인 견해를 갖고 있으며, 이러한 목표를 달성하기 위하여 최선의 노력을 경주할 것이라는 입장을 정해 온 세계에 천명한 것이다.

맥마흔 서신이 아랍인들의 독립 국가 건설을 약속한 것이라면, 밸푸어 선언은 바로 그 땅에 유대인 국가 건설을 약속한 것이나 다름없었다. 전후戰後 영국은 이 지역에서 식민 통치를 계속함으로써 실현되지 않을 이중 계약으로 아랍과 이스라엘을 모두 배신한 꼴이 되고 말았다. 종전 후 중동은 영국, 프랑스 등 서구 열강의 야욕에 의하여 갈기갈기 찢겨져, 제1차 세계대전을 계기로 희미하게나마 희망을 보이던 아랍 국가 창설이라는 꿈은 무참히 깨어졌다.

오스만 제국의 공중 분해와 터키 공화국 건설

제1차 세계대전 당시 영국을 중심으로 한 서구 제국들은 오스만 제국을 공략하기 위해 아랍민족운동을 고무시켰다. 아라비아 반도 헤자즈★ 지역의 태수인 샤리프 사이드 후세인은 그의 세 아들 알리, 압둘라, 파이잘과 함께 오스만 제국에 대항하는 반란을 주도했다. 오스만 제국의 해체라는 영국의 목표는 아라비아 반도 지역의 패권을 장악하려는 후세

★ 헤자즈는 사우디아라비아의 서쪽에 위치한 지역이다. 과거 아랍 세계의 성전으로 제다가 가장 중요한 도시였다. 헤자즈 왕국으로 20세기 초까지 존재했으며, 1924년 사우디아라비아 왕국으로 편입되었다.

인 가문의 이해와 일치했다.

프랑스 혁명 이후 급격히 유입된 자유주의 사상에 의해 민족 독립국가 건설을 목표로 한 반(反)오스만 민족주의 운동이 연이어 일어났다. 또한 1918년 1월 미국 윌슨 대통령이 천명한 14개조에 걸친 민족자결원칙은 아랍 민족주의자들에게 독립국 건설 의욕을 크게 고무시켰다.

1920년 4월, 연합국 대표들은 오스만 제국과의 강화 조약을 확정하기 위한 이탈리아의 산레모 회의에서 오스만 제국의 지배에 있던 시리아, 레바논, 팔레스타인 및 걸프 연안 지역을 분할하기로 결정했다. 그리고 오스만 제국에 종속되어 있던 아랍 지역 위임 통치 및 팔레스타인 지역에 유대인 국가 건설을 목표로 한 밸푸어 선언을 승인했다.

산레모 회의에서 오스만 제국은 아라비아와 북아프리카 지역에 대한 지배권을 포기하고, 위임 통치령에 따라 이라크, 팔레스타인, 트랜스요르단은 영국에, 레바논과 시리아는 프랑스에 맡겨지게 되었다. 산레모 회의 결정 사항은 1920년 8월 세브르 조약 체결로 완전히 확정되게 되었다.

이스탄불의 오스만 제국 술탄 정부가 굴욕적인 세브르 조약을 조인하자, 터키 민족운동을 주도한 무스타파 케말이 세브르 조약을 결사적으로 반대하고 나섰다. 무스타파 케말이 세브르 조약에 따라 터키 내륙 깊숙이 침략한 그리스군을 대패시키자, 연합군은 이스탄불 및 해협에서 오스만 제국의 통치권을 회복시키는 데 합의했다. 이로써 새로운 조약 체결이 필요하게 되자 세브르 조약은 폐기되었고, 1923년 7월 스위스에서 로잔 조약이 체결되어 현재의 터키 공화국이 성립되었다.

결국 제1차 세계대전 이후 오스만 제국은 공중 분해되고 터키 공화국이 건설되었지만, 오스만 제국이 지배한 중동은 독립을 못하고 유럽 강대국의 식민 지배에 놓인 상태로 남게 되었다.

열강의 석유 이권 각축장이 된 중동

중동에서 벌어진 열강의 석유 개발 다툼은 1908년 영국인이 이란에서 석유를 발견하고 1909년 영국 석유회사 BP가 설립되면서 불이 붙기 시작했지만, 본격적인 개발은 제1차 세계대전 이후 박차가 가해졌다. 1908년 중동에서 석유가 처음 발견된 후, 1927년에는 이라크의 키르쿠크에서 석유가 발견되었고, 1932년에는 바레인, 1938년에는 쿠웨이트와 사우디아라비아에서 석유가 발견됨으로써 중동의 전략적 가치는 더욱 커지게 되었다. 제2차 세계대전이 일어나자 중동의 석유는 강대국들에게 절대적으로 필요한 전략 자원이 되었다.

1920년 산레모 회의는 결국 중동의 패권 싸움에서 석유 이권을 어떻게 나눠 가질 것인가에 초점이 모아졌다. 제1차 세계대전을 통해 영국과 프랑스는 중동과 석유의 중요성을 알게 되었고, 미국을 따돌리고 중동의 이권을 분할하는 데 성공했다. 이러한 상황에서 미국은 제1차 세계대전 중 연합국이 사용한 석유를 대부분 자기네들이 제공했다는 명분을 내세워 1927년 지분을 확보하는 데 성공했고, 곧이어 중동의 석유 이권을 챙기는 당사국이 되었다. 중동의 여러 나라들은 제1차 세계대전 후 오스만 제국으로부터 해방되었지만 곧 열강의 식민 통치를 받다가, 이집트, 사우디아라비아, 이라크, 레바논, 시리아를 제외한 대부분 국가들이 제2차 세계대전 후에야 독립하기 시작했다.

영국의 3C 정책과 독일의 3B 정책

제1차 세계대전 직전인 19세기 말에는 영국, 독일, 프랑스, 네덜란드 등 열강들의 식민지 경쟁이 치열하게 일어나 그야말로 제국주의의 전성기를 이루었다.

3C 정책이란, 영국이 인도의 캘커타Calcutta-이집트의 카이로Cairo-남아프리카 공화국의 케이프타운Cape Town을 이어 지배하던 식민지 라인의 정책이다. 영국의 식민지 정책은 아프리카와 인도를 연결하는 지역을 식민지화한다는 것이었다. 영국은 1858년에 인도를 지배하고, 1875년에는 수에즈 운하의 주식을 매수하여 이집트의 지배를 강화했다.

영국, 프랑스와는 달리 열강들의 식민지 강탈 경쟁 대열에 늦게 끼어든 독일은 유럽의 발칸 지역과 중동을 잇는 3B 정책으로 식민지 세력 확장을 시도했다. 독일의 3B 정책은 독일의 베를린Berlin-오스만 제국의 비잔티움Byzantium-이라크의 바그다드Baghdad를 잇는 지역을 식민지화한다는 것이다. 독일은 빌헬름 2세 때 베를린에서 바그다드를 연결하는 철도 부설과 이를 통한 이권 개발을 목적으로 식민지 경영에 나섰고, 특히 오스만 제국에 대한 경제적 지원을 통해 오스만 제국 내 철도 부설권을 따는 데 성공했다.

영국이 계획한, 이집트의 카이로에서 남아프리카의 케이프타운을 잇는 종단 정책은, 1898년 프랑스가 아프리카 대륙의 중앙 서쪽 알제리에서 동쪽의 마다가스카르 섬을 잇는 아프리카 횡단 정책을 추진하면서 수단의 파쇼다에서 충돌했다. 또한 독일의 발칸 지역에 대한 진출 시도는 발칸 지역에 범슬라브주의를 확산하려는 러시아의 이익과 충돌했고, 중근동 지역의 진출을 꾀하던 영국의 3C 정책에도 위협이 될 수밖에 없었다. 이처럼 영국, 프랑스, 독일 러시아 등 열강들의 식민지 확장 정책은 충돌이 불가피하여, 결국 제1차 세계대전이 일어나는 원인이 되었다.

2. 중동 국가와의 관계: 불간섭에서 적극 개입으로

지배-피지배의 관계

터키인들과 아랍인들의 접촉은 중앙아시아 지역에서 튀르크 유목민들이 10세기에 이슬람을 받아들이면서 시작되었다. 터키는 중동 및 아랍 제국과 문화, 종교, 전통을 같이하고 있으나, 공화국 설립 이래 추구하고 있는 세속주의 정책 및 서방 국가 위주의 외교 노선으로 인해 무슬림 국가들과의 관계는 긴밀하지 못했다.

아랍 국가들에 대한 터키의 반감은 오스만 제국 말기로 거슬러 올라간다. 오스만 제국 말기에 터키 민족주의가 팽배하면서 오스만 제국의 지배하에 있던 아랍인들은 아랍의 주체성을 외치며 오스만 제국에 반대하고 스스로 독립을 이루려는 봉기를 일으켰다. 샤리프 후세인 반란은 터키인들에게 배반과 반란으로 깊게 각인되었다. 아랍인들이 오스만 제국의 해체를 위해 서방을 지원한 것은, 터키인들이 아랍인들을 배신자로 여기며 불신하게 되는 큰 원인이 되었다.

16세기부터 제1차 세계대전이 끝날 때까지 이란을 제외한 중동의 대부분 지역은 오스만 제국의 영토였다. 이 때문에 터키는 중동 국가들과 지배-피지배 관계였던 불편한 역사를 갖고 있다. 게다가 공화국 수립 이후 터키가 서구 편입을 국책 사업으로 추진하면서, 중동에 대한 터키의 관심은 유럽에 대한 관심에 비해 훨씬 떨어지게 되었다. 특히 냉전 시대에 터키는 소련의 위협 아래 나토라는 집단 방위 체제에 들어가 자신을 방어하기 위해 친서방 외교 정책을 펼쳐나갔다.

이 시기에 터키는 자의 반 타의 반으로 중동에 대해 자연히 무관심하게 되었다. 터키가 취한 친서방 외교 정책은 아랍 세계에 터키에 대한 반감을 불러일으켰다. 터키의 외교 노선과 이러한 태도에 대한 아랍의 반감이 서로 맞물려 터키와 중동 국가의 관계를 더욱 소원하게 만들었다. 1949년에 터키가 이스라엘의 국가 존재를 승인한 것 역시 아랍 국가와의 관계에서 악재로 작용했다. 1950년대 터키가 알제리의 자결권에 기권한 점★과 수에즈 위기, 시리아 위기 등의 요소는 터키와 아랍 세계와의 관계 형성을 더욱 어렵게 만들었다.

아랍 세계와의 관계 개선

터키와 아랍 세계와의 관계는 1960년대 들어 변화를 겪었다. 터키는 아랍 세계와의 지정학적인 관계와 더불어 정치적·경제적·군사적인 이점을 고려해 1960년대에 아랍 국가와의 관계 개선을 모색했다. 1950년대 아랍 세계로부터 등을 돌렸던 터키는 존슨 서한과 키프로스 문제로 국제사회에서 고립되자 서구에 대한 반감으로 이란, 이라크, 시리아, 요르단, 사우디아라비아, 걸프 연안국, 이집트 및 이스라엘 등 중동 국가들과 유연한 관계를 모색할 필요가 있었다.

★ 알제리는 1518~1830년(312년간)에 오스만 제국의 지배를 받았고, 그 후 1830~1962년(132년간)에는 프랑스의 식민 지배를 받았다. 1952년 이집트의 나세르가 혁명으로 왕정을 무너뜨리고 공화정을 수립한 후 1954년부터 알제리 민족해방전선(FLN)이 이끄는 민중 세력이 프랑스에 대항하여 독립을 위해 싸웠다. 1960년 국제연합은 총회 결의를 통해 모든 식민지 국가와 인민의 자결권을 인정했다. 그러나 프랑스는 알제리의 자결권을 인정하지 않고 알제리의 봉기를 무력으로 무자비하게 탄압했다. 프랑스의 제5공화국으로 집권한 드골은 알제리의 독립이 불가피하다고 보고 알제리의 자결권을 승인하고 독립을 인정했다. 프랑스를 상대로 1954년부터 1962년까지 8년간 독립전쟁을 한 알제리는 1962년 3월 에비앙에서의 합의를 통해 프랑스로부터 독립했다.

터키가 1963년과 1964년 키프로스에 군사 개입을 시도한 데 대해, 미국의 존슨 대통령은 키프로스에 대한 터키의 정책이 그리스와 분쟁을 가져오는 경우 나토로서는 터키를 지원하지 않을 수도 있다는 내용의 서한을 1964년 6월 5일자로 터키에 보냈다. 존슨 서한은 터키의 키프로스 정책에 대한 압력으로 받아들여져, 터키 내에서 미국에 대한 불신 여론이 일어나는 촉매가 되었고, 이 때문에 터키가 중동에 눈을 돌리는 계기가 되었다.

1967년 중동전쟁 시 이스라엘이 팔레스타인을 점령하자, 터키는 이에 항의하고 이스라엘에 주재하는 자국 대사를 터키로 소환했다. 이러한 태도는 아랍 세계에서 대환영을 받았다. 또한 터키는 자국 내 나토 기지는 아랍 국가를 향한 공격을 위해서는 사용하지 못할 것이라고 발표하고, 시리아, 이집트에 식품, 의류, 약품 등을 지원하는 등 최대한 아랍과 가까운 입장을 보여주면서 미국 편이라는 이미지를 없애려 했다.

당시 미국은 전쟁으로 아랍 국가들 대부분과 외교 관계가 단절된 상태였으며 터키를 통해 외교 관계를 진행하겠다는 제의를 했으나, 터키는 이를 들어주지 않았다. 한편 1960년대 제3세계 국가들의 등장과 개도국의 독립도 터키의 대중동 외교에 영향을 주었다.

또한 터키는 1970년대 오일 쇼크로 에너지의 중요성을 새삼 깨닫게 되면서 산유국이 많은 아랍 세계와의 관계를 더욱 중요하게 생각하게 되었다. 1980년대 이후 터키는 사우디아라비아, 이집트 및 걸프 연안 산유국들과의 외교 관계를 발전시켜나갔다. 그리고 1980년 군사혁명 후에는 국가 이익을 우선하는 자주·실리 외교의 필요성이 대두되었고, 특히 모국당의 외잘 정부는 경제적 실리를 추구하며 종교 및 문화적 유대 관계를 바탕으로 이슬람 제국과의 관계를 강화하고자 했다. 모로코의 카사블랑카에서 1984년 1월 개최된 이슬람회의기구^{OIC} 정상회담에 사상 처음으로 터키 대통령이 참석하여 이슬람권에서 터키의 중요성과 역할을 역설한 것은, 이슬람 중동 국가와의 관계 개선을 알리는 전령이었다.

소원해진 이스라엘과의 관계 개선

1970~80년대가 아랍 제국에 중점을 두고 외교 관계를 발전시킨 시기라면, 1990년대는 이스라엘과의 관계 모색에 치중한 시기였다. 터키는 1949년 이스라엘 건국 후 즉각 이스라엘을 승인하고 공사급 외교 사절을 교환했다. 터키에 이스라엘은 구소련의 위협으로부터 방위하기 위한 중요한 친미, 친서방 우방국이었다. 그러나 1970~80년대 터키가 친아랍 외교 노선을 추진하자 이스라엘과의 관계는 소원해지게 되었다.

1980년대 말 이라크 및 시리아와 수자원 문제로 관계가 불편해지자, 수자원 분쟁이 장기화될 경우, 터키는 아랍 제국의 반터키 연맹 세력에 대항하여 지역 내 우방 세력을 끌어들이는 것이 필요하게 되었다. 또한 1990년 8월 이라크가 쿠웨이트를 침공할 때 팔레스타인해방기구^{PLO}가 이라크를 지지함으로써, 쿠웨이트를 지지하는 국제 여론에 반하는 행동을 취한 것은, 터키 측이 PLO를 의식하지 않고 이스라엘과 가까워질 수 있는 명분을 주었다.

1991년 터키 정부는 마드리드에서 열린 중동평화협상의 분위기에 힘입어 팔레스타인 및 이스라엘의 외교 관계를 대사급으로 격상시켰다. 그리고 1996년 2월에 터키가 이스라엘과 군사훈련협력협정을 체결하고, 1998년 1월에 이스라엘, 미국과 지중해 연안에서 군사합동작전을 실시하자, 주변 아랍권의 반발을 사게 되었다.

2002년 정의개발당 정부 집권 이래 터키는 아랍 국가에 대한 과거의 불편함을 뒤로하고 정치적·경제적인 국가 이익을 기초로 공격적이고 건설적인 관계를 만들어나가기 시작했다. 아랍 국가 중 가장 관계가 불편했던 시리아와의 관계가 극적으로 정상화된 것은 터키가 아랍 국가와 관계 개선 의지를 적극적으로 보여준 대표적 사례이다.

터키의 대통령과 총리, 각료급 장관들이 아랍 국가를 수시로 방문하고 경제 외교를 수행함으로써 터키와 아랍 국가와의 경제·통상 관계는 급진적으로 발전했다. 2007년 10월 터키는 이스라엘과 시리아 간 평화 협상을 중재하고, 2008년 12월에 올메르트 이스라엘 총리와 에르도안 총리 간에 이루어진 앙카라에서의 최종 협상이 마무리할 단계에 이르기도 했다. 그러나 며칠 후 이스라엘의 가자 지구 공격으로 이 협상은 깨지고 말았다.

중동에 대한 적극적 외교 정책

중동 정치 정세는 언제나 불안하다. 중동은 제1차 세계대전 이래 세계에서 가장 문제가 많은 지역으로 남았다. 중동 문제 해결을 위해 시도된 수많은 정책들은 모두 난관에 부딪혀왔다. 터키와 중동 관계는 더욱 아슬아슬하다. 터키는 이스라엘과의 관계를 유지하면서도 팔레스타인 문제에 대해 정치적 지원을 해야 하는 두 개의 상반된 목표를 갖고 있다. 두 개의 전략적 목표 사이에 균형을 유지하는 것이 터키의 중동 외교의 목표다.

그러나 터키와 이스라엘과의 관계는 2010년 5월 31일 가자 지구의 팔레스타인인들을 위해 구호 물품을 전달하러 가던 구호선 마비 마르마라호에 이스라엘군이 저지 공격을 가하면서 얼어붙고 말았다. 이 사건으로 터키인 여덟 명을 포함하여 모두 아홉 명이 목숨을 잃었다.

이보다 앞서 2009년 초 스위스 다보스에서 개최된 세계경제포럼 회의에서는 소위 '원 미닛one minute 사건'이 발생했다. 2009년 1월 다보스 세계경제포럼에 참석한 터키의 에르도안 총리가, 이스라엘이 팔레스타인 지역에 공격을 해 많은 인명 피해를 준 사건과 관련해 시몬 페레스 이스라엘 대통령을 비난하다 사회자로부터 시간 초과를 지적받고 제지당하자, "one minute"을 요구했다. 이 요구가 제지당하자 에르도안은 회의장을 박차고 "다시는 오지 않겠다"며 돌발 퇴장하는 초유의 사태가 일어났다. 이스라엘에 대한 강한 입장과 거침없는 비판으로 에르도안 총리는 아랍 세계 및 이슬람권에서 영웅으로 부상했다. 그해 CNN 아랍어 웹사이트는 에르도안 총리를 '올해의 인물'로 선정하기도 했다.

터키는 중동과의 불편한 과거사로 인해 중동의 국내 문제에 대한 불간섭 정책을 대중동 정책으로 채택해왔으나, 이 같은 불간섭 정책은 1990년 이라크의 쿠웨이트 침공으로 도전을 받게 되었다. 1980~88년 간 이란-이라크 전쟁 시 터키는 중립을 지키겠다고 수차례 천명했다. 터키의 외교 장관은 전쟁 당사국에 무기나 군수물자를 지원하지 않겠으며, 터키의 해상이나 영공을 통한 무기 지원도 승인하지 않겠다고 발표했다.

1990년 8월에 이라크가 쿠웨이트에 대한 영유권을 주장하면서 쿠웨이트를 침공하자 1991년 1월에 유엔의 결의와 미국의 주도 아래 다국적군이 결성되어 '사막의 폭풍작전'(보통 '제1차 걸프 전쟁'이라 불린다)이 개시되었다. 그리고 4월에는 쿠르드족 보호를 명분으로 북위 36도선 이북의 지역을 '북부 비행 금지 구역'으로 설정하고 이 지역에 이라크 항공기의 비행을 금지시켰다.

이때 터키는 북부 이라크에 생길지도 모를 힘의 공백을 막으려는 미국의 정책을 지지했다. 외잘 대통령은 '이라크의 영토 보전은 우리가 바라는 가장 중요한 문제'라고 언급했다. 이로써 터키는 오랫동안 고수해온 중립 정책을 포기하게 되었다. 터키는 중동 문제에서 전통적으로 지켜온 '조용한 정책'에서 걸프 전쟁을 계기로 '적극적인 정책'으로 노선을 변경했다. 외잘 대통령의 발언을 좀더 인용해보자.

> 터키도 많은 것이 변했다. [……] 외교 정책에서 두려워하거나 소심스러워하는 시대는 끝났다. 이제는 적극적인 정책으로 조건에 따라 추진해나가자. 내가 믿는 바로는 터키는 과거의 조용하고 소신 없는 외교 정책을 버려야 한다. 적극적인 정책을 편다는 것을 보여주어야 한다.★

2003년, 적극적인 외교 정책을 추진한다는 터키에 시험이 닥쳐왔다. 미국의 대이라크 전쟁(제2차 걸프 전쟁) 개시 후 미국은 대이라크 군사 작전과 관련하여 터키의 전폭적인 지지를 기대하면서 미군이 터키 내 인지를릭 공군 기지를 통해 이라크로 들어갈 수 있도록 협조해줄 것을

★ "Turgut Özal Period in Turkish Foreign Policy: Özalism", *USAK Yearbook of International Politics and Law*, vol. 2, Ankara, 2009, p. 199.

요청했다. 그러나 터키 국회는 3월 1일 미국 측의 작전상 중요한 '미군의 터키 영토 통과 및 주둔안'(일명 '3월안')을 부결했다. 이로 인해 터키와 미국과의 관계는 급속도로 냉각되었지만, 터키에 대한 아랍 국가의 신뢰를 크게 높이는 계기가 되었다. 터키가 미국의 요청을 거절한 것은 지역 내 문제에 대해 강대국의 판에 따르지 않고 독자적인 결정을 내릴 수 있다는 강한 신호였다. 이웃 중동 국가들에게도 터키를 보는 시각이 변하는 계기가 되었다.

터키는 미국이 이라크에 맞서 전쟁을 일으킬 경우 터키 경제에 미칠 부정적 영향, 이슬람 중동 제국과의 관계, 터키에 불리하게 전개될지도 모를 북부 이라크 사태 등을 고려하여 대이라크 전쟁에 반대하는 입장을 보였다. 터키의 태도 변화는 군사·안보 중심의 관계보다는 경제·통상 관계가 국익을 위해 더 중요하다는 판단에서 나온 것이다. 이 같은 시각 변화는 불화 중인 이웃들과의 관계를 우호 관계로 획기적으로 바꿀 수 있게 했다.

안보에서 경제로, 터키의 대중동 정책 변화

터키의 중동 정책이 과거 안보 중심에서 벗어나 변신을 시도하고 있다. 1990년대는 쿠르드 문제가 터키 국내 정치는 물론 대외 관계에도 영향을 미쳤다. 이 때문에 터키의 대외 정책은 주로 쿠르드 문제와 관련해서 안보 위주의 관계로 형성되었다. 1991년에 걸프 전쟁으로 북부 이라크에 힘의 공백이 생기자 PKK(쿠르드노동자당)가 이 지역을 근거지로 삼고 활동했다. 당연히 1990년대 터키의 대이라크 정책은 안보 위주로 형성되었다. 1999년에 PKK의 지도자 외잘란이 체포되기 직전 전쟁의 문턱까지 간 터키와 시리아는 2009년에 비자면제협정을 체결하고 양국 간 각료급 회의도 정기적으로 개최하는 데 합의하는 등 놀라울 정도로 관계가 급진전되었다. 1990년대 안보 중심으로 이루어진 이라크와의 관계도 과거와는 다르게 경제 관계 중심으로 바뀌고 있다.

그동안 터키는 중동과의 관계는 거리를 두거나 중동 문제에 최대한 관여하지 않는 정책을 지켜왔으나, 최근 10여 년간 지역 문제를 해결하는 데 적극 개입하는 것으로 터키의 중동 정책은 변화했다.

1999년은 터키의 중동 정책 변화에 전환점이 된 해이다. 1999년에 15년간 계속되어온 PKK와의 싸움에서 PKK 지도자가 체포되고 PKK를 지원해온 시리아도 PKK 지원 정책을 포기함으로써 터키는 오래 계속된 PKK와의 투쟁에 새 국면을 맞았다. 이와 연계해 대중동 정책에 변화가 불가피하게 된 것이다.

또한 1999년에 터키가 EU 가입 후보국으로 선정됨으로써 '이웃 국가와의 선린 원칙'을 가지고 있는 EU 정책이 터키의 대중동 정책에도 영향을 미쳤다. 2001년 뉴욕에서 일어난 9·11 테러 사건은 중동은 물론 전 세계가 대외 관계의 목표 및 수단 등을 총체적으로 재점검하는 계기가 되었다. 그리고 이 같은 변화는 2002년 정의개발당 집권 이후 더 확실해졌다.

불신, 긴장, 분쟁은 터키와 중동 국가와의 관계를 표현하는 대명사였고, 국경은 넘지 못할 벽으로 남아 관계 발전의 물꼬를 트기가 어려웠다. 그러나 이제 터키와 중동 국가 간에는 인적·물적 교류가 급격하게 늘어나고 있다. 터키항공의 중동 지역 취항 수도 늘고 있다. 안보상 취항하지 않았던 바그다드에 17년 만인 2008년 10월 터키항공이 취항을 재개했다. 1백 년 만에 터키와 이라크 간 열차 운행이 시작되어 가지안 테프와 모술을 연결하는 열차 운행이 2010년 2월에 시작되었다. 시리아와 비자면제협정이 체결돼 두 나라 간 인적 왕래가 크게 늘었다.

중동은 변화하고 있고 터키의 대중동 정책도 변화했다. 터키와 중동 간 통상·인적 교류가 활발해지고 있는 것은 최근 10여 년간의 급격한 변화이다. 제1차 세계대전의 패전으로 터키는 자신들의 영토였던 아랍 지역을 영국, 프랑스에 내주었지만, 터키인의 내심에는 아랍 지역에 대해 심리적으로 우월의식을 지니고 있고, 중동 지역에서 에너지 자원 확보와 경제·통상 관계 확대를 통해 지역 내에서 영향력을 행사하는 지도자 국가 역할을 하려 한다.

터키의 기원과 역사

터키인의 선조인 튀르크Turk족의 조상은 흉노와 돌궐이다.

흉노는 기원전 3세기경부터 등장한 중국 북방 유목 민족이다. 흉노족은 목축을 바탕으로 유목 민족 생활을 하며 알타이 산맥 지역, 셀렝가 강변, 바이칼 호수 주변에서 살았다. 흉노 유목 제국을 건설하여 한漢 제국과 대적했다.

중국 변경에서 부족 동맹들 간에 전쟁이 진행되는 동안, 중국의 북방에 튀르크 집단인 돌궐이 552년에 연연 제국을 제압하고 초원의 강국으로 등장했다. 돌궐은 한동안 경제적 부를 누리다가 중국을 통일한 수나라와의 전쟁에서 583년 패했다. 7세기 중엽에는 동돌궐, 서돌궐 모두 당의 지배에 들어갔다가 7세기 말경에 동돌궐이 다시 흥기했지만, 튀르크족의 자체 내분 및 당나라의 압력 등으로 시달리다가 같은 튀르크계의 위구르족에게 745년에 패권을 빼앗기면서 역사에서 사라지게 되었다.

중국의 『사서』는 위구르족을 흉노의 먼 후예로 보고 있다. 위구르 제국은 745년에 건국된 이래 기의 1백 년 동안 중앙아시아 동부 및 중남부 스텝 지역을 지배하다가 840년 튀르크계인 키르기즈에 멸망했다. 위구르 지역이 중앙아시아 지역을 지배하면서 중앙아시아는 결정적으로 튀르크화되었으며, 이 때문에 이 지역은 튀르키스탄(튀르크인의 땅)이라고 불리게 되었다.

이어 10세기 초 중앙아시아에서 튀르크계인 오구즈족이 셀주크 왕조를 수립했는데, 셀주크 제국은 11~14세기에 중앙아시아에서 지중해에 이르는 광대한 영토를 지배했다. 셀주크조는 멸망까지 약 230년간 비잔틴 제국, 십자군, 몽골군과 수없이 전투를 가졌다. 셀주크조는 비잔틴과 십자군의 세력을 견제하는 데는 성공했으나, 동쪽에서 밀려오는 몽골 군대의 소아시아 진입을 막는 데는 실패했다. 셀주크조의 튀르크족들은 소아시아로 대거 이동하여 소아시아를 튀르크화하는 데 결정적 역할을 했다. 소아시아의 셀주크조는 1243년 시바스 근처 쾨세다 전투에서 몽골 군대에 패함으로써 쇠퇴하게 되었다. 소아시아에서 셀주크가 몽골군에 패하여 패권을 상실하자 힘의 공백을 이용하여 수많은 튀르크 공국들이 할거하는 공국公國 시대를 맞았다.

셀주크 제국의 말기에는 열 개의 봉건 제후국이 있었는데, 그중 부르사 근처에 오스만 부족국이 강세였다. 오스만 부족국은 1299년 셀주크 제국 말기에 셀주크 술탄의 지배를 벗어나 독립했다. 오스만 제국의 메흐메드 2세는 1453년에 비잔틴 제국의 수도 콘스탄티노플을 함락시키고, 에디르네에서 콘스탄티노플로 천도하고 도시 이름도 이스탄불로 개칭했다.

오스만 부족국은 아시아, 아프리카, 유럽 등 세 대륙에 걸쳐 영토를 확장했고, 쉴레이만 대제 시대(1520~66년)인 최전성기 때는 20여 개 민족 약 5천만 명의 인구를 가진 대제국 오스만 제국(1299~1923년)으로 발전했다.

17세기 들어 점진적으로 오스만 제국의 약세가 나타나기 시작한다. 이는 1683년 두 차례에 걸친 빈 침공의 실패로 극에 달했다. 오스만 제국의 말기에는 약화된 국력을 회복시키려는 근대화 움직임에 따라 서구의 제도가 많이 도입되었다. 오스만 제국은 제1차 세계대전에서 독일과 동맹을 맺었으나 결국 패전국으로 전락하여 연합국에 의해 분할, 점령되는 수모를 당하게 되었다. 오스만 제국 말기 암울한 상황에서 열강들에 의한 영토 분할·점령에 반대하고 독립 국가를 수립하기 위한 민족적 저항 운동이 무스타파 케말을 중심으로 일어났다.

터키는 제1차 세계대전 후 1923년 7월 로잔 조약으로 전승국으로부터 공식 국가 승인을 받았고, 10월 29일 국회에 의해 터키 공화국이 선포되었다.

3. 시리아와의 관계: 깊은 불신에서 신뢰 구축으로

적대 관계를 초래한 세 가지 문제

시리아는 1516년 오스만 제국의 술탄 셀림 1세에게 정복당한 후 제1차 세계대전이 끝난 1918년까지 약 4백여 년간 오스만 제국의 지배를 받았다. 영국, 프랑스, 러시아 3국이 1916년에 체결한 사이크스피코 협정에 의거해 시리아를 프랑스의 관할 지역으로 포함시키기로 함에 따라, 시리아는 1918년에 프랑스의 위임 통치에 들어갔다.

시리아는 1945년 제2차 세계대전의 종전과 함께 결성된 아랍연맹에서 강력한 지지를 얻고 1946년에 프랑스로부터 독립했다. 그러나 레바논과의 복잡한 경제적·재정적 분쟁 및 정국 불안 등으로 1949년부터 1954년까지 다섯 차례나 군사혁명이 일어나 시리아의 정국은 전반적으로 불안정했다. 1963년 아랍 사회주의 바트당이 집권한 후 겨우 질서와 안정을 찾았다.

1966년과 1970년, 두 차례 군사혁명 후 하페즈 알아사드가 1971년 3월 총선거로 전 국민의 압도적인 지지 아래 7년 임기의 대통령으로 선출되었는데, 2000년 6월 사망할 때까지 30년간 대통령직을 수행했다. 서구 제국주의에 맞서 아랍 사회주의 국가 건설을 외치며 철권통치를 한 하페즈 대통령이 죽고 나자 차남인 바샤르 알아사드가 대통령으로 취임했으며, 2007년 5월 국민투표를 통해 재임에 성공했다. 중동의 군사 강국 시리아에서는 아랍 사회주의에 입각한 바트당의 주도 아래 아사드 가문의 장기 집권이 계속되고 있다. 시리아는 여러 다른 민족, 종교 집단으로 이루어진 중동의 축소판이라 할 정도로 중동평화협상의 핵심 당사국이나 다름없다.

터키는 국경을 같이하는 이웃 국가 중 시리아와 877킬로미터의 가장 긴 국경을 공유하고 있다. 국경이 긴 만큼 안보와 관련한 문제가 많이 일어나 두 나라 사이에는 두터운 불신이 쌓였고 언제라도 터질지 모르는 뇌관을 지닌 듯한 관계를 유지해왔다.

터키와 시리아가 절대로 양보할 수 없는 다른 길을 걸어가게 된 것은 냉전시대 슈퍼 파워를 지녔던 미국과 소련을 중심으로 양극 체제가 형성된 때문이었다. 터키는 소련으로부터 받는 안보 위협을 미국 주도의 나토에 가입함으로써 방어하고 미국 등 서구 세계와 관계를 구축한 반면, 시리아는 동구권 세계를 이끌어간 소련에 전적으로 의지했다.

그리하여 시리아의 외교 정책은 반서구, 반이스라엘 정책을 따를 수밖에 없었다. 특히 시리아는 1967년 제3차 중동전쟁 시 이스라엘이 골란 고원을 점령한 이래, 골란 고원의 회복을 가장 중요한 외교 목표로 삼고 이스라엘과 항상 긴장 상태에 있다. 직접 국경을 같이하고 있는 이스라엘과 투쟁하기 위해서는 소련의 재정적·군사적 지원이 절대적으로 필요했다. 그리고 시리아는 이스라엘과 접경 국가로 싸우고 있다는 점에서 아랍 국가들로부터 재정적 지원도 받았다.

터키와 시리아 두 나라는 냉전 기간에 PKK 문제, 유프라테스 강과 티그리스 강의 수자원 이용 문제, 하타이 영토 문제로 늘 긴장 관계를 가졌다. 이들 문제는 서로 상대방을 바라보는 인식 차이 때문에 해결책을 찾을 수가 없었다. 시리아의 입장에서 터키는 중동에 서구 제국주의를 퍼뜨리는 '트로이 목마'로 인식되었고, 나토 회원국으로서 서구의 대변자이자 아랍을 핑계로 서구의 이익을 위해 일하는 나라로 인식되었다. 특히 테러 문제, 물 문제, 하타이 영토 문제 등, 세 가지 문제에 관한 한 두 나라는 적대 관계였다.

전쟁의 목전에서 대화로, 극적인 선회

1980~90년대 시리아는 PKK 측에 훈련 캠프 및 은신처를 제공하여 터키의 안보 신경을 최대한으로 자극했다. 1990년대에는 터키가 유프라테스 강 상류에 위치한 아타튀르크 댐에 물을 채우기 시작하면서 시리아로 흐르는 유프라테스 강물의 양이 적어져 농산물에 피해를 보고 있다며 시리아가 물 문제를 제기했고, 이 문제는 급기야 양국 간 수자원 분쟁으로 발전했다.

그리고 시리아 국경 지역의 하타이 영토 문제 또한 양국 간 분쟁의 원인이 되었다. 하타이는 로마 시대부터 20세기 초까지 시리아의 영토로 인정되어왔다. 그런데 1939년에 프랑스 식민 통치가 끝나면서 하타이 주민들에게 하타이를 시리아 영토로 할 것인지, 아니면 터키 영토로 할 것인지에 대한 주민 투표를 실시했다.

터키인이 대부분인 그곳의 주민들이 하타이를 터키 영토로 두기를 희망함에 따라 프랑스는 하타이를 터키에 양도했다. 이후 시리아 사람들은 터키 사람들이 주민투표를 구실로 하타이를 탈취했다고 믿게 되었다. 시리아 사람들은 자신들의 지도에 하타이를 시리아 영토로 표시하기도 했다. 하타이 영토 문제와 시리아의 PKK 지원 문제로 터키와 시리아는 2000년대 초까지 한 번도 정상적인 관계를 구축하지 못했다.

해결점을 찾지 못할 것 같던 양국 관계는 1990년대 소련 해체와 함께 해빙의 분위기를 맞았다. 시리아의 강력한 후원자 소련이 해체된 것은 시리아에게는 허리의 중추를 잃어버린 것과 같았다. 소련의 해체는 이제 더는 소련으로부터 재정적·군사적 지원을 받을 수 없고, 오히려 중동 지역에 미국의 영향력이 미친다는 것을 의미했다. 시리아가 현실적이고 실용적인 외교 노선을 택할 시기가 온 것이었다.

더구나 라피크 하리리 전 레바논 총리의 암살 사건 후 시리아를 고립시키려는 미국의 압력이 증가하자 지역 내 고립 상황에 처한 시리아가 변화하기 시작했다. 터키로서도 외교 다변화 차원에서 중동 국가와의 관계 개선을 모색하려 했으므로 양국 간에는 기회가 주어지는 대로 관계 개선을 할 준비를 하고 있었다. 1990년 제1차 걸프 전쟁 시 시리아는 미군 주도의 연합군에 참여함으로써 친서방으로 외교 노선을 바꾼다는 신호를 보냈지만, 터키와 시리아가 정상적인 대화를 갖기까지는 시간이 더 필요했다.

터키와 시리아 관계에서는 PKK에 의한 안보 문제가 제일 중요한 이슈였다. 1992년 4월 두 나라는 테러리즘에 공동 대응하기로 협력하고, 테러 분자들이 국경을 넘지 못하도록 한다는 내용을 담은 안보의정서를 체결했다. 이 의정서 체결 후에 당시 터키 외교 장관이 시리아를 방문하여 의정서에 명시된 대로 한다면 물 문제 관련 터키가 책임질 부분은 다하겠다고 천명했다. 이 말은 곧 시리아가 PKK에 대한 지원을 끊는다면 시리아와의 수자원 분쟁도 해결될 것이라는 암시였다.

1994년 8월에 미국이 파리 회의에서 쿠르드 독립 국가 건설에 대한 의향을 밝히자, 이란·시리아·터키 외교 장관은 회담을 갖고 이에 반대한다는 입장을 표명했다. '적의 적은 우방이다'라는 말처럼 시리아가 역사적으로 터키와 불편한 관계를 유지하고 있는 아르메니아, 그리스, 이란과 관계를 발전시키고, 1996년에 터키가 이스라엘과 군사협정을 체결하자, 터키와 시리아는 서로 '안보 딜레마'에 빠지게 되었다. 두 나라는 PKK 문제로 전쟁까지 벌일 지경에 이르렀다. 1998년 터키는 시리아에 PKK에 대한 지원을 중단하고, PKK 지도자 외잘란을 추방하지 않으면 군사적 위험에 직면하게 될 것이라는 최후 통첩을 내놓았다. 외교적인 해결책이 소진되었다는 통첩이었다. 1만 명의 터키군이 시리아 국경에 배치되었다.

당시 터키의 입장이 얼마나 절박하고 단호했는지는 이스마일 젬 외교 장관의 인터뷰에서 확인이 된다. 젬 외교 장관은 10월 6일 카이세리에 있는 에르지예스 대학 가을 학기 개강식에 참석한 후 주지사 청사에서 가진 기자회견을 통해 다음과 같이 말했다.

외교적 방법을 다 썼다. 시리아에 기회 있을 때마다 전했다. 국제 여론은 터키가 옳다고 본다. 나는 양심상 떳떳하다. 어제까지는 인내할 수 있었지만 오늘은 더 이상 참을 힘이 없다. 무엇을 더 참으란 말인가? 기다린다는 것이 우리에게 아무런 이득이 없다는 걸 알았다. 우리는 시리아와의 외교적 (해결) 방법은 막혔다고 믿는다.★

터키군의 시리아 국경 배치 직후, 시리아 정부는 터키의 압력으로 10월 9일 외잘란을 추방했는데, 시리아가 더 이상 PKK의 후원자가 아님을

★ "Dışişleri Bakanı İsmail Cem, Suriye hâlâ bir şey anlamıyor", *Hürriyet*, 1998. 10. 6.

보여준 이날이 터키와 시리아 관계 변화의 기폭제가 된 역사의 날이 되었다. 그리고 10월 20일 양국은 터키 지중해 도시 아다나에서 테러 문제에 공동 협력한다는 내용의 소위 아다나 의정서를 체결했다. 아다나 의정서가 체결된 1998년 10월 20일부터 하페즈 대통령이 사망한 2000년 6월 10일까지 약 4년 사이에 양국은 여섯 차례의 회의를 가질 만큼 관계 개선에 적극성을 보였다.

화해를 위한 물꼬를 트다

터키와 시리아 관계는 2000년대 들어 큰 변화를 기록했다. 네지데트 세제르 대통령이 하페즈 대통령의 장례식에 참석했는데, 이는 시리아에 터키의 화해 제스처로 해석되었다. 2002년에는 시리아 총사령관이 터키를 방문하여, '군사 분야에서의 교육·기술·과학협력협정'을 체결하고 군사 분야에서의 협력의 토대를 마련했다. 2004년 1월 바샤르 알아사드 대통령은 역사상 처음으로 터키를 공식 방문한 대통령이 되었다. 2007년 4월 터키의 페나르바흐체 팀과 시리아의 알이티하드 팀이 알레포 올림픽 스타디움 개막식에서 축구 경기를 가졌는데, 이는 양국 간 민간 차원에서 친선 관계의 발전 가능성을 상징하는 경기가 되었다.

또한 양국 관계를 얼게 했던 시리아의 PKK 지원 문제가 외잘란을 추방시킴으로써 새로운 국면에 접어들었다. 테러 문제에 대한 양국 간 협력 의지가 여러 경로로 확인되자, 터키 정부는 양국 간 협력을 진전시키기 위한 외교적 노력을 가속화했다.

2009년 12월에 터키의 에르도안 총리가 시리아를 방문하고 오트리 시리아 총리와 제1차 고위급전략협의회를 가졌다. 양국 간 최초로 열린 고위급전략협의회에는 양국에서 10개 부처 장관이 참석하여, 에너지·무역·안보·교통·문화 등 전반 분야에서 협력 증진을 목표로 무려 51개에 달하는 협정을 체결했다. 에르도안 총리는, 시리아는 터키를 아랍 세계에 연결하는 관문이고, 터키는 시리아를 유럽에 연결하는 관문이라면서 '강은 물줄기를 따라 흐르게 되어 있다'며 공통의 역사와 문화적 배경을 지닌 두 나라가 협력하는 것은 당연한 일이라고 강조했다. 에르도안 총리가 자신의 시리아 방문이 양국 간 우호 관계를 위한 새로운 출발의 탄생이라고 말한 것처럼, 엄청난 양의 협정을 전폭적으로 체결시킴으로써 터키는 시리아와의 관계 개선 의지가 확실하다는 것을 보여주었다. 어렵게 진전된 기회를 놓치지 않겠다는 의지의 표현이었다. 급진하고 있는 양국 관계는 10여 년 전에 터키가 자국 내 분리주의 세력인 PKK를 시리아가 지원하고 있다고 비난하면서 양국이 전쟁의 문턱까지 간 것에 비교하면 하늘과 땅 차이 같은 변화이다.

 터키의 킬리스Kilis와 시리아의 할레프Halep 간 국경 무역을 위해 가지안테프 상공회의소는 2007년 12월 가지안테프에 터키-시리아 무역연락사무소를 개설했다. 두 나라간 교역량은 2003년 8억 달러에서 2009년 14억 달러, 2010년 22억 달러로 상승했고, 터키는 시리아와의 교역에서 무역 흑자를 보고 있다.

 터키는 1995년부터 시리아로부터 석유를 수입하기 시작했으며, 시리아로부터 석유 수입량은 전체 석유 수입량의 약 10퍼센트 수준이다. 두 나라는 2009년 9월 비자면제협정을 체결했다. 터키를 방문한 시리아인 방문객 수는 2002년 12만 6,323명에서 2009년 50만 9,679명, 2010년 89만 9,494명으로 증가했다.★ 이 중 많은 수가 친척들 간의 방문이라는 점을 감안해보면 터키와 시리아는 이웃 국가 이상의 가까운 관계를 나누고 있다고 할 수 있다.

통상과 교류를 통해 신뢰할 수 있는 친구로

터키는 '공동의 운명, 공동의 역사, 공동의 미래'라는 슬로건으로 적대 관계에 있던 시리아인들의 마음을 사고 있다. 터키 동남부 지역에는 민족적·종교적·언어적으로 시리아와 가까운 인연을 갖고 있는 도시들이 있다. 가지안테프, 아다나, 카흐라만 마라시, 메르신, 하타이 등이 시리아와 가까운 인연을 맺고 있는 도시들이다. 2000년부터 시작해 2010년에 이르기까지 관광객이 19배나 증가할 정도로 관계가 발전되었고, 냉전시대 최고조기인 1952년에 국경에 설치된 지뢰밭이 제거되고 있다. 시리아 축구 국가 대표팀이 지중해 도시 이스켄데룬에서 전지훈련을 할 만큼 시리아와 터키는 신뢰할 수 있는 친구가 되었다. 해결되지 않을 것으로 보였던 양국 간 물, 테러 문제는 안보 차원이 아니라 대화를 통해 기술적·외교적으로 해결할 수 있는 문제로 남게 되었고, 어떤 형태로든 바뀔 수 없는 하타이 문제는 관계 개선으로 중요성을 상실했다.

터키는 한편으로는 시리아와의 관계를 개선해가면서, 다른 한편으로는 시리아와 적대 관계를 갖고 있는 이스라엘, 이집트, 이라크, 미국이 시리아와 관계를 개선하도록 중재하는 역할도 했다. 특히 2008년 터키

★ 터키 외교부 홈페이지(http://www.mfa.gov.tr/turkey_s-commercial-and-economic-relations-with-syria.en.mfa) 참조.

의 중재 아래 시리아와 이스라엘 간에 수차례에 걸쳐 간접 평화협상이 개최되었으나, 2008년 말 이스라엘의 가자 지구에 대한 공습 및 2009년 초 다보스포럼에서의 이스라엘 페레스 대통령과 터키 에르도안 총리와의 설전 이후, 터키가 중재한 간접 평화협상은 중단된 상태다. 터키는 국제 관계에서 외교적 해결 방법의 중요성을 강조하고 중재 역할에 나서고 있는데, 적극적으로 중재하려고 노력하는 이러한 터키의 모습이 국제사회에서 터키의 신뢰도를 높이고 있다.

요동치는 시리아의 현 정세

2011년 3월 시리아 남부의 소도시 다라에서 처음 시위가 일어난 이래, 바샤르 알아사드 대통령의 퇴진을 요구하는 반정부 시위와 무장 항쟁이 계속되고 있다. 2010년 12월 튀니지에서 시작한 '아랍의 봄'의 영향으로 반정부 시위는 이집트, 바레인, 예멘을 거쳐 시리아로 이어졌다.

시리아는 1970년 쿠데타로 집권한 하페즈 알아사드에 이어, 2000년에 그의 아들 바샤르 알아사드가 세습 집권함으로써 아사드 가문이 2대에 걸쳐 40여 년 넘게 장기 집권하고 있다. 시리아는 수니파가 다수이지만, 정권은 시아파의 분파인 알라위파가 장악하고 있다. 시리아는 반미, 반이스라엘 노선을 견지함으로써, 중동의 역학 관계에 중요한 영향력을 행사해왔다. 시아파의 맹주인 이란은 시리아 정권이 시아파라는 점에서, 중국과 러시아는 중동 지역에서 영향력을 확보하기 위해 현 시리아 정부에 우호적이다.

2012년 2월 4일 유엔 안보리에서 시리아의 평화적 정권 이양을 촉구하는 결의안이 표결에 올랐으나 중국과 러시아가 거부권을 행사함으로써 이 결의안이 무산되었다. 국제사회는 시리아 정부가 민주화 시위를 유혈 진압하고 이러한 일련의 사태들로 인해 무슬림 세계가 수니파와 시아파의 대결로 확산될 수도 있다는 점을 우려하고 있으며, 시리아 사태가 향후 중동 질서 구도에 미칠 영향에도 주목하고 있다.

4. 이란과의 관계

신중한 경쟁과 공존

이란은 석유·천연가스 등 풍부한 천연자원, 7,300만 명에 이르는 방대한 인구와 국토를 가진 중동 내 큰 국가이다. 터키와 이란은 지정학적인 위치, 문화, 종교 면에서 갈등과 관계 개선을 반복해오면서 지역 내 영향력을 확보하려는 움직임에서 경쟁 관계에 있다. 역사적으로 막강한 힘을 발휘한 거대 제국의 후예라는 공통점을 갖고 있는 두 나라는, 1639년 확정된 국경을 현재까지 유지하고 있다. 두 나라 간에는 때때로 불신과 충돌이 있기도 했지만 지역 내 신중한 상호 공존으로 영토 분쟁은 없었다.

터키는 이란과 454킬로미터의 국경을 접하고 있다. 16세기에 페르시아 이란은 시아파 이슬람을 받아들임으로써, 이슬람 정통이라 부르짖는 수니 이슬람계 오스만 제국과는 종교적으로 정반대의 입장에 서서 대치했다. 터키와 이란 간 종교 대립은 시아파 이슬람을 국교로 지정한 사파비드 왕조(1502~1722년) 시대에 가장 많이 일어났다. 1795년에 세워진 이란의 카자르 왕조(1795~1925년)는 오스만 제국과 좋은 관계를 유지하려 했으나, 20세기 초 국력이 약화된 두 나라는 영국과 러시아 등 서구 세력의 압력을 받게 되었다. 이란의 서구적인 근대화를 추진한 팔레비 왕조(1926~79년) 시대에 터키와 이란은 과거 어느 때보다 좋은 관계를 유지했다. 터키의 아타튀르크와 이란의 리자 샤 팔레비는 똑같이 세속화 정책을 개혁으로 추진하고, 소련을 자국의 안보를 위협하는 나라로 인식하는 공통점이 있었다.

팔레비 왕조 시대에 가까운 이웃이 된 터키와 이란은 1979년 이슬람 혁명으로 팔레비의 세속주의 정치를 부정하고 신정정치를 옹호하는 이슬람 공화국이 건설된 이래 긴장과 우호관계의 부침을 계속했다. 이란에서는 역사상 최초로 교조적인 이슬람 공화국이 세워졌고, 터키는 이미 전반적인 사회 체계가 서구로 편입된 상태였기 때문에 두 나라는 서로 다른 방향에서 상대를 인식하게 되었다.

정세 변화와 양국 간 긴장 조성

1979년 이란의 이슬람 공화국 건설과 함께 터키와 이란, 두 나라는 과거 시아파 이슬람을 국교로 내세운 사파비드 왕조 시대 때 겪었던 종교 간 대립과 같은 유사한 상황에 직면하게 되었다. 더구나 터키와 서구가 전략적으로 가까워지는 상황이 일어나게 되었다. 1979년 이슬람 공화국 건설과 함께 소련의 아프가니스탄 침공으로 서구는 터키를 전략적 파트너로 강조하게 되었고, 미국이 이란에서 소련의 미사일 시험을 감시할 기지를 잃게 되자, 서구 국가들에게 터키의 전략적 중요성은 더 커지게 되었다.

터키와 이란에 1980년은 격동의 해였다. 터키에서는 9월 12일 군사혁명이 일어났고, 열흘 후에 이란-이라크 양국이 접경하고 있는 샤트 알 아랍 수로의 영유권을 놓고 이란-이라크 전쟁이 일어났다. 이란-이라크 전쟁 8년 동안 터키는 중립을 지켰으며, 터키로부터 식품을 수입하는 두 나라 때문에 경제적으로 이익을 보았다. 그러나 터키와 이란 관계는 종교적인 이념 차이로 이란-이라크 전쟁이 유엔 중재로 끝난 후에 대립각을 세우게 되었다. 이란의 호메이니에게 세속주의 터키는 칼리프 제도를 폐기하여 이슬람을 불신한 눈꼴사나운 나라였으며, 터키에게 이란은 이슬람 이념을 수출하여 터키를 이슬람화하려는 나라로 비치게 되었다. 이 시기에 터키는 터키 내 급진 이슬람 활동을 이란이 자극하고 있다며 의심의 눈초리를 보냈다. 이란 혁명 후 20여 년간 두 나라는 세속주의와 이슬람주의라는 이념 차이로 악의 순환 고리를 반복했다.

신권 정치와 세속주의 정치의 충돌

이슬람 혁명이 일어난 1979년부터 쿠르드 지도자 외잘란이 체포되어 쿠르드 문제가 약화된 1999년까지, 터키와 이란 간 외교 관계에서 쿠르드 문제와 이슬람 문제는 뜨거운 감자였고, 코카서스와 중앙아시아 지역에서의 세력권 확대를 위한 경쟁은 두 나라 관계를 긴장시키는 요인이 되었다.

1990년대 양국은 서로 상대방의 정책이 국내 안보에 위협이 된다고 믿고 있었기 때문에 관계가 극도로 냉각되었다. 쿠르드 문제가 열기를 더하던 1990년대 터키는 이란이 쿠르드 테러 단체를 지원하고 있으며, 쿠르드 테러 단체가 이란과 러시아로부터 무기를 들여오고 있다고 주장했다. 그러나 1991년 걸프 전쟁 이후 이라크 북부에 쿠르드 자치 구역이 형성되어 쿠르드 문제가 인접국의 안보를 위협할 수 있는 요인으로 등장하자, 쿠르드 테러 단체에 대한 지원 문제를 놓고 공방을 벌인 양국은 공동 보조를 맞추게 되었다. 터키를 포함하여 이란과 시리아는 자국의 영토 보전을 위해 협력해야 할 필요성을 느끼게 되었고, 이에 따라 이란은 1996년에 20여 차례 이상 쿠르드 테러 단체에 대해 작전을 벌이기도 했다.

터키와 이란의 긴장 관계는 1989년 초 터키가 대학에서 이슬람의 상징인 두건의 착용을 금지시키자, 이를 이란이 비난하면서 격화되었다. 이란이 터키를 비난하는 방송을 계속하자 터키는 이를 국내 문제 간섭이라고 맞섰다. 이 같은 긴장 관계는 그해 4월 터키가 테헤란에 있는 자국 대사를 소환하고, 뒤이어 이란도 앙카라에 있는 자국 대사를 소환함으로써 절정에 달했다. 이때부터 이란과 터키는 이란의 신권정치와 터키의 세속주의 정치로 인해 서로를 노골적으로 비난하게 되었다. 에르바칸이 이끄는 이슬람계 정당인 복지당이 1995년 총선에서 승리하자 터키와 이란은 정치 지도자의 이슬람 성향으로 급격히 가까워지게 되었다. 그러자 터키 세속주의자들과 군부는 터키에 대한 이란의 의도를 의심했다. 터키는 이란이 터키 내 급진적 이슬람 단체를 지원하고 국내 문제에 간섭한다고 강도 높게 비난했다.

그러던 중 사건이 터졌다. 1997년 2월 앙카라 근교 조그만 소도시 신잔에서 열린 '예루살렘 데이' 기념식장에 헤즈볼라와 하마스의 포스터가 걸려 있고 거기 참가자 중에 이란 대사가 있다는 것이 주목을 끌게 됐다. 이란 대사는 팔레스타인 문제에 대해 격하게 연설하고, 터키가 샤리아 이슬람법을 채택해야 한다고 노골적으로 언급했다. 이른바 이 '신잔 사건'으로 이란 대사가 추방되었지만, 이란은 터키의 주장을 부인하고 오히려 터키가 이란의 국내 문제에 간섭한다고 맞붙었다. 또한, 앙카라를 방문한 이란 고위 관료는 의전상 진행해왔던 아타튀르크 기념관 참배를 거부했다. 1996년 라프산자니 이란 대통령의 터키 방문 때도 아타튀르크 묘소에 참배하지 않아 긴장을 가져왔다. 의례적으로 방문하는 국부 아타튀르크 묘소를 참배하지 않은 것은 터키의 국가 이념에 대한 모욕으로 받아들여졌다.

터키는 구소련 해체 이후 중앙아시아, 코카서스 지역에서 이란과 경쟁하고 있다. 양국은 공통의 역사, 가치, 언어, 종교적 친근성을 강조한다. 터키는 특히 민족적·언어적 유사성을, 이란은 종교적인 유사성을 강조하고 있다. 터키는 중앙아시아 및 코카서스 지역 국가에 정치적·경제적인 영향력을 행사하기 위해 가능한 외교 수단을 사용하고 있다. 반면 이란도 지리적인 접근성을 활용하여 영향력 확대에 노력하고 있다. 그러나 터키나 이란 모두 이 지역에 러시아가 행사하는 영향력을 넘어서지는 못하고 있다. 양국은 두 지역에 대해 정치적으로 강한 관계를 만들었으나 경제력의 한계로 그 이상을 넘지 못하는 것이다. 터키와 이란은 미국이나 러시아 지원 없이 단독으로 이 지역에서 영향력을 확대하는 데 한계가 있는 것이 현실이다.

긴장 관계의 해소와 이란의 핵 문제

불편하기만 했던 이란과의 관계는 1998년 1월 이스마일 젬 터키 외교 장관이 이웃 국가와의 관계를 개선해나가겠다는 터키 외교 정책을 발표하면서 새로운 장을 열게 되었다. 같은 해 3월 이슬람회의기구 외교 장관 회의에 참석한 이란의 케말 하라지 외교 장관은 터키의 새로운 외교 정책으로 유익한 협력 관계를 만들어나갈 수 있을 것이라고 밝힘으로써, 양국 간 긴장 관계는 해소 국면으로 들어서게 되었다.

2002년 터키의 이슬람계 정의개발당 정부가 추진하는 이웃 국가와의 갈등 제로 정책으로 이란과의 협력 관계는 정치, 경제, 문화 면에서 크게 진전되고 있다. 이란에 대한 터키의 인식 변화는 이란 핵 문제에 대한 터키의 입장에서 극명하게 드러난다.★

미국 및 서구는 이란이 핵을 개발한 후 필요하면 이를 사용할 수 있다는 의구심을 갖고 이란에 제재를 가하고 있는 데 반해, 터키는 서구와는 다른 인식을 갖고 있다. 이란에 대한 제재보다는 대화를 통한 외교적 해결이 최선이라고 믿고 있다.

2010년 6월 이란에 대한 제4차 제재를 결의하는 유엔 안보리 표결에서 터키가 미국의 뜻과는 달리 반대표를 던졌다. 로버트 게이츠 미 국무 장관은 터키의 돌발 행동에 대해 '터키가 동진東進하고 있다'며 터키 외교의 축이 바뀌고 있다는 것을 암시했다. 유엔 안보리 표결에서 터키가 브라질과 함께 반대표를 던진 것은 강대국 질서에 대한 저항으로 해석되었다.

이보다 20여 일 앞선 5월 17일 공전을 거듭하고 있는 이란 핵 문제 해결을 위해 중재에 나선 터키는 이란, 브라질과 함께 소위 '핵연료 합의안'을 이끌어내는 데 성공했다. 핵연료 합의안이란, 이란이 보유하고 있는 3.5퍼센트 농도의 농축 우라늄 1,200킬로그램을 터키로 반출한 뒤, 이를 테헤란 연구용 원자로 가동에 필요한 20퍼센트 농도의 농축

★ 2002년 8월 이란 반정부 단체인 국민저항위원회NCRI가 이란 정부가 테헤란 남쪽에 위치한 나탄즈에 실험용 및 상용 우라늄 농축 시설을, 아라크 지역에는 중수 생산 공장을 비밀리에 운영하고 있다고 폭로함으로써 이란 핵 문제가 불거졌다. 이란은 의혹이 제기된 시설들이 원자력 발전 시설이라고 주장했다. 그러나 서방 국가들은 이란이 지난 18년간 비밀리에 핵 개발을 추진해 왔다고 의심하고 있다. 세계 제4위의 원유 생산국이고 천연가스 생산량도 세계 제2위인 이란이 원자력 발전소를 건립할 필요가 없다는 점에서 이란의 핵 개발 의도 및 동기에 대해 신뢰할 수 없다는 입장을 보였다(손성환, 「이란 핵 개발 동향과 전망」, 『주요국제문제분석』, 외교안보연구원, 2006. 3. 10).

우라늄 120킬로그램으로 돌려받는다는 내용이었다. 터키가 브라질과 함께 이끌어낸 핵연료 합의안은 유엔 안보리에서의 제4차 대이란 추가 제재 결의로 무산되고 말았다. 물론 터키는 이에 강력히 반발했다.

터키는 이란과의 관계에서 미국의 대중동 전략의 이해를 고려해야 하지만, 경제적인 차원에서는 이란과의 관계가 악화되어서는 안 된다는 이중의 고민을 안고 있다. 2007년 4월 터키와 이란은 에너지 분야에서 전략적인 공동 협력 프로젝트를 추진하는 데 합의했다. 이란의 유전과 가스전을 개발하여 터키를 통과하는 파이프라인으로 그리스를 경유하여 유럽에 수송한다는 것이다.

러시아에 대한 에너지 수입 의존도를 줄이려는 EU는 이를 대환영했으나, 미국은 이란과의 협력에 반대하고 있다. 미국은 또한 이란을 경유하여 투르크메니스탄 석유가 터키로 들어오는 방안에도 반대하고 있다. 그러나 양국은 2007년 9월 에너지 분야에서 포괄적인 공동 협력 프로젝트에 대한 양해 각서를 체결했다. 터키는 이란의 석유 및 천연가스를 유럽에 수출하는 데 있어 에너지 허브 국가가 되기를 바라고 있다.

상호 인정과 의존으로 쌓아가는 긴밀한 관계

최근 3년간 터키와 이란 간의 교역은 그 이전에 비해 큰 성장세를 보이고 있고 2010년도 교역량은 106억 달러를 기록했다. 터키는 이란으로부터 석유와 가스를 수입한다. 천연가스 수입의 3분의 1을 이란에 의지할 만큼 터키에게 이란은 중요한 에너지 공급원이다. 2004년도 이란으로부터 수입은 19억 달러 수준이었으나, 2008년 82억 달러로 최고를 기록했다가 세계 경제 위기로 인해 2009년에는 34억 달러로 급감했다.

그러나 2010년에는 2008년 수준으로 회복하여 76억 달러를 기록했다. 터키를 찾는 이란인 방문객 수도 2008년 1백만 명에서 2010년 270만 명으로 대폭 늘었다. 2002년에 터키에서 활동하는 이란인 업체 수는 319개였으나 2010년에 1,550개로 부쩍 늘었다. 2011년 이란인들이 터키에 설립한 업체 수는 전년 대비 41퍼센트 증가한 590개를 기록하여 현재 2,140개의 이란인 업체가 터키에서 활동하고 있다. 2011년에 터키의 외국인 사업체 설립 증가율로는 이란이 선두를 기록했고, 터키에서 활동하는 외국인 업체 수로는 이란이 독일, 영국 다음으로 3위를 기록하고 있다.★

터키와 이란은 정치 체제는 다르지만, 이웃 국가로서 지정학적 위치, 풍부한 문화유산 등으로 역사적으로 중동 지역 내에서 핵심 국가의 역할을 하고 있다. 두 나라는 국경을 결정한 카스리 쉬린 협정 체결 이후 현재까지 국경 다툼이 없었던 역사를 갖고 있다.

오스만 제국 시대에 터키와 이란은 각각 수니파와 시아파의 종주국임을 자처했고, 이 때문에 지역 내에서 보이지 않는 협력과 경쟁 속에 있었지만, 서로의 존재를 신중하게 인정해온 까닭에 국경 분쟁 없이 그 관계를 유지해오고 있다.

이란 혁명 이후 이란이 자신의 이슬람을 터키에 확산하려는 움직임으로 양국 간 불신이 있긴 했지만, 이러한 불신은 최근 양국 고위 지도급의 상호 방문과 긴밀해진 경제·통상 협력으로 해소되었다. 터키에 이란은 천연가스의 주요 수입국이다. 천연가스의 수입을 러시아에 크게

★ 터키 경제부(www.ekonomi.gov.tr), 터키 문화관광부(www.kultur.gov.tr) 홈페이지 참조.

의존하고 있는 터키로서는 이란이 러시아에 대한 수입 의존도를 줄일 수 있는 중요한 국가인 것이다.

  2003년부터 거론되고 있는 이란 핵 문제는 터키에도 중요한 이슈다. 터키는 이란 핵 문제에 대해 분명한 입장을 밝히고 있다. 터키는 이란이 원자력을 평화적으로 이용하는 데에는 끝까지 지지하지만, 이란이 핵무기를 소유하는 데는 반대한다며 일관된 목소리를 내고 있다.

헤즈볼라와 하마스

헤즈볼라Hezbollah는 '신의 당黨'이라는 뜻으로, 레바논 내 최대 시아파 이슬람 무장단체이자 정파이다. 1982년 이스라엘의 제1차 레바논 침공 이후, 이란의 호메이니를 지지하고 이스라엘의 침략에 반대하며 조직되었다. 이스라엘과 미국 등 서방 6개국은 헤즈볼라를 테러 단체로 규정하고 있지만, 아랍과 무슬림 세계에서는 저항운동으로 인정받고 있다. 헤즈볼라는 시아파 무슬림들을 위한 복지, 교육 봉사로 대중적 지지를 얻었다. 헤즈볼라는 2005년과 2009년 총선에서 의석을 확보함으로써, 레바논 제도권에서 활동하는 정치 세력이 되었다. 이스라엘은 2006년 헤즈볼라와의 전쟁에서 고전을 면치 못했다.

하마스Hamas는 팔레스타인에서 반이스라엘 기치를 내걸고 무장투쟁하는 단체이다. 하마스는 '이슬람 저항운동'의 약어로 1987년 가자 지구에서 시작된 1차 봉기(인티파다intifada) 때 이스라엘에 저항하며 설립되었으며, 2006년 1월 팔레스타인 총선에서 의회의 다수가 되어 집권당이 되었다. 팔레스타인에는 파타Fatah와 하마스Hamas 양대 정파가 있는데, 파타는 대이스라엘 온건파이며, 하마스는 강경파이다. 하마스는 가자 지구를 지배하고 있고, 파타는 요르단 강 서안을 지배하고 있다.

5. 이라크와의 관계

혼란 속 알력과 협력의 관계

이라크는 고대 메소포타미아 문명의 발상지로 기원전 1800년경에는 함무라비 법전으로 유명한 바빌론 왕국이 건국된 곳이다. 762년에 압바스 왕조가 칼리프 지위를 차지하고 바그다드를 새 도읍으로 정했다. 1638년 이후 오스만 제국의 지배에 있던 이 지역에서는 제1차 세계대전을 계기로 오스만 제국에 대한 반란과 함께 민족운동이 일어나기 시작했다.

영국은 제1차 세계대전 중인 1916년 3월 프랑스와 비밀 협정인 사이크스피코 협정을 체결하고 대전 후에도 이라크에 대한 지배권을 계속 행사하려 했으나, 아랍 민족주의가 들불처럼 고조되는 것을 무마하기 위해 1921년 입헌군주제 이라크 왕국을 탄생시켰다. 이라크는 1918년부터 1932년까지 영국의 통치를 받았고, 1932년 10월 3일 영국으로부터 완전히 독립했다. 1958년 압둘 카림 카심 준장이 주도한 쿠데타로 왕조가 폐지되고 공화국이 수립되었으며, 사회주의 노선을 채택한 카심 정권은 친소 정책을 추진하였다. 이슬람 사회주의 노선의 바트당이 1968년에 정부를 수립한 이래, 바트당의 정치력은 현재까지도 계속되고 있다.

내륙국인 이라크에게 터키는 유럽으로 나가는 다리 역할을 하는 중요한 나라이다. 터키로서도 이라크는 다른 중동 국가, 특히 걸프 지역과 교역을 하는 데 있어서 중요한 위치에 있다. 이라크는 이란과 달리,

터키와 이슬람주의나 세속주의 같은 이념적 문제를 가지고 충돌하진 않는다.

이라크는 이란-이라크 전쟁, 제1, 2차 걸프 전쟁으로 1980년 이래 전쟁과 혼란의 소용돌이 속에 있었기 때문에 이라크와 국경을 접한 터키는 이라크와 최근까지 정상적인 관계를 유지할 수가 없었다. 이라크 내 소요는 터키에게는 큰 도전일 수밖에 없다. 쿠르드 문제, PKK 문제, 원유 문제 등이 터키의 정치 · 경제 안보에 직접적으로 영향을 미치기 때문이었다. 경제적인 측면에서 이라크에게 터키는 아주 중요하다. 농산물은 물론 물과 소비재의 공급원이고, 이라크 석유의 소비자이며, 이라크 원유를 지중해로 내보내는 경유지이기 때문이다.

모술과 키르쿠크 문제

터키와 이라크 간에는 모술과 키르쿠크에 관련한 영토 문제 및 북부 이라크 문제가 매우 중요하다. 과거에 터키와 이라크 간에는 모술 영토 문제가 있었다. 이 문제는 국제연맹의 결정으로 마무리되었지만 터키는 오스만 제국 때 자신의 영토였던 모술이 이라크 소유가 된 것에 대한 회한을 갖고 있다.

영국은 1918년 10월 제1차 세계대전 휴전 협정인 몬드로스 협정 체결 시 모술 지역이 오스만 제국 영토 안에 있음에도 불구하고 이곳이 유전 지역이라는 전략적인 계산으로 11월에 모술을 점령하고, 이제 모술은 더 이상 터키 영토가 아니라고 주장했다. 제1차 세계대전으로 절망적인 상황에 처한 터키는 몬드로스 휴전 협정 협상 시 모술은 오스만 제국 때부터 터키의 소유였음을 주장했으나 이미 쇠약한 제국의 말은 먹

혀들지 않았다.

모술 문제는 1923년 로잔 조약 때에도 다시 논의되었다.★ 터키는 민족, 군사, 정치, 경제, 전략적인 면에서 터키 땅이어야 한다는 이유를 설명하고 모술을 터키로 돌려줘야 한다고 설득했지만, 이 지역이 유전 지역인 데다 인도로 가는 전략적인 위치에 있다는 것을 알고 있는 영국은 모술을 끝까지 포기하지 않았다.

1923년에 이스탄불에서 다시 논의를 했지만 결과를 얻지 못하고, 터키와 영국 양측은 이 문제를 국제연맹으로 가져가기로 했다. 주민투표로 결정하자는 터키의 제안에 대해 실제 지역 주민은 아무것도 모르고 있다며 영국이 반대했다. 그리하여 중립적인 국가 대표로 구성된 세 명의 조사단이 모술의 주민 상황을 조사했다. 이들은 모술의 주민은 터키인, 쿠르드인, 아랍인들로 구성되어 있으며, 이들 주민들은 모술이 터키 영토가 되는 것을 원하지 않는다는 보고서를 냈다.

모술 실사 조사단의 보고서로 인해 국제연맹은 모술은 이라크 영토라는 결정을 내렸다. 터키가 이 결정에 극구 반발하자, 국제연맹은 국제사법재판소의 의견을 묻기로 했고, 국제사법재판소는 터키의 뜻과는 달리 국제연맹의 결정을 수용했다. 이렇게 하여 모술이 이라크의 영토로 최종 확정되면서 터키-이라크 간 국경도 확정되었다. 모술 문제는 이제

★ 로잔 조약은 오스만 제국 패망 후에 새로 수립된 터키 공화국의 국경을 획정하기 위해 1923년 7월 24일 스위스 로잔에서 개최되었다. 로잔 조약의 체결국은 터키를 상대로 한 연합국들인 영국, 프랑스, 이탈리아, 일본, 그리스, 루마니아, 세르비아-크로아티아-슬로베니아 등이었다. 이 회의에서, 1920년 8월 20일 파리 근교 세브르에서 오스만 제국과 연합국 간에 오스만 제국을 분할하기 위해 비밀리에 체결된 세브르 협정은 폐기되었다. 로잔 조약으로 이라크 국경을 제외한 현재의 터키 국경이 확정되었다.

는 완전히 잊힌 문제이지만, 사담 이후 북부 이라크 내 쿠르드 문제와 이 지역에 대한 터키의 의구심이 근거 없이 회자되면서 다시 화제가 되었다.

키르쿠크는 어떤 지역인가? 북부 이라크에 있는 키르쿠크는 민감한 유전 지역으로, 터키인들과 민족적 연계가 있는 투르크멘족이 거주하고 있다. 투르크멘이란, 이슬람을 받아들인 튀르크계 종족인 오구즈족, 카를룩족 등에 대해 아랍인들이 붙인 이름이다. 수니 투르크멘은 오스만 제국 당시 키르쿠크에서 지배 엘리트였고 쿠르드인들은 하층 계층이었다.

그러나 지금의 투르크멘은 과거의 지위와 영향력을 잃었다. 쿠르드인들이 키르쿠크를 거의 장악하고 쿠르드화했을 뿐만 아니라 키르쿠크가 '쿠르디스탄'의 수도라고까지 말하고 있다. 터키는 이라크의 석유가 바그다드의 중앙 통제에 놓이길 바라고 있다. 키르쿠크의 유전 수입으로 쿠르드족들이 강해지고, 나아가 자치 독립국으로 발전하는 것을 원하지 않기 때문이다.

북부 이라크 내 유전 도시인 키르쿠크에서는 관할권 문제와 관련, 2007년 국민투표가 예정되어 있었으나 실현되지 못했다. 이라크 헌법에 따라 키르쿠크의 관할권은 국민투표로 결정하기로 되어 있으나, 이곳이 이라크 석유 매장량의 40퍼센트인 약 100억 배럴 정도의 석유가 매장되어 있는 것으로 알려진 주요 유전 지대라는 점에서 쿠르드족, 투르크멘족, 아랍족 간 이견이 커 문제 타결은 쉽지 않을 것 같다.

이 지역의 인구는 70만 명으로 쿠르드족, 아랍족, 투르크멘족으로 구성되어 있는데, 최근 쿠르드족의 이주가 증가하여 쿠르드족이 65퍼센트 이상 차지하고 있다. 키르쿠크가 쿠르드 자치지역으로 편입될 경우, 쿠르드인들은 엄청난 석유 매장 지역을 확보하게 되어 쿠르드 자치정부를 위한 정치적·전략적인 큰 수단을 얻게 된다. 또한 키르쿠크가 쿠르드 자치지역으로 편입될 경우, 이 지역에 소수로 거주하고 있는 투르크멘족에게 가해질 박해와 이로 발생할 수 있는 유혈 충돌이 우려되고 있다. 키르쿠크의 법적 귀속 문제는 터키에게는 국가 안보가 걸려 있는 중대한 문제이다.

왜 터키는 이라크 영토 보전을 주장했나

1991년 걸프 전쟁은 결과적으로 터키에게는 큰 재앙과 같은 것이었다. 이란-이라크 전쟁 후 쿠르드는 이미 이라크 중앙정부의 지배를 벗어나 자치정부를 구성하려는 생각을 하기 시작했는데, 이 전쟁의 결과 제한적이지만 북부 이라크에 쿠르드 자치지역이 탄생하게 된 것이다.

걸프 전쟁으로 쿠르드 지역에 대한 사담 후세인의 통제력은 완전히 상실되었으나, 다시 장악하려는 사담의 재시도로 50만 명의 쿠르드인들이 북부 이라크로 이주했다. 북부 이라크로 이주한 쿠르드인들이 이곳에 쿠르드 자치지역을 형성하게 되는 상황이 일어난 것은 결코 터키가 바라는 바가 아니었다.

이라크 쿠르드 난민 문제와 이를 도우려는 국제사회의 노력은 오랫동안 무시되어온 쿠르드 문제를 국제사회에 노출시켰다. 이라크의 쿠르드 지역은 유엔의 보호 아래 있다. 이라크 북부 쿠르드 지역은 급진전했고 사실상 거의 독립적 지위를 가진 상태로 발전했다.

2005년에 북부 쿠르드 지역 자치정부는 자체 헌법을 제정했는데, 이

헌법에 따르면 지역 자치정부는 바그다드 중앙정부에 속한다고 규정하고 있다. 이때부터 오랫동안 서구로부터 지원을 받아온 쿠르드민주당 KDP과 쿠르드애국당 KYP의 정치 활동으로 인해 쿠르드인들은 정치적으로나 군사적으로 강한 지위를 갖게 되었다.

이는 쿠르드 내 정치 역사상 혁명적인 전환점이 되었다. 쿠르드 자치정부는 처음에는 그들의 지도자를 통해, 나중에는 그들이 만든 정당을 통해 바그다드 중앙 정부와 교류를 가졌다. 고위 쿠르드 관리가 공식회담을 갖기 위해 수도 바그다드를 방문하는 횟수도 늘어났다. 오래전부터 독립을 외쳐온 이라크 북부 쿠르드 지역은 이미 자치적으로 준독립 상태이다.

이처럼 터키와 이라크 간 가장 직접적인 이해관계는 쿠르드 문제에 연관돼 있다. 1990년대 터키의 대이라크 정책은 터키의 안보를 위해 '이라크의 영토 보전'이 최대 이슈였다. 압제적이고 독재적인 사담 정권일지라도, 전 이라크를 통치하고 있는 사담이 쿠르드의 분리주의 행동을 막을 수 있다고 보았다.

터키 주변 5개국에 쿠르드족이 흩어져 살고 있지만, 터키와 이라크에 가장 많은 쿠르드 인구가 있다. 북부 이라크에서 쿠르드 지역 자치정부의 실체가 드러나면서 터키와 이란, 시리아는 한목소리로 이라크의 영토는 통일되고 보전되어야 한다고 주장했다.

터키는 미국 등 연합군이 이라크 내 36도선 북부 지역을 비행 금지 구역으로 선포한 것을 처음에는 반기지 않았다. 비행 금지 구역 선포가 북부 이라크에 있는 쿠르드의 정치적 입지를 돕고, 또 북부 이라크의 쿠르드 세력이 터키 내 쿠르드 주민과 정치적으로 연계되어 국내 분열을 초래할 것을 두려워했기 때문이다. 터키와 이라크 국경에 살고 있는 쿠르드족은 양국에 늘 잠재적인 위협으로 남아 있다. 이 때문에 양국 간 정치적 관계는 대부분 쿠르드 문제와 연관되어 있다.

몇 차례 전쟁을 통해 이제 이라크는 북부 이라크를 쿠르드족에게 내준 꼴이 되었다. 북부 이라크에 쿠르드족들이 거주하자, 이 지역은 동시에 PKK의 은신처가 되어버렸다. 터키와 이라크 양국 내무 장관은 2009년 국경 통제, PKK 공동 대처, 이라크 치안군 교육에 관한 안보협력협정을 체결하고, 쿠르드 테러 문제에 공동 협력하기로 했다.

쿠르드 문제로 인해, 터키와 이라크의 관계는 쿠르드 테러 분자 소탕을 위한 군사적 협력 관계가 거의 전부였다. 그러나 최근 터키 정부는 이라크 중앙정부와의 정무 관계를 개선해나가는 동시에 북부 이라크와의 정치, 경제 관계 개선에 공을 들이고 있다. 북부 이라크에서 생긴 쿠르드 지방자치정부를 인정하지 않을 수밖에 없는 현실적인 상황을 받아들이게 된 것이다.

북부 이라크는 터키의 경제 지원에 전적으로 의존하고 있다. 그래서 터키는 북부 이라크에 대해 목소리를 높일 수 있는 것이다. 이런 관계로 터키 민간 업체의 진출과 식품이나 건축 자재의 수출이 활발하게 늘어나고 있다. 터키 건설 업체들은 TV 방송국, 공항, 다리, 고속도로 등 대형 건설 프로젝트를 진행 중이다.

관계 발전을 위한 노력들

터키는 2008년 전까지는 미군의 이라크 점령, 북부 이라크 지방 자치 정부에 대한 터키의 미승인, 북부 이라크 자치정부의 PKK 지원 등으로 이라크와의 관계를 정상적으로 발전시킬 수가 없었다. 그러다가 2008년 2월 이라크 내 각종 정파와 관계를 발전시킨다는 국가안보회의 결정 후 북부 이라크 자치정부와 그간 수면 아래에서 가져오던 외교 관계를 공개적으로 구축하기 시작했다.

이라크 내 각종 정파와 관계를 발전시킨다는 원칙을 결정한 이후, 2008년에 이라크 탈라바니 대통령의 터키 방문과 2009년 터키 귤 대통령의 이라크 방문이 이어졌다. 귤 대통령의 이라크 방문은 1976년 코르튀르크 대통령의 이라크 방문 이래 33년 만에 이루어졌다.

이라크에 주둔하고 있는 미군 철수 문제로 이라크와 미국 간에 협의가 시작될 무렵, 터키 에르도안 총리의 바그다드 방문은 터키와 이라크 간의 관계를 획기적으로 변화시키는 계기가 되었다. 2008년 7월 에르도안 총리가 바그다드를 방문하고 양국 간 '고위급 전략협력위원회' 협정을 체결한 것이다. 고위급 전략협력협정은, 양국 간 협력 분야는 정치, 경제, 에너지, 수자원, 문화, 교육, 안보, 군사 분야 등 거의 모든 분야를 포함할 만큼 포괄적이고 장기적으로 전략적 동반자 관계를 구축하는 것을 목표로 했다.

제1차 총리급 고위급 전략 회의가 2009년 10월 바그다드에서 개최되었는데, 이 회의를 통해 양국 간에는 48개나 되는 협력 의정서가 체결되었다. 터키는 이 회의에 아홉 명의 장관이 총리를 수행하도록 했다. 양국은 총리급 고위급 전략 회의는 연 1회, 장관급 전략 회의는 연 3회 개최키로 합의했다. 제1차 고위급 전략 회의에서 터키의 이라크 내 월경越境 작전, 키르쿠크 관할권 문제, 수자원 공동 이용 문제 등이 이라크의 일차적인 관심사였고, 그 외 이라크 치안군 교육 문제, 터키-시리아 관계, 국경 지역 치안 문제, 국경 세관 확대 문제 등도 협의되었다.

특히, 국경을 넘는 연속 하천인 티그리스 강과 유프라테스 강의 수자원 이용에 관한 분쟁과 관련, 이 강들은 연안국 간 공유 자원인 국제 하천이므로 수자원 이용 문제를 터키가 단독으로 결정할 일이 아니라는 입장을 가진 이라크는 터키 상류에서 방류하는 물의 양이 적다고 불만을 나타내왔다.

터키는 티그리스 강과 유프라테스 강의 수자원 문제 해결을 위해 그간 중단되었던 터키-시리아-이라크 간 3자 회담을 2008년부터 재개했다. 2009년 10월 터키-이라크 제1차 고위급 회의에서 이라크는 현재 터키로부터 받고 있는 초당 평균 440세제곱미터의 물은 국내 수요를 충족하기에 터무니없이 부족하다고 불평했으며, 터키 측은 이 문제 해소를 위해 향후 550세제곱미터의 물을 이라크 측에 방류하기로 합의했다. 두 강을 둘러싼 수자원 문제는 앞으로도 터키-이라크 관계에 계속해서 직접적인 영향을 끼칠 주요 요소로서, 양국은 최대한 공정하고 균등한 이용을 목표로 협의를 계속해나가고 있다.

이라크의 국내외 정세와 터키의 이라크 진출

정의개발당 정권 출범 이래 이라크 중앙정부와의 관계 발전과 병행하여, 쿠르드 문제로 인한 북부 이라크 지방 자치정부와의 긴장 관계도 원만하게 풀어지기 시작했다. 터키 정부의 북부 이라크 지방 자치정부와의 관계 개선은 이 지역에 터키 업체의 진출을 더욱 촉진시켰다.

터키 업체들은 2008년 2월 국가안보회의 이전에 이미 북부 이라크 자치정부하에 있는 아르빌과 술레이마니예 두 지역에 집중적으로 진출했는데, 터키 정부의 결정은 민간 기업의 급속한 북부 이라크 진출을 따라간 격이 되었다.

터키 정부는 군부의 반대로 2008년까지 북부 이라크 지방 자치정부와 공식적인 관계를 수립하지 않았지만, 북부 이라크에 진출하는 터키 건설업체 및 기업인들의 활동은 물밑에서 지원해왔다. 북부 이라크의 키르쿠크, 술레이마니예, 도하 등과 같은 도시에서 기간 시설 건설사업을 주로 터키 기업체들이 맡고 있다. 2011년 7월 현재 북부 이라크에서 활동하는 터키 업체 수는 1,500개에 이르고 있다.

터키와 이라크 간 관계가 발전하면서 터키 정부는 2009년 4월에 바스라에, 그리고 2010년 1월에는 아르빌에 총영사관을 개설했다. 총영사관 개설 직후인 6월에 북부 이라크 쿠르드 정부 지도자 메수트 바르자니가 터키를 방문했다.

에르도안 총리는 2011년 3월 이라크를 방문하고 바그다드, 나자프, 아르빌 등 세 지역을 방문했다. 시아파 성지 나자프를 방문하여 시아파 최고 종교 지도자인 시스타니도 만났다. 북부 이라크의 아르빌을 방문하고 터키 총리로서는 처음으로 쿠르드 자치정부 지도자를 만났고, 터키 건설 업체가 세운 아르빌 국제공항 개설식 및 터키 은행(바크프 은행, 이쉬 은행, 지라트 은행)의 분점 개소식에도 참가했다. 에르도안 총리는 아르빌 국제공항은 터키와 이라크 양국 국민을 연결하는 길이며, 터키와 쿠르드 관계의 새로운 이정표가 될 것이라고 말했다. 터키 국영 터키항공THY은 2011년 4월부터 북부 이라크 아르빌에 주 2회 직항 운행을 시작으로 터키는 북부 이라크 간 인적·물적 교류를 본격적으로 확대할 수 있게 되었다. 또 2011년 6월부터 바스라에 주 3회 직항 운행을 시작했으며, 조만간 네제프, 술레이마니예, 모술 등 이라크 내 여섯 개 도시에 직항 운행을 할 예정이다.

터키는 이라크의 국내외 정세에 따라 지역 내에서 자국의 안보나 경제에 가장 직접적으로 영향을 받는 나라이다. 이 때문에 터키는 무엇보다도 이라크의 영토 보전이 깨어져서는 안 되며, 이라크가 국내 안정과 경제 발전을 이루는 것이 터키에게도 도움이 된다고 믿고 있다.

북부 이라크에 쿠르드 자치 정부가 사실상 운영되고 있고, 이라크 내 모든 계파와 우호적인 관계를 유지한다는 원칙으로 이들과 관계를 맺고 있지만, 그렇다고 터키가 이라크의 영토 보전 원칙을 포기하는 것을 의미하는 것은 아니다. 이라크의 분열은 터키 안보에도 부정적인 영향을 미친다고 보기 때문이다.

터키가 2008년에 이라크와 고위급 전략협력위원회를 구성하고 이듬해인 2009년에 안보, 에너지, 교육, 교통, 건설, 보건 등 48개 분야에서 협력 의정서를 체결하고, 이미 설치된 모술과 바스라 주재 총영사관 외에 2010년에 아르빌에 총영사관을 설치한 것은, 이라크와의 관계가 얼마나 급진적으로 진전되었는지를 보여준다. 이라크가 세계 3위의 석유 보유 국가라는 점, 그리고 이라크의 안정이 터키의 경제 상황과 직접적으로 연계되고 있다는 점에서 터키는 이라크와의 경제 관계 증진에 중요성을 두고 있다.

특히 2011년 12월 미군이 이라크에서 철수함으로써 2003년 3월 시작된 9년 동안의 전쟁이 종료된 것은, 건설 분야에서의 강국 터키에 새로운 기회를 가져다주고 있다. 이미 이라크에는 터키의 건설 업체들이 활발히 진출해 있으며, 운송·통신, 전력 시설, 주택, 상하수도 등 인프라 건설을 포함하여 이라크의 전후 복구 사업에도 적극 참여할 것으로 보인다.

6. 이스라엘과의 관계

유대인 국가가 세워지기까지

오스만 제국과 유대인과의 관계는 약 520여 년 전인 1492년 스페인이 알함브라 칙령으로 유대인을 추방하면서 시작되었다. 터키는 1992년에 스페인의 유대인 추방 5백 주년을 기념했다.★ 8세기에 이슬람 지배하에 들어간 스페인은 13세기 중엽 기독교 세력이 이슬람 세력으로부터 전 지역을 회복한 후, 유대인을 추방했다.

오스만 제국은 스페인에서 추방당한 유대인을 받아들였고, 유대인들은 오스만 제국의 신민으로 살게 되었다. 오스만 제국에 살던 유대인들은 분리주의 감정을 자극시킨 다른 기독교 소수민족들과는 달리 정치적인 힘을 규합하지 않아 전략적으로나 정치적으로 오스만 제국에 위협이 되지 않았다. 오스만 제국은 유럽과 러시아에 퍼진 유대인에 대한 핍박

★ 1492년 유대인들에 대한 스페인 왕정의 박해가 시작되자 유대인들이 오스만 제국으로 이주하게 되었다. 당시 오스만 제국은 비이슬람교도들을 통치하기 위하여 그리스 정교, 아르메니아 정교, 기독교, 유대교 등의 지도자에게 자치권을 부여할 만큼 비이슬람인들에게 관대한 정책을 시행하고 있었다. 15세기 말 스페인과 포르투갈에서 추방되어 터키, 이탈리아, 그리스 등 유럽 지역에 정착한 유대인들을 스파르디 sephardi 유대인이라고 부른다.

과 적대감으로 인해 위기에 몰린 유대인들에게 가장 살기 좋은 피난처가 되었다.

17세기에 이르러 오스만 제국에는 다른 어떤 곳보다도 유대인들이 많이 살았다. 유대인들은 오스만 제국에서 박해 없이 살았기 때문에, 오스만 제국에서 사는 것이 다른 지역에서 사는 것보다 훨씬 낫다고 생각했다. 오스만 제국은 유대인의 지식과 기술을 여러 분야에서 이용했고, 유대인들을 통해 서구의 기술과 노하우가 오스만 제국에 유입되었다. 오스만 제국과 유대인의 관계는 과거로 거슬러 올라가지만, 터키와 이스라엘 관계는 제2차 세계대전 후 이스라엘 건국으로 시작된다.

1897년 스위스 바젤에서 열린 제1회 시온주의 회의 이래 유대인들은 팔레스타인에 유대인 국가 건설을 위해 유대인들의 팔레스타인 이주를 추진했다. 제2차 세계대전이 연합국 측의 승리로 끝나자 유대인들에 가한 나치 독일의 만행에 쏟아진 국제 여론의 동정과 트루먼 미국 대통령의 친유대인 정책 등으로 팔레스타인 문제는 1947년 유엔으로 넘어갔다.

우여곡절 끝에 1947년 11월 29일, 유엔 총회는 영국의 위임 통치를 받고 있던 팔레스타인 땅의 약 56퍼센트를 유대인들에게 주는 팔레스타인 분할을 결정했다. 아랍권 국가들이 이에 반발했지만, 전 세계에 흩어져 살던 유대인들은 그로부터 5개월 보름 만인 1948년 5월 14일 전격적으로 이스라엘 건국을 선포했다. 이스라엘 건국 선포와 함께 이집트, 요르단, 시리아, 레바논, 이라크 등 아랍 연합국이 이스라엘을 침공하여 제1차 중동전쟁이 일어났지만, 전쟁 결과는 아랍 측의 참패로 끝이 났다.

터키는 팔레스타인 문제를 결정하는 유엔 총회 논의에서 이스라엘 건국에 반대하는 아랍국 편에 있었다. 터키는 이스라엘 국가 성립이 팔레스타인의 평화를 저해하고, 나아가 중동의 안정을 깨뜨릴 뿐 아니라, 이스라엘 건국을 지지하는 소련으로부터 이스라엘로 유대인 유입이 증가할 경우, 이스라엘이 소련의 위성국이 되어 터키의 안보에 위협이 될 것이라는 판단하에 이스라엘 건국에 반대했다.

그러나 터키의 이러한 반대 입장은, 서방이 새로 건설된 이스라엘에 전폭적으로 지원을 해나가자, 한편 최대 안보 위협 세력인 소련에 대항하기 위해서는 서방과의 관계를 유지하는 것이 필요하다는 판단으로 인해 뒤집히게 된다. 결국, 터키는 1949년 3월 28일 무슬림 국가로서는 최초로 이스라엘을 승인한 국가가 되었다.

안보 문제와 군부 간 교류

이스라엘의 면적은 한반도의 10분의 1인 2만 770제곱킬로미터로서, 1948년 이스라엘의 건국으로 시작된 중동전쟁 이후 이스라엘은 아랍권과 마찰을 계속하고 있다. 그간 네 차례의 중동전쟁 및 팔레스타인의 대 이스라엘 테러 행위가 계속되면서 이스라엘-팔레스타인 간 분쟁은 중동 문제의 핵심을 이뤄왔다.★

이스라엘은 미국의 지원 아래 자국의 안보에 위협이 되는 사안에 대해서는 과감하게 대응해왔다. 또한 팔레스타인 문제와 관련해서 주변 아랍 국가들과 불신 관계에 있다. 그러나 터키는 이스라엘과는 전통적

★ 여기서 네 차례 중동 전쟁이란, 1948년 독립전쟁, 1956년 시나이 분쟁, 1967년 6일전쟁, 1973년 욤 키푸르 전쟁을 말한다. 욤 키푸르 전쟁은 이집트와 시리아, 요르단이 전 유대인의 안식일인 6월 10일 욤 키푸르 날을 공격 날짜로 잡고 작전을 실행한 데서 붙여진 이름이다.

으로 가깝게 지내왔다. 특히 방산 및 군사 분야에서 가까운 협력 관계를 맺고 있다. 터키는 중동 문제와 세계 정책을 자국의 안보 이익 선상에서 보았으며, 폭발성이 강한 중동 지역에서 이스라엘을 민주주의 동맹국으로 선택하게 되었다. 두 나라는 안보 문제에서 거의 같은 시각을 견지해왔다.

1956년 10월 이집트의 나세르가 수에즈 운하를 국유화하고 홍해 입구인 아카바 만을 봉쇄하면서 프랑스·영국·이스라엘 연합군과 이집트 간에 제2차 중동전쟁이 일어났다. 터키는 내키지 않았지만 같은 나토 회원국으로서 영국과 프랑스 등 서구의 입장을 지지했다. 이로 인해 터키는 국내 여론과 아랍국들에게서 큰 반감을 사게 되었다.

그러나 1967년 6월 이스라엘-아랍 연합군 간의 전쟁인 제3차 중동전쟁(6일전쟁) 후, 이스라엘이 6일전쟁으로 획득한 아랍 점령지로부터 철수하도록 하는 유엔 안보리 결의 시, 터키는 아랍국 편임을 분명하게 했다. 키프로스 문제에 대해 미국이나 유럽이 지지를 해주지 않은 데 대한 반응이었다.

1973년 이집트와 시리아를 주축으로 한 아랍 연합군이 이스라엘을 기습 공격하여 제4차 중동전쟁이 일어났고, 아랍 산유국들은 석유 자원 전략을 발동했다. 터키는 아랍 산유국의 석유 자원 전략에 말려들지 않기 위해 아랍을 지지했다. 특히 1973년 오일 쇼크 이후 터키는 아랍 세계의 석유 자원에 대한 전략적 가치를 직접 체험하게 되었다.

터키-이스라엘 관계는 1980년 7월 22일 이스라엘이 예루살렘을 수도로 선포하자 급속도로 냉각되었다. 이 때문에 터키는 대사대리급 외교 관계를 서기관급으로 격하했다. 1980년 군사혁명 이후 서방으로부터 외면받던 터키는 아랍 국가들과의 관계를 증진하는 방향으로 나아갔다. 그러나 PLO가 키프로스 문제를 지지하지 않은 데다 불가리아에 사는 소수 터키인들에 대한 탄압에 아랍국들이 목소리를 내지 않고 시리아 및 이라크와 물 문제 등으로 사이가 나빠지면서 다시 이스라엘과의 관계가 부각되었다.

1990년대 초 인접 국가의 화학 무기, 미사일 보유 등 이웃 중동 국가들로부터 오는 안보 환경의 변화는 터키를 이스라엘에 가깝게 가게 한 주요 배경 중 하나로 꼽힌다. 터키는 이스라엘과의 외교 관계를 1990년에 대사급 관계로 격상했다.

1990년대는 터키와 이스라엘 양측에서 정부와 군부를 포함한 상호 방문이 계속 이어져 관계가 최상으로 발전된 기간이었다. 1992년 6월에 터키의 압둘카디르 아테쉬 관광 장관이 터키 고위 관료로서는 처음으로 이스라엘을 방문함으로써, 이후 양국 간 고위급 방문의 길을 터놓게 되었다. 1992년 11월에는 터키의 히크메트 체틴 외교 장관이 이스라엘을 방문했고, 1994년 1월에는 이스라엘의 에제르 와이즈만 대통령이 이스라엘 국가 수장으로서는 최초로 터키를 방문했다. 수차례 이어진 고위급 방문 결과 1996년 2월에 상호방문, 군사훈련, 군사기술 협력 등 광범위한 내용을 포함한 군사훈련협정이 체결되었다. 3월에는 양국 간 자유무역협정이 체결되는 등, 두 나라는 짧은 기간에 13개의 협정을 체결했다.

특히 1997년은 군부 간 교류가 최상의 궤도로 진입한 해로 기록되었다. 2월에는 하크 카라다이 터키군 총사령관이 터키군 고위급으로는 처음으로 이스라엘을, 4월에는 데이비드 레비 이스라엘 외교 장관이 터키를, 5월에는 터키의 투란 타얀 국방장관과 체비크 비르 부총사령관이 이스라엘을, 10월에는 립킨 수학 이스라엘 총사령관이 터키를 방문했다. 양국 간 고위 간부의 접촉은 이 기간에 거의 이루어졌다. 1990년대 터키와 이스라엘 간에 이뤄진 관계 호조는 터키와 아랍 국가들 간의 관계에서는 악재로 작용했다. 아랍 세계는 터키와 이스라엘 간의 군사 협력을 '의심스러운 군사동맹'이라는 시각으로 보았다.

힘들게 유지되는 우호 관계

상승세를 달리던 양국 간 관계는 2002년 터키의 에르도안 총리 집권 이후 금이 가기 시작했다. 이슬람계 정의개발당 정부는 외교부 내 중량급 거물 외교관을 이스라엘 주재 대사로 파견할 정도로 이스라엘과의 관계 유지에 힘을 썼지만, 결과적으로 2000년대의 양국 간 관계는 긴장의 연속이었다.

특히 팔레스타인 가자 지구에 행한 일련의 조치들이 냉랭한 긴장 관계를 가져오게 한 직접적인 원인이 되었다. 북부 이라크에서의 이스라엘 연관성 여부에 대해 불편한 내심을 드러낸 2003년부터 양국 간 긴장 상태가 시작된 이래, 2004년에 이스라엘의 가자 지구 라파 난민 캠프 공습, 그리고 2006년에 팔레스타인 선거 후 하마스 지도자의 터키 방문 등으로 이 같은 긴장 상태가 계속되었다.

2008년 12월 이스라엘의 가자 지구 공격 이후 터키는 팔레스타인을 지지하면서 민간인에 대한 공격은 국가 테러라며 이스라엘을 비난해왔다. 가자 지구 공격에 대한 반응으로 터키는 2009년 10월에 이스라엘과의 합동군사교육 훈련을 취소했다. 그리고 2009년 11월 터키 주재 이스라엘 대사의 흑해 도시 리제 방문 시 반(反)이스라엘 시위가 일어나 터키 사회 내 반(反)이스라엘 감정이 있음을 보여주었다. 2010년 5월 가자 지구로 향한 민간 구호선 마비 마르마라호에 대한 이스라엘 공격으로 민간인을 포함해 아홉 명이 사망한 사건은 양국 관계를 바닥으로 내려친 최악의 사건이 되었다.

터키와 이스라엘의 냉랭한 분위기는 터키에서 방영된 TV 드라마 내용에도 즉각 반영될 만큼 민감해졌다. 2010년 1월 터키의 민간 TV 방송사가 이스라엘 정보기관원을 유아 납치범으로 묘사한 데 대해, 이스라엘이 자국 주재 터키 대사에게 항의하는 과정에서 외교 마찰이 일어났다. 이스라엘 외무 차관보다 터키 대사를 낮은 자리에 앉도록 자리 배치해 터키의 공분을 샀지만, 양측의 노력으로 외교적 마찰은 다행히 극적으로 해결되었다.

터키와 이스라엘 간 협력이 활발한 분야는 방산(防産) 분야이다. 터키는 나토 내 군사 강국으로 군 현대화 작업의 일환으로 방산물자 구입을 위해 군수물자 생산에서 세계 5위의 자리를 차지하고 있는 이스라엘과의 협력을 중요하게 보고 있다. 터키의 방산물자 수요 증가는 이스라엘의 무기 생산 능력 및 터키와의 공동합작생산 의지 등과 맞물려 협력 가능성이 큰 분야로 보였다. 그러나 2000년에 터키가 공격용 헬리콥터 입찰에서 이스라엘-러시아 컨소시움을 제치고 미국 회사에 손을 들어주어 이스라엘을 실망시킨 이래 방산 분야 협력은 정체 상태에 놓여 있다.

최근 냉각된 외교 관계에도 불구하고, 양국 간 무역은 자유무역협정에 힘입어 10년 전 13억 달러에서 2010년에 34억 달러, 2011년에 44억 달러를 기록했다. 이스라엘에 대한 터키의 주요 수출품은 차량, 건설자재, 전자제품과 섬유이며, 주요 수입품은 플라스틱, 화학제품, 농산물 등이다. 최근 두 나라 사이에 늘어나는 무역량에 반해, 양국 국민 간 상호 방문은 크게 감소했다. 2008년에 이스라엘 사람들의 터키 방문객 수는 51만 4천 명을 기록했으나, 2009년에는 전년 대비 40퍼센트가 감소한 31만 1천 명, 터키 구호선에 가해진 이스라엘의 공격과 그로 인해 인명 피해가 생긴 2010년에는 전년 대비 무려 65퍼센트가 감소한 10만 9천 명, 2011년에는 전년 대비 28퍼센트가 감소한 7만 9천 명을 기록했다. 한편, 이스라엘을 방문하는 터키인의 수는 2008년 이래 매년 2만 명 미만 수준을 기록했다.★

유대인들과의 안정적이고 평화적인 관계는 근래 들어 '중동'이라는 변수로 인해 많은 굴곡을 경험했다. 터키와 이스라엘은 중동 지역에서 서구적 가치를 옹호하는 국가로, '중동 평화'라는 대의를 두고 협력이 필요한 국가다. 중동의 정세가 복잡한 만큼, 터키와 이스라엘 관계는 단순히 양자 관계로만 보아서는 이해하기 쉽지 않다. 두 나라는 정치, 군사, 경제, 안보 등 다양한 차원에서 다층적인 관계로 얽혀 있다. 이스라엘과의 관계를 두고 터키 외교의 핵심인 '이웃 국가와의 갈등 제로 정책'은 그 효용성을 비판받기도 한다. 최근 일어나고 있는 '아랍의 봄'이 앞으로 어떻게 전개되는지도 양국 관계 진전에 영향을 미칠 것으로 보인다.

★ 터키 경제부(www.ekonomi.gov.tr), 터키 문화관광부(www.kultur.gov.tr), 터키 외교부(www.mfa.gov.tr) 홈페이지 참조.

7. 팔레스타인과의 관계: 독립과 명분을 지지하는 후견자 관계

유대교 · 기독교 · 이슬람교 공동의 성지

팔레스타인은 어디인가? 팔레스타인 자치정부의 구역인 서안 지구, 가자 지구와 동예루살렘을 포함한 6,170제곱킬로미터의 면적에 650만 명의 인구를 가진 곳이 현재 팔레스타인이다.

그러나 역사적으로 팔레스타인은 지중해와 요르단 강 사이와 그 주변 지역을 일컫는 지명이다. 히브리어 성경에 의하면 히브리인들이 이스라엘을 세우기 전의 팔레스타인을 젖과 꿀이 흐르는 땅인 '가나안'이라고 불렀다. 고대 그리스가 이곳을 지배할 때는 유대 또는 유다이아로 불리다가, 로마 지배 시기에 유대인들의 반란이 일어나자 팔레스타인이라고 불리기 시작했다.

청동기 후기부터 이 땅에 이스라엘 민족이 들어오기 시작하여 기원전 12세기경에 정착을 마치고 기원전 10세기경 사마리아를 수도로 한 이스라엘 왕국이 세워졌다. 그러나 이스라엘 왕국은 제3대 솔로몬 왕이 죽은 뒤 이스라엘 왕국(북왕국)과 예루살렘을 수도로 한 유대 왕국(남왕국)으로 분열되어 모두 오래가지 못했다.

북이스라엘 왕국이 아랍계 아시리아에 의해 패망한 기원전 8세기경, 그리고 남유대왕국이 신바빌로니아에 의해 패망한 기원전 6세기경에는 아라비아반도의 이슬람 세력이 이 땅의 새 주인으로 등장했다. 이후 팔레스타인은 그리스, 로마, 비잔틴 제국의 지배를 받았다. 팔레스타인은 1516년 술탄 야부즈 셀림이 정복한 이래 1917년 영국의 위임 통치로 들어갈 때까지 약 4백 년간 오스만 제국의 지배하에 있었다.

제1차 세계대전 이후 영국의 위임 통치가 시작된 이래 유럽과 러시아 등지로부터 유대인들이 팔레스타인으로 대거 이주했다. 수없이 많은 주인이 거쳐간 팔레스타인은 보통 성지聖地라고 불리는데, 유대교·기독교·이슬람교 등 3대 종교 모두의 성지이다.

이스라엘 건국과 인티파다

팔레스타인의 비극은 1915~16년 영국이 유대인들에게 유대인들의 민족적 고향인 팔레스타인 지역에 이스라엘 국가 건설을 약속하고, 1948년 이스라엘이 건국되면서 시작되었다. 이스라엘 건국으로 그해 약 78만 명의 팔레스타인 난민이 발생했다. 팔레스타인 사람들은 요르단, 시리아, 레바논 등지의 아랍 국가로 피난했다.

아랍인들은 자신들의 땅에 유대인들이 들어와 나라를 세우고 사는 데 분개했다. 그러나 아랍 제국은 이스라엘과의 전쟁에서 매번 쓴맛을 보아야만 했다. 6일 만에 끝난 1967년 제3차 중동전쟁 때도 4백만 명의 난민이 발생했다. 팔레스타인 사람들은 그들이 살던 곳을 빼앗기고 주변국에서 떠도는 유랑민과 같은 처지가 되었다. 팔레스타인 사람들은 이스라엘의 철수를 요구했지만 강력한 군사력과 외교력에 밀려 아무런 효과가 없었다. '팔레스타인'이라는 나라를 건국하는 것이 그들의 유일한 꿈이 되었다.

팔레스타인은 이스라엘에 대항해 독립을 얻기 위한 무력투쟁을 하고 있다. 1964년 팔레스타인해방기구PLO와 팔레스타인 해방군PLA이 결성되어 이스라엘과의 무장투쟁을 선언했다. 1969년에는 아라파트가 PLO

의장에 선출되어 팔레스타인 독립국가 수립을 천명하고 사실상 팔레스타인의 리더가 되었다.

이스라엘에 맞선 팔레스타인 사람들의 민중 봉기 투쟁을 인티파다★라 일컫는다. 1987년 12월 가자 지구에서 이스라엘군 트럭이 팔레스타인 사람들이 타고 있던 두 대의 트럭을 들이받으면서 소위 제1차 인티파다인 팔레스타인 사람들의 항쟁이 일어났다. 1994년 5월까지 계속된 제1차 인티파다에서는 팔레스타인 사람들의 해묵은 분노가 폭발하여 팔레스타인 존재에 대하여 국제사회의 높은 관심을 끌었다.

2000년 9월 당시 야당 지도자였던 이스라엘의 아리엘 샤론 총리가 팔레스타인 사람들의 이슬람 성지인 알아크사 사원 경내로 의도적으로 발을 들여놓자, 이를 이슬람에 대한 모독으로 본 팔레스타인 사람들과 이스라엘군 간의 유혈 충돌로 제2차 인티파다가 발생했다. 그 결과 이스라엘은 팔레스타인 사람들의 대규모 무력투쟁을 막는다는 구실로 2002년부터 서안 지구에 총길이 660킬로미터, 높이 8미터의 콘크리트 분리 장벽을 설치했다. 이스라엘 측에 의해 '보안장벽'이라 불리는 이 장벽은 베들레헴과 라말라와 동예루살렘 시 전체를 둘러싸고 있으며, 이 장벽으로 동예루살렘과 서안은 완전히 분리되었다. 그 안에 살고 있는 사람은 밖으로 나오려면 반드시 검문소를 거쳐야 한다. 한마디로 팔레스타인 주민들은 쉽게 밖으로 나올 수 없는 고립된 상태에 놓이게 되었다.

★ 인티파다 intifada는 아랍어로 '펼쳐내다' '잠에서 깨어나다'라는 뜻이다. 정치적으로는 이스라엘의 점령 통치에 신음하는 팔레스타인 사람들의 고통 및 저항을 의미한다. 직접적으로는 팔레스타인 사람들의 민중 봉기를 뜻한다.

팔레스타인 영토에 평화가 깃들 수 있을까

제2차 세계대전 후 이스라엘이 건국되면서 시작된 팔레스타인 분쟁은 이스라엘-아랍 대결로 확대되어 네 차례의 중동전쟁을 치렀다. 그러나 팔레스타인과 이스라엘은 45년간의 대립 이후 한때 평화의 조짐을 보이기도 했다. 1993년 8월에 팔레스타인과 이스라엘 간 점령지 내 팔레스타인의 자치권을 인정하는 오슬로 평화협정이 체결되었다. 이 협정은 역사상 처음으로 팔레스타인과 이스라엘이 상호 존재를 공식적으로 인정했다는 평가를 받고 있다. 팔레스타인의 독립 국가 건설을 의미하는 '두 국가 체제 해결 방안'이 힘을 받게 되었다. 중동 평화를 이룩하는 데 기여한 공로로 1994년에 PLO의 아라파트 의장과 이스라엘의 라빈 총리, 페레스 외교 장관이 노벨평화상을 공동 수상했다. 그러나 이듬해 라빈 총리가 암살되고 강경파인 네타냐후 정부가 들어서면서 중동 평화의 희망을 비쳐준 평화협정은 물거품이 되는 듯했다.

이후 미국의 클린턴 정부가 포괄적인 중동 평화 협상을 중재하는 가운데, 1996년에 '파타' 당의 지도자 아라파드가 팔레스타인 자치정부를 수립함으로써, 서안 지구와 가자 지구를 포함한 팔레스타인 자치정부가 출범했다. 팔레스타인 자치정부가 직접 관할하고 있는 영토는 요르단 강 서쪽 서안 지구 영토의 20퍼센트, 그리고 지중해에 맞닿은 가자 지구다.

팔레스타인은 1967년 일어난 제3차 중동전쟁인 6일전쟁 이전의 경계선이 신생 국가 팔레스타인 영토가 되어야 한다고 주장한다. 여기에는 팔레스타인의 수도로 꼽히는 동예루살렘이 포함된다. 이스라엘은 1948~49년 제1차 중동전쟁 시 서예루살렘을 차지했고, 1967년 제3차 중동전쟁 시 동예루살렘을 점령했다. 현재 이스라엘은 요르단 강 서안

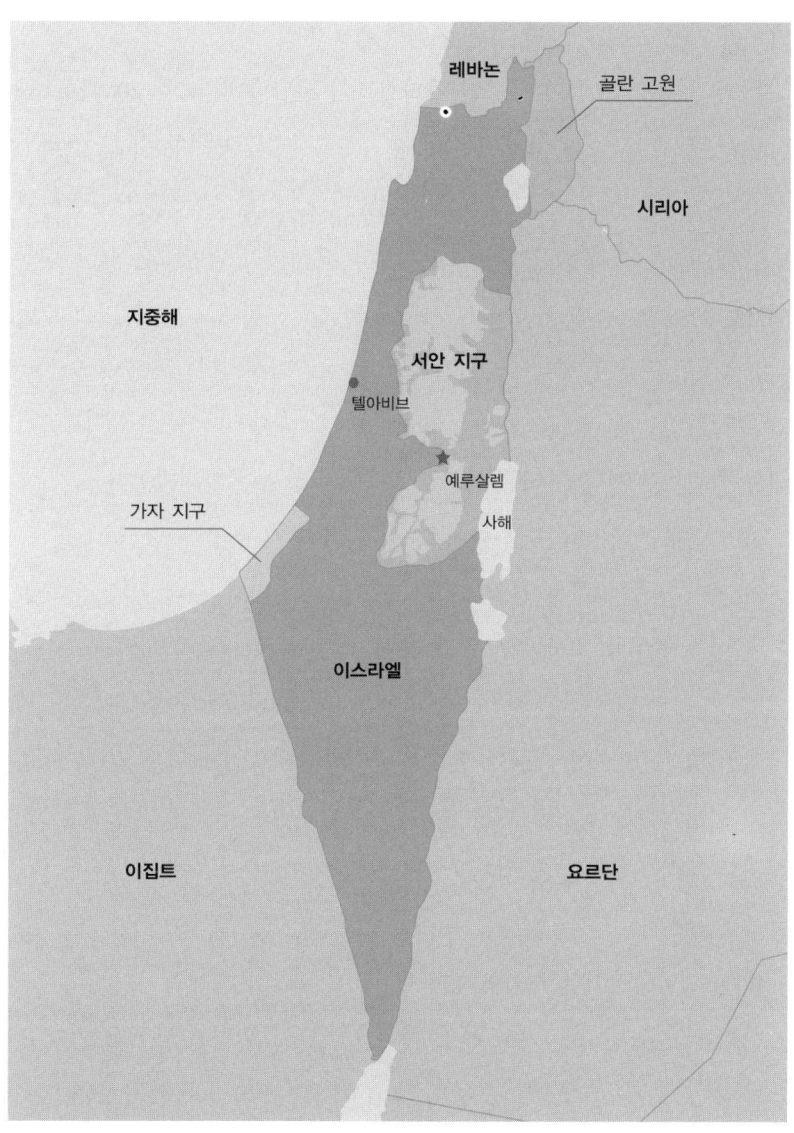

1993년 9월 미국의 중재로 이스라엘과 PLO 간 합의로 가자 지구와 서안 지구 일부 지역이 팔레스타인 자치구가 되었다. 팔레스타인은 2011년 9월 유엔에 정회원 지위를 신청했으나 진전은 보지 못하고 있다. 그러나 팔레스타인은 2011년 10월 31일 처음으로 유엔 산하 기구 가운데 유네스코 정회원이 되었다.

지구와 가자 그리고 골란 고원을 점령 중이다.

2004년 11월 PLO의 수반인 아라파트가 사망함에 따라, 2005년 1월 실시된 팔레스타인 자치정부 수반 선거에서 온건파인 마흐무드 압바스가 62퍼센트의 압도적 지지로 선출되었다. 그러나 2006년 1월 실시된 총선에서 대이스라엘 투쟁에서 PLO를 미온적이라 비난하는 재야 무장 세력인 하마스가 압도적 승리를 거두어 정권을 장악하게 되었다. 2007년 3월 우여곡절 끝에 팔레스타인 통합정부가 출범했지만, 2007년 6월 강경 무장정파인 하마스가 압바스 팔레스타인 수반의 파타 보안군을 몰아내고 가자 지구를 완전히 장악함으로써 통합정부는 와해되었다.

이리하여 팔레스타인은 '파타' 중심의 서안 지구 정부 및 '하마스' 중심의 가자 지구 정부로 분열되었다. 미국, 이스라엘, 온건 아랍 국가들은 압바스가 이끄는 서안 지구 팔레스타인 정부를 지원하고 있고, 이란, 시리아, 헤즈볼라 등은 하마스를 지원하고 있다. 중동 지역 내 온건 세력과 강경 세력 간의 대립이 팔레스타인에 그대로 나타나고 있다. 독립국가 건설이라는 같은 목표를 놓고 압바스 수반은 평화적인 방법을, 하마스는 무력투쟁을 선호한다.

팔레스타인에 보내는 터키의 연민

터키는 1988년 PLO가 팔레스타인 전 영토의 22퍼센트인 서안 지구, 가자 지구, 동예루살렘을 포함한 영역에 팔레스타인 독립국가 수립을 자체 선포했을 때 즉시 팔레스타인을 승인했다. 터키는 1967년 국경선에 기초하고 동예루살렘을 수도로 하는 팔레스타인 국가가 되어야 한다는 팔레스타인 입장을 지지하고, 국제사회에서 팔레스타인의 입장을 적극 변호하고 있다.

터키는 팔레스타인에 대해 인도적인 지원과 함께, 개발·보건·교육, 안보 등 다양한 분야에서 지원 사업을 진행하고 있고, 2005년 5월에 서안 지구 라말라에 터키국제협력개발단TIKA의 지부를 설치하여 팔레스타인에 대한 지원 사업을 돕고 있다. 팔레스타인 문제의 평화적 해결을 측면 지원하는 차원에서 터키는 2005년부터 팔레스타인, 이스라엘, 터키의 상공회의소가 주관하여 팔레스타인 지원 방안을 협의하는 앙카라 포럼을 개최하고 있다. 또한 터키는 2004년에 팔레스타인 자치정부와 자유무역협정을 체결하는 등 팔레스타인을 지원하기 위한 다양한 채널을 구축하고 있다.

터키는 역사적·종교적·민족적인 연계로 팔레스타인에 대해 심정적으로 깊은 연민을 갖고 있다. 특히 정의개발당의 에르도안 총리는 국제 사회에서 팔레스타인의 목소리를 대변하고 있어 아랍 세계에서 영웅으로 불리고 있다. 팔레스타인 가자 지구에 대한 이스라엘군의 봉쇄와 무력 공격에 대해 '국가 테러'라고 언급할 만큼 거침없는 발언으로 팔레스타인에 대한 동정과 이스라엘에 대한 분노를 감추지 않고 있고, 또 2010년 터키 민간 구호선에 대한 이스라엘군의 공격으로 민간인이 희생당한 사건에 대해서도 이스라엘에 대해 사과와 보상을 끈질기게 요구하고 있다. 터키와 이스라엘 관계는 '팔레스타인과 이스라엘 관계'라는 변수로 늘 복잡한 양상을 보이고 있다.

02

코카서스 3국과의 관계

1. 코카서스 지역의 전략적 중요성

분쟁의 불씨가 도사리는 '유라시아의 발칸'

　코카서스는 유럽과 아시아를 잇는 관문으로 동쪽으로는 카스피 해, 서쪽으로는 흑해와 아조프 해를 경계로 하는 지방이다. 유럽에서 가장 높은 산인 옐브루스 산(5,642미터)이 있는 코카서스 산맥을 중심으로 북쪽은 북코카서스, 남쪽은 남코카서스라 불린다. 북코카서스에는 아디게야 공화국, 카라차예보체르케스카야 공화국, 북오세티야 공화국, 인구시 공화국, 체첸 공화국, 다게스탄 공화국 등 러시아 연방에 포함된 7개 공화국이 순서대로 연이어 있고, 남코카서스에는 구소련으로부터 독립했으나 여전히 러시아의 영향권 안에 있는 조지아, 아르메니아, 아제르바이잔이 나란히 자리하고 있다.

코카서스 산맥은 아조프 해의 북쪽에 있는 타만 반도에서 시작하여 남동쪽으로 뻗어 카스피 해에 있는 아프셰론 반도까지 연결된다. 이 산맥은 아시아와 유럽을 가르는 거대한 장벽이고, 러시아와 조지아, 아제르바이잔의 국경선 역할을 한다. 총길이가 1,440킬로미터인 코카서스 산맥의 폭은 50~225킬로미터이며, 산맥은 두 겹 또는 세 겹으로 이어져 내려간다. 코카서스 산맥 중 가장 산세가 높고 깊은 곳은 쿠반 계곡이 시작하는 곳으로 가장 높은 엘브루스 산이 산맥의 중간 부분에 있다. 엘브루스 산은 에베레스트 산의 몽블랑(4,807미터)보다도 높다. 산을 넘어갈 곳이 없을 정도로 산악 지형이 매우 험준하여, 18세기 말 러시아의 코카서스 정복에 맞서 싸운 코카서스 산악 민족들은 이곳을 최후의 피신처로 삼으며 게릴라전을 벌였다.

코카서스는 역사상 유라시아의 다양한 지역에 퍼진 민족이 이동하고 만나는 교차 지점이라는 이유로, 영토는 작지만 가장 복잡한 인종, 종교가 섞인 지역이다. 인종으로는 러시아인, 터키인, 그리스인, 아제르인, 아르메니아인, 우크라이나인, 유대인 등을 비롯하여 타타르, 추바쉬, 바쉬키르, 인구시, 오세티야, 쿠미크, 아바르, 노가이, 타트 등 수많은 인종이 섞여 있고, 인종이 다양한 만큼 수니계·시아계 이슬람, 러시아 정교, 아르메니아 정교, 조지아 정교, 유대교 등 종교 자체도 다양하다.

양극 체제가 종식되면서 지역 내 국가 간 분쟁이 일어나고 분쟁 해결에 어려움을 겪으면서 코카서스 지역은 '유라시아의 발칸'이라 할 정도로 분쟁의 불씨가 언제나 도사리고 있는 지역이다. 해상 세력 면에서는 지중해 세력의 터키와 흑해 세력의 러시아가 경쟁하는 지역이다. 군사력이 약한 터키가 서방의 집단 방위체인 나토에 가입하게 된 것도 터키의 동부 지역인 카르스, 아르다한 및 이스탄불 해협에 대한 러시아의 정복 욕구를 경험한 결과 얻은 역사적인 교훈을 따른 것이었다. 러시아의 남진을 막기 위해 나토에 가입한 데 이어, 터키가 냉전시대에 서구 체제에 완전 편입되자, 코카서스는 터키와 소련의 경계가 된 동시에 미국이 주도한 서구의 나토와 소련이 주도한 동구의 바르샤바 조약기구의 경계선이 되어버렸다.

미국과 러시아의 이해관계가 상충하는 곳

최근 50년간 이 지역에 안정이 유지된 것은 이러한 인위적인 경계가 가져온 세력 균형 때문이었다. 미국과 소련의 양극 체제하에서 코카서스 지역은 냉전시대의 세력 균형이 가능한 지역이었다. 그러나 구소련 붕괴 이후 급속히 변화하는 국제 환경 속에서 그간 소련의 압력과 세력 균형 속에 덮여 있던 민족, 언어, 종교의 차이가 모두 수면 위로 떠오르게 되어 갑작스럽게 내부 분열이 시작되었다.

이렇게 해서 코카서스 지역은 냉전시대가 끝난 후 뒤늦게 국제 정치 무대에 등장하기 시작했다. 최근의 러시아와 조지아의 전쟁, 10년 넘게 러시아와 싸워온 체첸 공화국 사태, 러시아의 지원을 받은 남오세티야와 압하지야가 조지아로부터 분리된 것, 나고르노카라바흐 분쟁 등이 모두 이 지역에서 일어난 분쟁이다.

압하지야 분쟁(러시아 대 조지아), 남오세티야 분쟁(러시아 대 조지아), 나고르노카라바흐 분쟁(아르메니아 대 아제르바이잔)은 러시아와 유럽안보협력기구 OSCE 등을 중심으로 별다른 진전 사항 없이 시간을 끌며 현상을 유지하는 가운데 일단 평화적으로 해결하기로 잠정 결정한 동결 분쟁으로 불린다.

다른 한편으로는 러시아가 탈냉전 이후 체제 전환에 따라 상실한 국제 정치적 지위와 영향력을 회복하기 위해 구소련에서 독립한 코카서스 신생 독립국가를 포함해서 영향력을 행사했던 옛 소련 지역을 전략적인 이해 지역으로 한다는 이른바 근외近外 정책을 추진하면서, 안보·경제 차원에서 러시아는 새로운 계산을 가지고 이 지역에 다시 들어가기 시작했다. 특히 코카서스 지역에 대해 러시아는 공세적인 외교 관계를 유지하면서 영향력을 유지하는 데 최선을 다하고 있다.

원래 코카서스 지역은, 러시아·터키·이란 등 3국이 영향력을 확대하기 위해 경쟁하는 관계 속에서 긴장이 유지되고 있는 지역이다. 그러나 한편 이 지역은 미국 주도의 나토가 동진東進하는 최대 확대 한계점으로, 미국의 오바마 행정부의 세계 전략과 유라시아 지역에서 동맹·우방 관계를 새롭게 구축하려는 러시아의 근외 지역 전략이 상충하는 곳이다. 이 때문에 최근 코카서스 지역에서 미국과 러시아의 이해가 맞붙고 있다.

코카서스 지역은 무엇보다도 중동 다음으로 석유 및 천연가스 등 풍부한 에너지 자원을 보유하고 있는 카스피 해와 가까운 점과 조지아, 아르메니아, 아제르바이잔 등 남코카서스 3국 간에 빚어지고 있는 불안정한 관계 때문에 국제 정치 무대에서 관심을 끌게 되었다. 코카서스 지역은 중요한 전략 물자인 석유 및 가스의 주요 생산지인 동시에 수송로로서, 이 지역의 에너지 물자의 생산이나 수송이 원활하지 못할 경우 유럽 및 세계 경제에 미치는 영향이 클 뿐만 아니라, 유럽의 에너지 자원 수급과 관련한 에너지 안보에도 취약점을 노출시킬 수 있기 때문이다.

남코카서스 3국의 대외 정책

조지아, 아르메니아, 아제르바이잔은 남부 코카서스 3국을 형성하고 있다. 이들 세 나라는 1922년에 '남코카서스 소비에트연방 사회주의공화국'으로 한 나라가 되어 소련에 속해 있었다. 일명 '트랜스코카서스'라 불리는 이들은 1936년 스탈린 헌법에 의해 세 개의 사회주의공화국으로 다시 분리되었고, 소련 붕괴 후 1991년 세 개의 독립국가로 각각 독립했다.

이들 세 나라는 각기 서로 다른 문제를 갖고 있다. 아제르바이잔은 에너지 보유국이라는 점 때문에 국제적으로 관심을 받고 있지만, 아르메니아와 얽혀 있는 니고르노카라바흐 문제로 대내외적 외교 정책에 큰 부담을 안고 있다. 1994년에 휴전은 되었지만, 나고르노카라바흐 문제 해결은 아제르바이잔과 아르메니아 두 나라 외교 정책의 주요 목표가 되고 있다.

나고르노카라바흐는 4,400제곱킬로미터 면적으로 인구의 80퍼센트가 아르메니아인이며 거기에 소수의 아제르인이 더해져 구성되어 있다. 이 때문에 이곳은 아제르바이잔과 아르메니아 간 갈등 지역이다. 나고르노카라바흐는 1923년 7월 7일 아르메니아에서 분리되어 아제르바이잔 소속 아르메니아인 자치구가 되었다. 아제르인과 아르메니아인 간 분규는 1923년부터 발생했으나 소련의 압력으로 심각한 수위로는 발전하지 않았다. 소련의 개방과 붕괴가 진행되면서 이곳의 아르메니아인들이 아르메니아의 지원을 받아 독립국 건설을 위한 분리 운동을 강화하면서 민족 분규가 발생했다.

1988년 나고르노카라바흐 아르메니아인들이 나고르노카라바흐를 아르메니아에 통합하려 하면서 분쟁이 시작되어 현재까지 수천 명의 인명 피해가 있었다. 유럽안보협력기구는 러시아, 미국, 프랑스 대표로 구성된 '민스크 그룹'을 출범시켜 나고르노카라바흐 분쟁을 해결하기 위해 중재 역할을 시도하고 있으나 아직 구체적 진전이 없는 상태이다.

조지아는 러시아와 영토 문제로 불안정하고 위험한 긴장 관계를 유지하고 있다. 지역 내 국가 간 관계도 원만하지 않은 가운데, 가깝게는 터키, 러시아 및 이란 3국이 지역 내 영향력을 확대하기 위해 경쟁하고 있고, 멀리서는 미국이 코카서스와 중앙아시아 국가가 이란의 영향력 아래 들어가지 못하도록 하기 위해 터키식 발전 모델을 제시하는 등 이 지역의 에너지 자원 문제에서도 중요한 역할자로 활동하고 있다. 탈냉전 후 에너지 자원 외교와 에너지 수송에 대한 안보 문제가 부각되면서, 특히 아제르바이잔이 보유하고 있는 석유 자원을 중심으로 미국 및 유럽 등 서방과 러시아, 터키, 이란 등이 에너지 자원 확보를 위해 치열하게 경쟁하는 지역이 되었다.

이런 배경하에서 남코카서스 3국은 이 지역에 영향력을 행사하는 미국과 러시아를 놓고 각기 다른 입장을 취하고 있다. 아르메니아는 아제르바이잔과의 분쟁에서 러시아를 선택하고 있는 반면, 아제르바이잔은 친미이면서 러시아와 미국 사이에서 균형 외교를 구사하고 있고, 조지아는 2008년 러시아가 주도하는 독립국가연합^{CIS} 국방장관협의회를 탈퇴하고 유일하게 미국을 선택하면서 나토 가입을 추진하고 있다. 2008년 4월 부카레스트 나토 정상회의 직전 부시 대통령이 조지아를 방문하여 나토 가입 분위기를 고무시켰다.

미국 입장에서는 코카서스 지역이 중앙아시아로 들어가는 관문이기 때문에 원유와 천연가스의 안전한 수송을 위해 매우 중요하다. 조지아가 코카서스의 교두보로서 미국의 이익을 위해 가능한 정치, 경제, 군사적 지원을 해야 할 필요성이 있기 때문이었다.

아르메니아가 러시아에 의존할 수밖에 없는 이유는 경제 규모가 작고 에너지 자원을 보유하고 있지 않기 때문이다. 내륙국 아르메니아는 에너지, 식품 등을 거의 러시아에 의존하고 있다. 러시아와 아르메니아는 역사적으로 친근 관계에 있었기 때문에, 러시아는 코카서스에 대한 대외 정책에서 아르메니아를 무시할 수 없는 상황이다. 아제르바이잔과 조지아에서 러시아의 영향력이 약해지는 상황에서, 러시아로서 아르메니아와의 관계 유지는 코카서스 지역에 자국의 영향력을 유지하기 위해 매우 중요하다. 북코카서스 산악 지역, 특히 유전을 보유한 체첸을 장악하기 위해 전력투구하고 있는 러시아는 남코카서스에서도 패권을 뺏기지 않기 위해 가능한 한 모든 수단을 동원하고 있다.

코카서스에 대한 터키의 전략

소련과 국경을 접하고 있을 당시, 터키는 코카서스 지역에 대한 전략적인 관심은 거의 없었다. 그러나 정세가 변하면서 이제 코카서스를 바라보는 터키의 인식도 크게 변했다. 급변하는 국제 정치 질서와 격동 속에서 터키는 코카서스의 등장을 전략적인 기회로 보고 있다. 터키가 국제무대에서 영향력을 가지려면 전략적으로 지역 내에서 힘을 키워나가야 한다는 인식 때문이다.

코카서스에 대한 터키의 기본 전략은, 다양한 민족이 섞여 있고 복잡한 정치 문제로 분쟁의 소지가 다분한 이 지역의 특성상 이 지역을 안정화시키는 데 적극적으로 참여한다는 것이다. 물론 지역 내 영향력을 미치는 러시아와 이란 때문에 터키가 단독으로 코카서스 지역의 안정화라는 큰 문제를 다루기는 쉽지 않다. 2008년 러시아와 조지아 간의 전쟁에서 보듯이, 이 지역은 이해관계에 따라 역학 구조가 갑자기 바뀔 수 있는 가능성이 많은 지역이다. 이 지역에 대한 미국과 러시아의 이해를 모두 고려해야 하는 터키로서는 그 역할이 제한적일 수밖에 없다.

지역 내 영향력 있는 세력이 되고자 하는 터키는 코카서스 지역 내 내정 불간섭, 영토 보전 유지라는 원칙을 지키고 있다. 터키가 코카서스와의 관계에서 중요하게 고려하는 사항은 터키 내에 이미 수많은 코카서스인들이 살고 있다는 사실이다. 제정 러시아 시절 독립을 추구하던 무슬림계 지도자 쉐이크 샤밀의 패배 이후, 많은 수의 코카서스인들이 오스만 제국으로 이주했기 때문이다. 터키 내에는 코카서스, 체르케스, 다게스탄, 체첸 등의 이름이 들어간 재단이나 협회가 조직되어 활동하고 있고, 이들 단체들은 1990년대 터키 내에서 각종 회의나 모임을 많이 개최했다.

코카서스 지역에서 반러시아 움직임의 낌새가 있을 때 러시아는 간혹 터키를 비난하는 경우가 있는데, 이는 터키 내 코카서스계 사람들의 활동을 의식한 때문이기도 하다. 체르케스, 체첸, 압하즈, 인구시, 다게스탄 등지의 코카서스인들은 민족적으로 터키계는 아니지만, 터키에 강한 연대감을 가지고 있다.

1921년 터키와 소련 간 국경을 획정할 당시, 터키의 흑해 연안 국경 지역 아르트빈 주의 호파에 있는 사르프 마을은 국경 결정에 따라 인위적으로 두 개 지역으로 분할되었다. 사르프 마을에 있던 이슬람 사원도 도면상 강제로 두 쪽으로 나뉘게 되었다. 터키 쪽에 있는 마을 이름은 그대로 사르프로 남았고, 현재 조지아 쪽 마을 이름은 사르피가 되었다. 사르프와 사르피를 잇는 국경 세관이 1989년에야 문을 열었고, 터키의 정의개발당 정부와 조지아 정부 간 협정으로 2011년 5월부터 터키와 조지아 국민은 여권 없이 신분증만 가지고도 국경을 통과할 수 있게 되었다.

　사르프 국경은 터키가 육로로 코카서스에 들어갈 수 있는 유일한 관문이라는 전략적 의미를 갖고 있다. 강제적이고 인위적으로 세워진 국경이 무너지게 된 것이다. 터키에서 조지아로 들어가는 국경 도로에는 터키의 국제도로 수송 트럭이 긴 줄을 이루고 있고, 조지아나 아르메니아 도로에는 터키의 화물 트럭이 긴 행렬을 이루어 달리고 있다. 남코카서스 3국은 소비재, 식품, 원자재 등을 터키에 의존하고 있어 터키 화물 트럭에 의한 수송, 소비, 판매의 경제 활동이 활발하게 일어나고 있다. 이같이 밀접한 경제 관계는 당연히 정치 관계 발전으로 이어지고 있다.

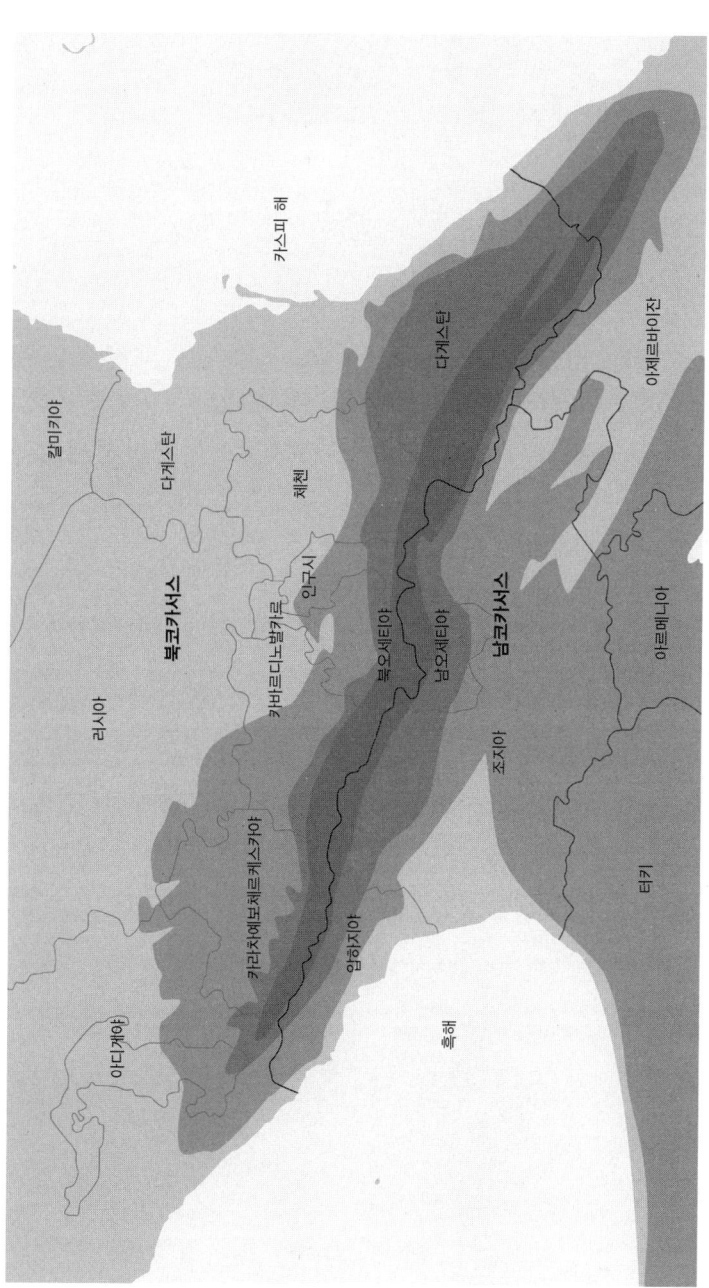

유럽과 아시아의 관문인 코카서스 지역도 코카서스 산맥을 중심으로 북쪽은 북코카서스, 남쪽은 남코카서스라 불린다. 북코카서스에는 아디게야 공화국, 북오세티야 공화국, 체첸 공화국 등 7개 공화국이 있고, 남코카서스에는 조지아, 아르메니아, 아제르바이잔 등 3개국이 있다.

러시아의 근외 정책

소련의 해체 이후, 러시아는 급변하는 국제 정세 속에서 러시아의 영향력을 상실한 유라시아 지역, 특히 탈脫러시아가 진행되고 있는 중앙아시아에 대해 정책 변환을 시도하여, 이들 국가들과의 관계 개선을 최우선 정책으로 채택했다.

중앙아시아 지역은 러시아 안보에 직접적으로 영향을 미치는 지역이고, 석유 및 천연가스 등 에너지 자원의 보고로 러시아의 안보와 번영을 위해서는 러시아의 영향력 유지가 절대적으로 필요한 지역으로 인식되었다.

1995년 옐친 대통령은 '근외 지역 개념에 대한 구 소련 국가들에 대한 재통합 촉구'라는 외교 정책을 발표함으로써 구소련 국가들에 대한 러시아의 복합적인 협력 관계 의지를 표명했다. 이후 푸틴 대통령 집권 시기에 러시아는 구소련 국가들과 다자 협력 안보 기구를 결성하고 에너지 자원을 수송하는 파이프라인을 통해 동맹·우방 협력 관계를 발전시켰다. 이처럼 러시아의 근외 정책은 소련 해체 이후 유라시아 지역에 대한 미국의 영향력 증대, 탈러시아 움직임, 서방의 집단방위 체제인 나토의 동진東進 등의 러시아의 안보를 위협하는 요인들이 등장하자, 이에 대처하여 인접 국가들과의 관계를 강화하기 위해 나온 구상이다.

2. 조지아와의 관계: 코카서스 전략 균형의 변수

그루지야에서 조지아로

조지아는 6만 9,700제곱킬로미터 면적에 550만 명 인구를 가진 작은 나라이다. 천연자원은 풍부하지 않지만 카스피 해 에너지의 통과국이라는 위치, 흑해 연안국으로 전략적으로 중요하다는 점에서 지역 내에서는 물론 역외 국가들에게도 중요한 나라이다. 1924~53년간 소련의 공산당 서기장으로 국가수반이었던 스탈린이 조지아 출신이다. 조지아는 4세기에 기독교를 받아들인 나라로 조지아 정교의 역사도 깊다. 국내 곳곳에 있는 정교회가 국민들의 생활을 지배하고 있다.

조지아는 러시아의 영향력으로부터 독립하려는 독자적인 대외 정책을 추구하고 있어 국제 전략 차원에서 중요한 국가로 떠오르고 있다. 조지아는 독립 이후 아르메니아와는 반대로 서구에 손을 내밀고, 아제르바이잔과 터키에 가까운 태도를 보이면서 러시아의 견제를 받고 있다. 조지아는 러시아 주도의 독립국가연합에 들어가기를 당초부터 거부했으나, 러시아의 압력으로 1993년에 가입하게 되었다. 그러나 2002년 장미혁명으로 친서구 정권이 들어선 후 러시아와 갈등을 빚다가 2008년 러시아와의 전쟁 후에 독립국가연합을 탈퇴했다.

코카서스는 러시아의 전통적인 영향권에 있기에, 러시아는 나토와의 완충 지대인 코카서스에서의 영향력을 적극 유지하려 한다. 원래 조지아의 국명은 러시아어 'Грузия'로서 '그루지야'라고 불렸는데, 조지아 정부는 러시아와 전쟁을 벌인 2008년 8월 이후 조지아를 아직도 그루지

야로 부르는 국가에 대해 그루지야로 부르지 말아줄 것을 호소했다.★

조지아는 북코카서스에 위치한 7개 공화국 중 아디게야 공화국을 제외한 6개 공화국과 모두 국경을 같이하고 있다. 조지아는 복잡한 인종 구성, 러시아와의 접경과 러시아의 견제 등으로 대외 정책 및 국내 정세가 불안정하다. 더불어 조지아는 압하지야, 남오세티야, 아자리야 등 자치공화국의 분리운동으로 줄기차게 영토 보전의 위협을 받고 있다.

조지아와 러시아의 일주일 전쟁

2008년 8월 러시아와의 일주일 전쟁은 러시아가 압하지야와 남오세티야 독립을 인정하면서 종전되었다. 그러나 조지아는 압하지야와 남오세티야의 독립을 인정하지 않고 있다. 2004년 셰바르드나제 대통령의 부정선거에 반대하는 장미혁명으로 집권한 사카쉬빌리 대통령은 서구와의 통합을 추진하고 있으며, 나토에 가입을 신청하는 등 서구와 경제, 안보 협력을 시도하고 있다. 특히 사카쉬빌리 대통령은 2004년 미국 부시 대통령이 재임에 성공하자, 이라크에 파병 중인 조지아 병력을 늘리겠다고 선심을 썼고, 부시 대통령은 2005년 5월 미국 대통령으로서는 처음으로 조지아를 방문하여 양국 관계는 급속도로 가까워졌다.

조지아는 원유 수송 수수료와 서구의 재정 지원을 바탕으로 한 젊은 행정 관료 덕분으로 구소련의 경제 체제를 벗어나 자유시장 체제의 경제 성장을 구가하고 있다. 이와 함께 사카쉬빌리의 국정 장악력도 더

★ 2011년 6월 28일 러시아의 이타르타스 통신은 한국이 그루지야를 영어명 조지아로 쓰기로 채택한 첫번째 나라라고 보도했다(www.itar-tass.com/en/c154/175098.html).

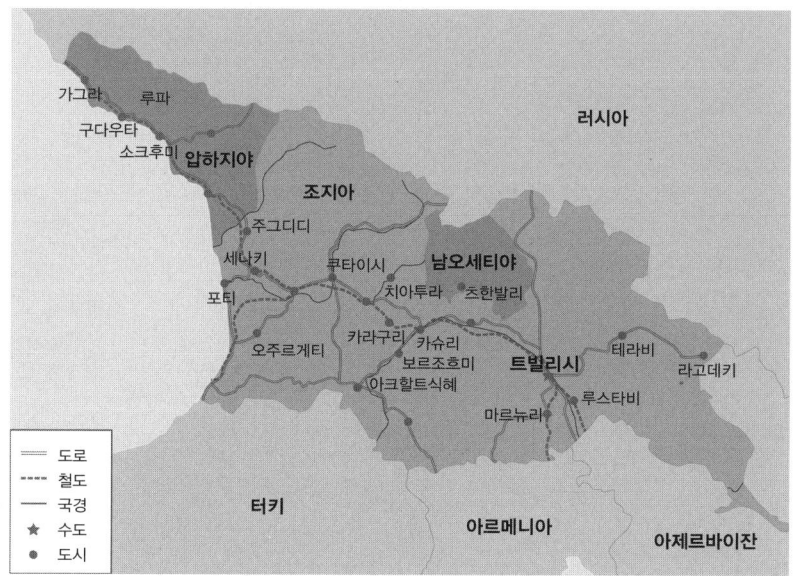

조지아는 1991년 4월 소련으로부터 독립했다. 조지아에는 친러 성향의 남오세티야와 압하지야 자치공화국이 있다. 2008년 8월 조지아와 남오세티야 간 무력 충돌로 러시아가 군사 개입하여 조지아-러시아 전쟁이 일어났다. 서방의 적극적 중재로 사태는 짧게 끝났지만, 러시아가 남오세티야와 압하지야의 독립을 승인했다. 남오세티야와 압하지야는 러시아로부터 독립 승인을 받았지만, 대다수 국가들로부터 독립국가로 인정받지 못하고 있다.

강해졌다. 코소보가 독립을 선언하자 남오세티야 자치공화국이 독립을 선언한 것은 사카쉬빌리에게는 하나의 기회였다. 사카쉬빌리 대통령은 절대적인 전력의 열세에도 불구하고 현 정부의 부정부패 및 독재에 대한 야당의 비난을 무마하고 정국 타개책으로 러시아에 의지하고 있는 남오세티야에 기습 공격을 단행했다.

베이징 올림픽의 개막일이었던 2008년 8월 8일 새벽, 조지아군은 남오세티야에 대한 주권을 회복한다는 명목 아래 기습 공격을 감행, 오전 중에 수도인 츠한발리에 대한 통제권을 확보하는 데 성공했다. 조지아 군대의 무력 공격으로 다수의 러시아 평화유지군이 사망하자, 러시아는 자국민 보호 및 평화 유지 활동을 명분으로 남오세티야에 대규모 지원군을 투입하고 조지아의 수도 트빌리시를 장악했다.

러시아 군대의 조지아 수도 진입은 소련에 항거한 1956년 헝가리 혁명, 1968년 소련군의 체코슬로바키아 침공, 그리고 최근의 러시아와 체첸 반군 간의 전쟁을 연상시켰다. 8월 12일 EU의 의장국인 프랑스의 중재로 러시아는 조지아와 남오세티야 분쟁 해결 원칙에 합의하고, 남오세티야와 압하지야에서 군대를 철수시켰지만, 8월 26일 압하지야 및 남오세티야 주민들의 생존을 보장하기 위해 양 지역의 독립을 승인한다고 발표하여 조지아와의 관계에서 돌릴 수 없는 간극을 남겼다. 러시아는 남오세티야 사태로 미국 및 서방이 옛 소련 지역에 대해 영향력을 확대하는 데 불만을 표시했고, 조지아 및 우크라이나의 나토 가입 시도, 코소보 독립 등에 대해서도 강한 불만을 표출했다.

러시아와 조지아의 전쟁은 코카서스 지역을 둘러싸고 역사적으로 계속돼온 해묵은 영토 분쟁에 그 뿌리를 두고 있으며, 러시아의 영향력에서 벗어나려는 과거 소련 구성 공화국들의 열망과 동부에서의 영향력 확대를 꾀하는 나토와 EU를 미국이 암묵적으로 지원하는 것이 그 촉매제가 되었다. 러시아는 조지아에 무력 응징함으로써 코카서스 지역을 비롯해 자국의 영향력을 벗어나려는 구소련의 독립국들에게 확실한 메시지를 전한 셈이 되었다. 러시아는 남오세티야와 압하지야의 독립을 돕는다는 명분으로 전쟁의 목적을 달성함으로써, 코카서스 지역은 물론 카스피 해 일대와 특히 조지아처럼 친미 내지 친서방 노선을 표방했던 우크라이나와 몰도바에 쐐기를 박으며 자신의 정치적 입지를 강화했다고 볼 수 있다.

조지아의 나토 가입 열망

러시아와의 전쟁 이후, 조지아는 미국과 나토로부터 전보다 더 많은 지원을 받게 되었고, EU로부터도 재정적 지원을 받게 됨으로써 러시아의 그늘에서 벗어나 거의 서구에 편입되게 되었다. 조지아의 나토 가입 시도는 1992년 북대서양협력이사회에 가입함으로써 시작되었고, 1994년에는 평화를 위한 동반자관계^{PfP}에 가입한 후, 2006년에는 나토 집중대화 대상국 지위를 받았다.

나토는 2008년 4월 부쿠레슈티 정상회의 시 조지아가 나토 회원국이 될 것이라고 선언함으로써 러시아를 자극했다. 조지아는 1999~2008년 간 코소보 평화유지군에 1개 중대 규모 병력을 파견했고, 국제안보지원군^{ISAF} 주도 지방재건팀^{PRT}에 의료 인원을 지원했다. 2005년에는 아프가니스탄에 보내는 나토 병력 파병국이 군수 지원품 전달 목적으로 조지아를 통과할 경우 영토 진입을 허용하는 나토-조지아 간 협정을 체결하는 등, 조지아는 나토 가입에 적극적인 열망을 보이고 있다.

그러나 러시아는 2006년 조지아의 주요 수출품인 포도주와 생수의 수입을 금지시키고 양국을 왕래하는 항공 및 여객선 운항, 우편 업무를 중단시키는 조치로 대응하는 등 러시아와 국경을 접하고 있지 않은 국가들이 러시아가 참여하지 않은 군사 블록에 들어가는 것을 결코 용납하지 않겠다고 강하게 반발하고 있다.

조지아와 러시아의 관계는 최근 여러 가지 요인들로 인해 더욱 어려워지고 있다. 러시아에 대한 에너지 의존도를 줄이려는 조지아의 시도도 러시아와의 관계를 불편하게 하는 원인이다. 조지아는 러시아에서 들여오는 가스 의존도를 줄이기 위해 대체 방안을 모색하고 있고, 영국 주도의 BTC 송유관 사업을 지지하고 아제르바이잔 석유가 자국을 통과하도록 승인했다. 그런데 이 두 나라 간의 진짜 앙금은 조지아가 미국과 나토에 가까워짐으로써 시작되었다. 러시아는 조지아가 유럽과 통합되는 것을 저지하기 위해 압하지야와 남오세티야의 독립 문제를 이용했다. 러시아가 서방에 가까워지고 있는 조지아에 대해 압력을 가할 수 있는 현실적인 수단이기 때문이었다. 조지아가 러시아의 영향력으로부터 점점 멀어지고 있는 데다, 러시아가 독립을 승인한 두 개 지역 문제로 인해 조지아의 서구에 대한 접근은 더욱 강해질 것으로 보인다.

조지아와 터키의 경제 협력

조지아는 주변국 중에서 터키와 가까운 관계를 유지하고 있다. 터키는 남코카서스 지역에서 민족·문화적으로 연계가 깊은 아제르바이잔과의 관계에 더 무게를 두고 있긴 하지만, 최근 조지아와의 관계에서도 큰 발전을 이루고 있다. 아제르바이잔의 바쿠에서 조지아의 트빌리시를 거쳐 터키의 제이한으로 연결되는 BTC 송유관 프로젝트로 터키와 조지아와의 관계가 급속도를 내며 발전하고 있다.

터키와 조지아 간에는 에너지 수송을 위한 송유관 사업 외에도 철도 연결 프로젝트가 있다. 아제르바이잔-조지아-터키를 연결하는 철도 프로젝트 서명식이 2007년에 조지아에서 있었다. 사카쉬빌리 조지아 대통령은 3국을 잇는 철도사업은 아시아와 유럽 국가 간 전략적 접속로이자 이 지역의 지정학적 변환점이 될 것이라며 철도사업의 전략적 의미를 강조했다.

터키와 조지아 간에 파이프라인, 철도사업 등이 진행되고 있고, 터키에서 조지아의 수도까지 터키 물품을 운송하는 트럭이 도로를 메우고 있어 두 나라 간의 교역은 점진적으로 증가하고 있다. 2002년 조지아에 대한 터키의 교역액은 2억 4천만 달러에서 2010년 20억 달러 수준으로 늘었다. 조지아 흑해 연안의 바투미 공항은 터키와 조지아가 공동으로 사용하는 공항이 되었다. 터키의 호파에서 조지아의 바투미를 오가는 여행객들은 국내 공항을 이용하는 것과 같은 절차를 밟는다. 2007년 이래 터키는 조지아의 제1교역 대상국이 되었다. 터키의 건설 업체가 조지아에서의 건설사업에 참여하고 있고, 터키는 조지아의 제3투자국 위치에 있다. 터키 업체는 조지아에서 섬유, 에너지, 농업, 서비스 분야에 두루 진출하고 있다.

조지아의 장미혁명

2003년 11월, 조지아에서는 셰바르드나제 대통령의 장기 집권에 대해 국민들의 불만이 고조되고 있는 가운데 총선이 실시되었다. 총선 후 주요 야당 지도자들은 선거에 대대적인 부정이 개입되었다며 셰바르드나제 정권에 시민들이 항의할 것을 촉구했다.

11월 중순부터 수도 트빌리시에서 시작된 시민들의 시위는 전국으로 확산되었다. 부정선거에 항의하는 시민들은 정권에 대한 항의 표시로 장미 한 송이씩을 들고 시위에 나섰다. 급기야 국회가 개원하는 11월 22일, 반정부 시위대는 사카쉬빌리 지휘 아래 장미를 손에 들고 의사당을 장악하였다. 셰바르드나제가 비상사태를 선포하고 시위를 중단시키려 했지만 그의 국정 장악력은 이미 기능을 잃고 있었다. 다음 날인 11월 23일 셰바르드나제는 대통령직을 사임했다. 2004년 1월 치러진 대통령 선거에서 사카쉬빌리가 대통령으로 당선되었다.

2003년 조지아에서의 장미혁명이 일어난 이후 2004년 우크라이나에서는 오렌지혁명, 2005년 키르기스스탄에서는 튤립혁명이 일어났다.

우크라이나의 오렌지혁명: 2004년 11월 대선에서 야당의 빅토르 유센코가 여당 후보에게 근소한 차로 패했다. 대선이 부정으로 이루어졌다는 소문으로 오렌지혁명이 시작됐다. 시민들은 야당을 상징하는 오렌지색 옷과 목도리를 걸치고 시위에 나섰다. 오렌지혁명에 의한 재선거 결과 유센코가 최종 승리했다.

키르기스스탄의 튤립혁명: 키르기스스탄의 튤립혁명은 2005년 3월 치러진 의회 선거에서 여당이 압승을 거두면서 시작되었다. 의회 선거에서 대규모 부정이 있었다는 의혹과 함께 반정부 운동이 벌어졌고, 그 결과 아카예프 대통령이 러시아로 망명했다. 키르기스스탄의 튤립혁명은 레몬혁명이라고도 불린다.

3. 아제르바이잔과의 관계: 한 민족 두 나라

배화교의 원산지, 아제르바이잔

아제르바이잔은 8만 6천 제곱킬로미터 면적에 870만 명의 인구를 가진, 코카서스 지역에서 가장 큰 나라이다. 아제르바이잔은 아제리Azeri라는 페르시아어에서 유래한다. 과거에 이 지역에 사는 사람들을 아제리 사람들이라고 불렀는데, 10세기를 전후로 중앙아시아의 튀르크인들이 이곳에 진출하여 정착하면서 이들을 지칭하는 말로 바뀌었다.

또한 아제르바이잔이라는 말은 이란어 '아자르', 즉 '불'이라는 말에서 유래한 것으로, 종교적으로 이곳은 일찍이 배화교拜火敎의 원산지가 되었다. 카스피 해는 세계의 손이 닿지 않은 마지막 유전 지역으로 카스피 해에 인접한 아제르바이잔은 석유, 천연가스, 석탄 등의 지하자원이 풍부하며, 석유는 70억 배럴 정도가 매장되어 있는 것으로 확인되고 있다. 매장량 면에서 세계에서 19번째이다. 천연가스도 8,500억 세제곱미터 규모가 매장되어 있고, 매장량 규모는 세계 28위이다. 아제르바이잔의 석유와 천연가스의 확인 매장량은 세계 매장량의 각각 0.6퍼센트와 0.8퍼센트를 점한다. 추정 매장량 규모는 이들 수치보다 훨씬 앞선다.

튀르크족이 아제르바이잔 지역에 들어오기 전 이곳의 원주민들의 종교는 조로아스터교라 불리는 배화교였다. 그러나 7세기 이후 이곳에 아랍 이슬람군이 들어오자 이곳 원주민들은 이슬람으로 개종했고, 10세기경 이미 이슬람을 받아들인 중앙아시아의 튀르크족들이 대거 유입되면서 이 지역은 이슬람화되었다.

튀르크계인 아제리인들의 약 70퍼센트는 시아파 무슬림이고 30퍼센트가 수니 무슬림이나, 두 종파 간 심각한 갈등은 존재하지 않는다. 터키와 아제르바이잔이 민족적으로 가까운 것은 무슬림이 된 유목민 튀르크족들이 10세기 중반에 중앙아시아로부터 아제르바이잔 지역으로 대량 이주하여 정착했기 때문이다. 아제르바이잔 내의 민족 구성은 아제리 튀르크인이 83퍼센트, 러시아인 6퍼센트, 아르메니아인 6퍼센트, 다게스탄인 3.4퍼센트로 튀르크족이 주축을 이룬다. 아제르바이잔인들은 코카서스 지역에서 대표적인 튀르크인들이다.

아제르바이잔 지역은 러시아 10월혁명 전까지 러시아의 통치하에 있었는데, 혁명 후에는 '트랜스코카서스 소비에트 사회주의 연방공화국'의 영역에 귀속되었다. 1936년에 아제르바이잔 소비에트 사회주의 연방공화국으로 개편되어 소련의 한 독립공화국이 되었다. 고르바초프 등장 이후, 아제르바이잔 내 소수민족인 아르메니아인 자치구 카라바흐가 독립을 선언하면서 아제르바이잔과 아르메니아 사이에 민족 분규가 발발해 수많은 사상자를 냈다. 아제르바이잔은 소련의 개방화 정책에 힘입어 1989년 10월 5일 주권 선언을 했으며, 1991년 2월 6일 국명을 '아제르바이잔 공화국'으로 개칭했다. 소련 붕괴와 함께 1991년 8월 30일 소련 연방으로부터 완전 독립하게 되었다.

한 민족 두 나라

아제르바이잔의 독립 이후, 터키 측에서는 아제르바이잔과 터키의 민족적 동일성과 언어적 동일성을 기반으로 적극적으로 두 나라 간의 연대를 강화하려고 나섰다. '한 민족 두 나라 one nation two states'를 강조하며 아제르바이잔을 터키 품으로 안으려는 범터키 민족주의자들의 아제르바이잔 방문이 봇물 터지듯 이어졌다.

그러나 터키가 영향력을 미칠 수 있는 일정한 범위를 남겨두고 러시아가 아제르바이잔에 영향력을 과시하는 데는 그리 오랜 시간이 걸리지 않았다. 그야말로 1990년대는 터키와 아제르바이잔의 민족적·언어적 연대감이 수사修辭로 넘친 시기였다. 특히 아제르바이잔 초대 대통령인 압둘파즈 엘치베이는 친터키 노선을 강조하면서 구소련의 화폐 단위인 루블화 사용을 중단하고 국가 통화 '마나트'라는 화폐 단위를 개발했으며, 국어를 러시아어에서 아제르바이잔 튀르크어로 바꾸고 키릴 문자를 폐기하고 터키와 같은 로마자를 사용하는 등, 러시아적 요소를 제거하기 위한 혁명적인 조치들을 단행했다. 러시아와 이란 사이에서, 친터키주의자인 제2대 대통령 엘치베이에게 선택은 터키였다. 러시아로부터는 2백여 년간 지배를 받았고, 이란과는 이란 내 아제르인들에 대한 인권 문제 등으로 화해의 손을 뻗기가 쉽지 않았기 때문이다.

탈러시아적 정책 추진에 불만을 품은 러시아는 아제르바이잔 내 군사 쿠데타를 조장하여 엘치베이를 몰아내고, 1993년 10월 러시아의 지원을 받은 헤이다르 알리예브가 2003년까지 정권을 잡았다. 집권 초기 알리예브는 친러시아적 정치를 추진하면서도 엘치베이의 화폐개혁, 문자개혁 등을 그대로 추진했고, 시간이 더 지나면서는 러시아와 터키 사이에 등거리 외교를 했다.

아제르바이잔이 체제 전환에 따른 정치 혼란과 경제 침체에 빠진 1990년대 중반까지 터키와 아제르바이잔 간에는 관계 증진을 위한 열기가 크지 않았으나, 민족주의자 성격의 터키의 데미렐 대통령과 아제르바이잔의 알리예브 대통령 간 친분을 통해 연대감이 다시 강조되었다. 말로만 그치던 양국 관계가 실질적 이익 협력 관계로 그 성격이 변화한 것은 아제르바이잔의 석유를 유럽으로 수출하기 위해 바쿠-트빌리시-제이한 송유관 사업BTC Pipeline Project이 추진되고서부터다. 러시아와 이란은 이 사업을 반대했지만, 미국의 적극적인 지원 아래 이 프로젝트는 실현되었다.

2002년 9월 22일 기공식을 갖고 2006년에 운영을 시작한 1,768킬로미터의 BTC 송유관 사업은, 아제르바이잔 석유를 터키의 제이한까지 수송하고, 제이한에 도착한 석유는 다시 탱크를 통해 유럽에 수송되고 있다. BTC 송유관 사업의 성공은 터키와 아제르바이잔의 우호 관계의 성공을 의미했고, BTC 송유관 사업에 이어 아제르바이잔 천연가스를 터키로 들여와 유럽에 수출하는 문제도 집중적으로 논의되었다. 그 결과 아제르바이잔과 터키 간에는 바쿠-에르주룸 천연가스관도 운영 중이다.

터키의 실용주의와 나고르노카라바흐 문제

2000년 5월 터키 헌법재판소장을 지낸 법률가 출신 아메트 네지데트 세제르 대통령이 선출된 이후 두 나라 관계는 다시 하강 국면을 맞았다. 양국 관계는 데미렐과 알리예브 두 대통령의 개인적 친분을 통해 발전해왔는데, 아제르바이잔 정권이 부패한 정권이라는 시각이 있었다.

그러나 2002년 에르도안 총리가 취임한 후 아제르바이잔을 제일 먼저 방문해 아제르바이잔과의 경제 협력을 우선적으로 한다는 실용적인 입장을 밝혔다. 아제르바이잔의 부패와 관료주의에 대한 터키 기업인들의 불평이 쏟아지고, 가끔 수백 대의 터키 트럭이 국경 세관 통과를 위해 대기하고 있다는 불평을 터키 언론에서 보도하고 있지만, 두 나라 경제 관계는 에너지 협력에 힘입어 크게 발전하고 있다. 말로만 하던 협력 관계는 실질적 협력 관계로 발전하고 있다.

터키와 아제르바이잔의 관계에 큰 걸림돌은 '나고르노카라바흐 문제'이다. 2008년 9월에 압둘라 귤 터키 대통령이 '이웃 국가와의 갈등 제로 정책'의 일환으로 터키-아르메니아 축구 경기를 관람하기 위해 사르키샨 아르메니아 대통령의 초청으로 아르메니아의 수도 예레반을 방문한 것은 아제르바이잔을 크게 자극했다. 국토의 20퍼센트를 아르메니아에게 점령당하고 있는 아제르바이잔에게는 나고르노카라바흐 문제가 해결되기 전에 터키-아르메니아 관계가 정상화되고 이들 두 나라의 국경이 개방될 수도 있는 상황에 극도로 민감한 반응을 보였다.

나고르노카라바흐 문제는 아르메니아인이 다수 거주하는 아제르바이잔 영토 내 나고르노카라바흐 지역을 둘러싼 분쟁으로, 1988년부터 1994년까지 아르메니아와 아제르바이잔은 전쟁을 치렀으며, 이로 인해 1백만 명의 난민이 발생했고, 영토의 20퍼센트에 달하는 지역이 아르메니아의 점령하에 있다.

나고르노카라바흐 문제는 아제르바이잔 영토에 있는 이 지역을 아르메니아가 점령한 데서 발생했으며, 아르메니아의 점령지 철수 문제에 대해 양측의 이견이 좁혀지지 않고 있기 때문에 만성적 분쟁의 성격을 갖고 있다. 아제르바이잔이 소연방 통치하에 들어가면서 인구의 80퍼센트가 아르메니아인으로 형성된 나고르노카라바흐는 모스크바의 압력으로 1923년 7월 7일 아르메니아에서 분리하여 아제르바이잔 소속 아르메니아인 자치구가 되었다. 튀르크계인 아제리인들과 아르메니아인들은 서로 역사적 근거를 제시하면서 이 지역이 자신들의 고유 영토라고 주장하고 있다.

아제르바이잔은 터키가 아르메니아와의 관계를 정상화하고 국경을 개방한다면 나고르노카라바흐 문제에서 아르메니아의 주도권이 강해지고, 결국 이 문제 해결은 불가능하다고 믿고 있다. 터키와 아르메니아 간 관계 정상화를 위한 과정이 진행되고 있는 가운데, 2009년 10월에 이번에는 사르키샨 아르메니아 대통령이 귤 대통령의 초청으로 양국 축구팀의 월드컵 예선 경기 관람을 위해 터키의 부르사를 방문했다. 그러나 터키인들이 아르메니아 대통령과 아르메니아 축구팀에게 경기장에서 항의 시위를 하고, 경기장에 아제르바이잔 수기手旗를 들고 입장할 것이라는 정보를 경기 전에 입수한 국제축구연맹FIFA은 경기장에 아제르바이잔 수기를 들고 관람할 수 없다는 결정을 내렸다. 경기 당일 아제르바이잔 수기는 경기장 입구에서 강제 수거되었고, 한 경찰관이 수거된 아제르바이잔 수기를 쓰레기통에 버리는 장면이 촬영돼 유포되면서, 급기야 아제르바이잔 여론은 분노로 들끓었다.

이에 아제르바이잔은 바쿠에 있는 터키군 전사자탑에 게양된 터키 국기를 내리는 것으로 대응했다. 아제르바이잔은 터키 국기 하강에 대해 '허가되지 않은 장소 외에서의 외국기 게양을 금지한 신국기법'을 근거로 제시하며 정당한 행위였다고 주장했지만, 양국 국민 여론은 바로 가라앉지 않았다. 서로에 대한 실망의 반증이었다. '국기 위기'로 인해 두 나라 사이에 발생한 감정 마찰은 터키의 다부트올루 외교 장관이 서둘러 바쿠를 방문하고 '점령당한 아제르바이잔 영토는 우리 영토나 다름없다고 생각한다. 필요하다면 7,200만 터키인은 아제르바이잔을 위해 희생할 수 있다'라며 아제르바이잔 국민에게 '터키는 아제르바이잔과 하나'라는 메시지를 강하게 전달함으로써 단기간에 진화되었다.

나히체반 자치 공화국

아제르바이잔의 풍부한 에너지 부존자원으로 이 나라에는 외국인 투자가 활발하게 이루어지고 있는데, 민족적·문화적 연계를 바탕으로 터키도 이러한 투자자 가운데 중요한 몫을 차지하고 있다. 화려한 수사로만 진행되던 양국 관계는 BTC 송유관 사업으로 경제, 문화, 사회 분야 등으로 크게 확대되고 있다. 터키는 체제 전환 속에 있는 아제르바이잔이 유엔, 유럽안보협력기구, 흑해경제협력기구 등 국제 레짐에 가입할 수 있도록 적극 지원했다. 그러나 아제르바이잔과의 관계가 복잡한 국제 관계 속에서 무난하게 진행된다 하더라도, 터키는 아르메니아와 아제르바이잔 사이에 자리한 '나고르노카라바흐 문제'와 여기에 얽인 민족적인 유대감 때문에 자유롭지 못한 것이 현실이다.

나히체반 자치 공화국은 크기는 작지만 아제르바이잔 귀속 영토라는 점에서 터키와의 관계에서 볼 때 중요하다. 나히체반은 아제르바이잔에 속한 자치공화국으로 32만 명의 인구를 갖고 있다. 아제르바이잔 본토와는 직접 연결되어 있지 않으며, 본토와 아르메니아 사이에 있고, 터키의 으드르 주와 아르메니아와 이란 사이에 있다.

터키가 아제르바이잔과 국경을 접할 수 있는 것은 바로 나히체반 자치공화국 때문이다. 모스크바와 카르스 협정에 따라 나히체반은 아제르바이잔에 귀속되었는데, 터키가 보장국*의 역할을 하도록 되어 있다.

또한 이 협정은 터키의 동의 없이 나히체반의 지위를 변경할 수 없도록 했다. 아제르바이잔-아르메니아 전쟁 시 아르메니아가 나히체반으로 진입을 시도했으나 터키가 보장국 권리를 주장함으로써, 나히체반은 전쟁으로부터 안전할 수 있었다. 나히체반은 헤이다르 알리예브 대통령이 태어난 곳으로서, 그는 소련 공산당 간부직을 박탈당한 후 이곳에서 국회의장으로 정치 활동을 계속했다. 전 엘치베이 대통령도 1993년 대통령직에서 축출된 후 여생을 이곳에서 보냈다.

이란 내 아제리인들

아제리 인구는 아제르바이잔 본토 외에 이란 북부에도 자리 잡고 있다. 아제르바이잔 본토에는 약 870만 명의 아제리 인구가 분포해 있지만, 이란 내에는 아제르바이잔 본토보다 넓은 11만 3천 제곱킬로미터의 면적에 2,500만 명의 아제리 인구가 거주하고 있다. 아제리인들과 이란인들은 모두 시아 이슬람을 믿고 있다. 아제르바이잔은 구소련 지배에 의해 종교적인 영향을 받지 않은 반면, 이란 내의 이란인과 아제리인들은 이슬람의 영향을 깊게 받고 살았다.

종교적인 성격 차이로 이슬람화된 이란과 세속화된 아제르바이잔 간에는 냉랭한 관계가 유지되어왔다. 이란은 세속화된 아제르바이잔의 민족주의 바람이 이란에 부는 것을 우려해왔고, 반대로 아제르바이잔은 이란의 이슬람 근본주의가 아제르바이잔에 들어오는 것을 우려해왔다.

★ 보장국guarantor이란 무력 사용에 대한 사전 동의 등 특정한 사항을 보장할 의무를 갖는 국가를 말한다.

이는 이란이 아제르바이잔의 적인 아르메니아와 가까워지게 하는 결과를 가져왔다.

터키 정치 지도자의 이란 내 아제리인 거주 지역 방문은 금기시되어 왔으나 양국 간 관계 개선에 따라 2011년 2월 귤 대통령이 이란을 방문하고, 아제리인들이 많이 거주하고 있는 동아제르바이잔 주 타브리즈 도시도 방문했다.

4. 아르메니아와의 관계: 나고르노카라바흐와 과거사 문제

아르메니아의 취약한 경제 구조

아르메니아는 2만 9,743제곱킬로미터의 면적에 3백만 명의 인구를 가진 내륙국이다. 조지아, 아제르바이잔, 터키, 이란과 국경을 맞대고 있는 아르메니아는 내륙에 갇혀 바다로 나갈 길이 없다. 아르메니아의 사회, 정치 구조 및 대외 정책은 구소련의 영향력이 남아 있는 데다 지리적으로 러시아와 가까워 친러시아적이다.

아르메니아 인구는 독립 이후 처음 10년간 70만 명이 해외로 이주한 이래 계속 감소 추세에 있다. 총인구의 44퍼센트가 농업에 종사하고 14퍼센트가 공업에 종사하는 농업국으로 경제 구조가 취약한 아르메니아는 해외 원조에 많이 의존하고 있다.

미국으로 건너간 아르메니아인들의 로비가 활발하며, 아르메니아는 1992년부터 미국으로부터 경제 원조를 받고 있다. 아르메니아는 대외 원조 의존도를 줄이고 자립 경제를 실현하기 위해 노력하고 있지만 이웃 국가들과의 관계 및 나고르노카라바흐 문제 등으로 큰 성과를 거두지 못하고 있다. 이웃 국가들과의 복잡한 관계 때문에 아르메니아는 카스피 해의 에너지 자원 수송 프로젝트와 아제르바이잔과 터키를 연결하는 교통 건설 프로젝트에서 모두 제외되었다. 대신 아르메니아는 에너지와 교통 분야에서 이란과 협력하고 있다. 아르메니아 경제가 대외 의존도를 줄이고 자립하기 위해서는 아르메니아가 '나고르노카라바흐 문제'를 놓고 터키 및 아제르바이잔과 관계를 개선하는 것이 필요하다. 한마디로 나고르노카라바흐 문제는 아르메니아의 경제 발전을 발목 잡는 최대의 장애물이다.

나고르노카라바흐 문제는 아르메니아와 아제르바이잔 사이에 놓인 문제이지만, 터키는 아제르바이잔과는 민족적인 연계성을 갖고 있고, 아르메니아와는 역사적인 구원舊怨의 관계 때문에 터키-아르메니아-아제르바이잔 간 3각 관계로 연결되어 있다. 아르메니아가 러시아의 지원을 받고 있는 점을 감안하면, 이 문제는 다시 4각 관계로 이어진다.

터키와 아르메니아의 복잡한 외교 관계

터키는 1991년 12월 19일 아르메니아를 승인했으나 외교 관계는 수립하지 않고 있다. 아르메니아의 레본 테르 페트로시얀 초대 대통령은 터키와의 관계 개선에 호의적이었다. 그러나 아르메니아 민족주의자들의 압력으로 터키와의 관계 개선 노력은 금방 좌절되고 말았다.

아르메니아 국회는 터키와 아르메니아의 국경을 획정한 1921년 카르스 협정을 인정하지 않는다고 발표했다. 이는 터키와의 관계를 꽁꽁 얼어붙게 하기에 충분했다. 아제르바이잔과 아르메니아 전쟁에 따라 나고 나고르노카라바흐 상황이 1993년에 아르메니아에 유리하게 전개되면서, 터키와 아르메니아 양국의 관계는 완전히 동결되었다.

1992년 봄, 터키는 아르메니아가 양국 간 국경을 인정한다는 사실을 서면으로 통보하지 않는 한, 외교 관계를 수립하지 않겠다는 결정을 했다. 1988년부터 시작된 아제르바이잔-아르메니아 분쟁이 무력투쟁으로 발전하자 터키는 1993년 5월 아르메니아로 연결되는 육로 및 325킬로미터의 국경을 완전 폐쇄했다. 1994년에는 항공로를 완전히 폐쇄했으나, 1995년에 이스탄불과 예레반을 연결하는 항공로는 개방했다. 터키는 정해진 일정으로 전세기의 운항을 허락하고, 터키에 있는 아르메니아 문화 유적을 보수하는 등 아르메니아와 대화의 길을 모색하는 조치를 취했다.

2000년대 양국 입장은 국내 민족주의자, 여론의 압력, 제3국 개입 등으로 평행선을 걸었다. 1999년과 2000년 사이 아제르바이잔의 알리예브 대통령과 아르메니아의 코차리얀 대통령은 나고르노카라바흐 문제로 13차례나 만났으나 아무런 합의를 얻지 못했다. 아르메니아는 터키가 인종학살을 인정해줄 것을 요구했고★ 터키는 나고르노카라바흐에서 철수할 것을 주장했다. 동쪽의 아제르바이잔, 서쪽의 터키로부터 제재를 받은 아르메니아는 경제가 악화되었다. 또한 코카서스 지역의 교통과

★ 터키와 아르메니아는 한국과 일본 사이의 과거사 문제처럼 소위 '아르메니아인 학살'과 관련한 과거사 문제를 갖고 있다. 아르메니아는 오스만 제국이 인종적·종교적으로 다른 150만 명의 아르메니아인을 조직적으로 살해했으며, 이를 인종학살이라고 주장한 반면, 터키는 조직적인 살해는 없었으며 내전 중 양측에서 30~50만 명씩 피해가 있었다고 주장하고 있다. 터키는 진실 규명을 위해 역사위원회를 구성하자고 주장하고 있다.

에너지 관련 프로젝트에서도 아르메니아는 제외되고 고립되었다.

축구 외교와 관계 정상화 시도

터키는 이웃 국가와의 갈등 제로 정책에 따라 아르메니아와 관계 개선을 모색했다. 이를 위해 양국 외교 장관과 관료들이 수면 아래서 접촉을 시작했다. 양국 관계의 접촉을 가속화시킨 것은 2008년 8월 러시아-조지아 전쟁이었다.

터키와 아르메니아 간의 관계 정상화를 위한 교섭은 2008년 7월부터 스위스의 중재로 시작되었고, 같은 해 9월 월드컵 예선전 관람을 위해 터키의 귤 대통령이 아르메니아를 전격 방문함으로써 제1차 세계대전 이후 계속되어온 양국 간 적대와 반목 관계를 개선하는 대화와 화해에 중요한 물꼬를 트게 되었다. 이어 2009년 10월에는 아르메니아 대통령이 경기 관전을 위해 터키를 방문했다. 외교 관계가 없는 두 나라로서는 중요한 진전이었다.

1970년대 미국과 중국의 '핑퐁 외교'에 비견된 '축구 외교' 결과, 양국은 2009년 4월에 관계 개선을 위한 로드맵을 설정했다. 터키로서는 아르메니아와의 관계 개선으로 터키의 주요 국책사업인 EU 가입에 한 걸음 더 나아가고 석유·가스를 유럽에 공급하는 코카서스 지역에서의 영향력 강화를 기대했다.

반면, 내륙에 갇혀 있는 아르메니아는 터키와의 국경 개방을 통해 경제적 이익을 얻고, 터키와의 관계 개선을 통해 서구와의 관계 증진을 기대했다. 미국과 EU 측은 중앙아시아 및 코카서스 지방의 에너지의 안정적 수송로 확보를 위해 터키와 아르메니아의 관계 정상화가 필요하다고 인식하고 있었다.

터키와 아르메니아 양국 정부는 2009년 8월 31일 양국의 긴장 관계 해소 및 관계 정상화를 위한 첫 단계로서 '국교수립 의정서' 및 '관계발전 의정서'를 체결하기로 발표한 데 이어, 10월 10일 스위스 외교부의 중재하에 취리히에서 두 개의 의정서를 체결했다. 이날 의정서 서명식에는 터키 다부트올루 외교 장관, 아르메니아 날반디안 외교 장관, 스위스 칼미레이 외교 장관, 프랑스 쿠슈네르 외교 장관, 미국 클린턴 국무장관 및 러시아 라브로프 외교 장관 등 유럽안보협력기구의 민스크 그룹 회원국 대표들 이외에도 EU의 솔라나 외교 정책 대표 등이 참석했다.

그러나 민스크 그룹 회원국의 축복 속에 계획대로 진전될 것처럼 보였던 관계 개선 과정은 2010년 1월 아르메니아 헌법재판소가 양국 관계 개선 의정서는 헌법에 합치하나, 일부 조항은 1990년 독립선언에 반한다는 결정을 내리자 급제동이 걸려 정지되었다. 아르메니아 헌법재판소의 판결이 '아르메니아가 국경을 인정하지 않고 인종학살을 인정하라고 요구하고 있다'고 터키 측에 해석되면서 관계 개선 과정은 여기서 일단 중단되었다. '물밑 교섭-축구 외교-로드맵-의정서 체결'로 이어진 관계 정상화 과정은 속도를 잃고 말았다.

민스크 그룹의 중재 노력과 험난한 평화의 길

국제법으로는 아제르바이잔 영토이지만 실질적으로 아르메니아가 지배하고 있는 나고르노카라바흐에 얽힌 문제는, 1994년 휴전 이래 해결을 기다리고 있다. 해결이 되지 않는다면 언제든지 무력 충돌이 일어날 수 있다. 아르메니아의 대외 관계 면에서 가장 중요한 이슈는 나고르노카라바흐 문제이다. 이 문제는 아르메니아와 국경을 접하고 있는 아제르바이잔과 터키의 관계에도 영향을 미치고 있다.

아르메니아가 터키와 아제르바이잔과 외교 관계를 맺고 있지 않은 것은 아르메니아가 러시아에 의존하도록 하는 이유가 된다. 나고르노카라바흐 문제는 20여 년간 계속돼왔는데 2008년 조지아와 러시아 간 전쟁 이후, 러시아가 미국과 프랑스와 함께 구성했던 유럽안보협력기구의 민스크 그룹의 중재 노력이 활발하지만 아직 구체적인 합의점을 끌어내지는 못하고 있다.

민스크 그룹은 2007년 11월에 스페인 마드리드에서 아제르바이잔과 아르메니아 외교 장관 참석하에 문제 해결 방안을 담은 마드리드 원칙을 마련했지만 성과를 보지 못했다. 마드리드 원칙은 아르메니아 군대의 점령지 철수, 난민 귀환의 보장, 평화유지군 배치, 나고르노카라바흐 귀속에 관한 주민투표 실시 등을 담고 있다. 마드리드 원칙 이후, 아르메니아와 아제르바이잔 양국 지도자는 민스크 그룹 중재로 수차례 만나 협상했고, 최근에는 2011년 6월 러시아의 메드베데프 대통령의 중재로 러시아의 남부 도시 카잔에서 만나 협상 테이블에 앉았지만, 서로 상대방을 비난할 뿐 이렇다 할 결과를 얻지 못했다. 어느 한쪽이 양보를 해야 협상의 진전이 있을 텐데, 어느 쪽도 양보할 기미가 보이지 않는다.

마드리드 원칙이 제시한 조건을 양측이 수용해서 이행할 것으로 기대하기는 매우 어려워 보인다. 설령 아르메니아가 점령지에서 군대를 철수한다 해도 나고르노카라바흐의 귀속에 관한 사항을 나중에 주민투표로 결정한다고 한다면, 그 결과로 아제르바이잔이 이 지역을 상실할 것이 거의 확실하므로 '주민투표 결정' 조건을 아제르바이잔이 받아들이기가 어려울 것으로 보인다.

아르메니아 군대가 카라바흐 주변 및 라친 지역 주변 마을에서 철수하도록 결정하는 문제나, 아제르바이잔이 나고르노카라바흐 귀속에 관한 주민투표 결정을 수용하는 문제는 모두 아르메니아와 아제르바이잔에서 야당이나 여론의 큰 반대에 부딪힐 것으로 예상된다. 이런 이유로 2008년 이후 민스크 그룹 중재로 양국 지도자는 현재까지 수차례나 만났으나 아직도 문제의 평화적 해결을 위한 묘수와 결단을 내놓지 못하고 있다.

03

중앙아시아 국가와의 관계

터키와 역사적·문화적 동질성을 가진 중앙아시아

중앙아시아에 있는 국가들은 카자흐스탄, 우즈베키스탄, 투르크메니스탄, 키르기스스탄, 타지키스탄 등 5개 국가로, 이란계인 타지키스탄을 제외하고 모두 튀르크계 공화국이다. 이들은 터키와 같은 계통의 민족으로 동일한 언어와 역사를 공유하며, 10세기에 이슬람 종교를 받아들임으로써 정서적·문화적·종교적으로도 터키와 매우 유사하다. 한편 코카서스 지역의 아제르바이잔도 튀르크계 국가로 터키의 전신인 오스만 제국의 영토 아래 있었으며, 이들의 언어는 터키어와 같은 오우즈어 그룹으로서 터키어와 아주 비슷하다. 터키에서는 아제르바이잔과 중앙아시아 4개국을 포함한 이 나라들을 보통 튀르크계 중앙아시아 5개국이라고 한다.

중앙아시아 국가 중 튀르크계 언어를 사용하지 않는 나라는 타지키스탄이다. 타지키스탄에서는 이란어가 널리 쓰이며, 이란과 북부 아프가니스탄과 가까운 문화적 유대 관계를 갖고 있다. 소련 해체 이후 독립한 이들 국가에 대해, 터키는 1991년 11월 아제르바이잔을 최초로 승인한 이래 같은 해 12월 나머지 5개국을 일괄적으로 공식 승인했다.

중앙아시아 국가들은 언어적으로나 문화적으로 터키와의 연대가 아주 강하여 과거에 '투르키스탄'이라 불렸다. 터키와 같은 국가들이라는 의미에서였다. 구소련 붕괴 이후, 터키는 아제르바이잔을 포함한 중앙아시아 국가를 '터키의 세계'라고 하면서 터키와 중앙아시아의 연대를 강조했다. 터키인들은 터키 외 다른 지역에 튀르크계 사람들이 존재한다는 데 흥분을 감추지 못했다.

역사적·문화적 동질성을 가진 중앙아시아는 터키에게 유럽과 아랍으로부터 받는 소외감과 격리감을 보상받을 수 있는 장이었다. 터키는 EU 가입을 희망하지만 유럽이 쉽게 받아들이지 않고 있고, 아랍 세계도 친서방적인 터키를 달갑게 보지 않는 상황에서 중앙아시아는 터키의 힘을 확대하고 과시할 수 있는 지역으로 부상했다. 중앙아시아는 상대적으로 경제와 정치 분야에서 뒤처져 있어 터키가 이들 국가에 리더십을 발휘할 수 있는 환경이 되었다. 터키의 자유시장경제와 민주주의 발전은 중앙아시아 국가를 위한 모델로 받아들여졌다. 민족주의 성향의 정치·종교 지도자, 이슬람 성향의 언론 등이 중앙아시아 국가와의 인종적·종교적 유대를 강조했다.

아랄 해에서 만리장성까지, 터키의 지정학적 기대

터키의 국부 아타튀르크가 신생 터키 공화국의 대외 정책 중 범튀르크주의를 포기했지만, 터키 현실 정치에서는 민족주의적인 요소가 남아 있다. 터키인들의 민족주의 감정은 소련 해체 후 튀르크 공화국을 통해 부활했다. 중앙아시아에 터키의 영향력을 넓히기 위한 범튀르크주의의 새바람이 불게 되었다. 터키의 지정학적 전망과 기대는 하룻밤 사이에 중앙아시아로 쏠렸다. 중앙아시아 튀르크계 사람들과의 과거 유대를 회복하는 것은 터키 외교의 지평을 넓힐 새로운 기회였다. 외잘 대통령은, 터키는 유럽 클럽에 가입한 유일한 무슬림 국가라고 하고, 경제적·정치적으로는 중동의 리더이며, 구소련에서 해방된 중앙아시아의 리더라고 자랑스럽게 말했다.

또한 미국을 비롯한 서방의 정치인들이나 언론들이 터키의 정치, 경제 발전은 중앙아시아를 위한 모델이 될 수 있다고 목소리를 높인 것도 터키가 중앙아시아를 과신히도록 하는 자극제가 되었다. 외잘 대통령은 21세기는 터키와 터키인의 시대가 될 것이라고 장담했고, 데미렐 대통령도 아랄 해에서 만리장성에 이르는 지역 내에 경제 협력 체제를 만들 것이라고 하면서 천연자원이 풍부한 중앙아시아 지역, 넓게 표현하면 아랄 해에서 만리장성에 이르는 지역이 새롭게 재편될 아시아·유럽 지역의 중심지가 될 것이라고 장담했다.

1991년 말 터키를 방문한 중앙아시아 정상들은 거의 같은 목소리로 터키를 중앙아시아의 별이라고 칭송하고, 터키야말로 자신들이 따라야 할 모델임을 강조했다. 천만대군을 얻은 것 같은 터키는 중앙아시아 국가와의 문화, 역사, 언어적인 유대 관계를 내세워 이들 국가와 과거 터키인들이 바랐던 투라니즘Turanizm,* 범튀르크주의가 실현된다는 기대를 갖게 되었다. 체제 전환 중이던 중앙아시아 국가에게 터키는 '큰 형'

으로 인식되었다. 감성적 유대감이 형성된 상황에서 터키는 1993년까지 중앙아시아 국가와 무려 140여 개의 협정을 체결했다. 독립 첫해에만 1,200여 개에 이르는 정부, 민간 대표단들이 중앙아시아 국가를 방문했다. 사전 준비가 부족한 상태에서 서로 간에 끊임없이 오가며 체결된 협정들은 과도한 기대를 낳게 하는 원인이 되었다. 터키의 부담도 클 수밖에 없었다.

범튀르크주의 실현을 위한 터키의 꿈

짧은 기간에 수없이 이루어진 중앙아시아 각국 방문과 협정 체결은 튀르크계 공화국 정상회의Turkic Summit 개최로 절정을 이루었다. 터키 외잘 대통령이 주도한 튀르크계 공화국 정상회의는 1992년 10월에 최초로 앙카라에서 개최되었는데, 타지키스탄 정상을 제외하고 터키를 포함 6개국 정상이 모두 참석했다. 그러나 부풀어 오른 기대와는 달리 그 결과는 만족스럽지 못했다.

외잘 대통령의 개발투자은행 설립과 경제통합 제의는 중앙아시아 국가들로부터 환영을 받지 못했다. 케리모프 우즈베키스탄 대통령은 국가를 초월한 기구 설립에 반대하고, 나자르바예프 카자흐스탄 대통령은 소수계 민족 구성과 인종과 언어에 기초한 민감한 문서에 서명을 거부했다. 또한 중앙아시아 원유와 천연가스를 러시아가 아니라 터키를 통해 국제 시장에 팔자는 구상도 강한 저항에 부딪혔다.

★ 투란Turan은 중앙아시아를 일컫는 페르시아어이며, 중앙아시아 지역과 문화적·역사적·인종적 연대를 강화하려는 튀르크인들의 민족주의 움직임을 투라니즘이라 한다. 사실상 이 지역에는 튀르크계 사람들이 많이 살고 있었기 때문에 범튀르크주의Pan-Türkçülük와 같은 뜻으로 쓰인다.

터키, 키르기스스탄, 투르크메니스탄, 우즈베키스탄, 카자흐스탄, 아제르바이잔 정상들이 참석하여 개최된 제1차 튀르크계 공화국 정상회의는 당초 터키의 기대와는 달리 실망스러운 결과로 끝났다. 제1차 정상회의에 이어 제2차, 제3차 정상회의가 1994년과 1995년에 개최되었는데, 러시아는 이들 회의가 범튀르크주의의 확산이라며 강력하게 비난했다.

1993년에 제2차 정상회의를 아제르바이잔 바쿠에서 개최하기로 했으나 독립국가연합CIS 정상회의와 겹쳐 연기, 1994년 10월 터키의 데미렐 대통령 주재로 이스탄불에서 열렸다. 소련으로부터 독립한 직후인 1991~93년 사이에 중앙아시아 국가에서 터키 모델이 자주 거론되었지만, 러시아의 과거 영향력이 깊숙하게 남아 있는 중앙아시아 국가들의 환경이 각기 너무나 달랐기에 터키 모델 논의는 오래가지 못했다.

튀르크계 공화국 정상회의는 1998년 키지흐스탄의 아스다나에서 개최된 제5차 회의부터 '튀르크어 사용 국가 정상회의'로 이름을 바꾸었다. 튀르크어 사용 국가 정상회의는 2010년 이스탄불에서 열번째 모임을 가졌다. 튀르크어 사용 국가 정상회의는 1990년대(1992~2000년)에는 여섯 차례 개최되었으나, 2000년대(2001~2010년)에는 네 차례 개최되었다. 2009년 아제르바이잔 나히체반에서 개최된 제9차 정상회담에서 터키어 사용국가 협력위원회가 이스탄불을 본부로 하여 설립되었다.

1990년대 터키는 중앙아시아에 감성적 차원에서 접근했다. 그러나 중앙아시아가 더는 터키에 큰 기대를 걸지 않게 된 데는 그리 오랜 시간이 걸리지 않았다. 터키는 중앙아시아 국가에 실현이 어려울 정도의 여러 가지 약속을 했다. 그러나 그 약속이 이루어지지 않자 터키는 중앙아시아 국가들로부터 큰 실망의 눈초리를 받았다. 중앙아시아에 대한 터키의 '형님' 같은 위세는 얼마 안 가 약해지고 말았다. 중앙아시아의 기대를 충족시키고 이들 국가의 경제를 일정 수준으로 높이기 위해서는 절대적으로 자금이 필요한데, 터키의 재정 지원 능력에는 한계가 있었다. 터키는 자금 부족으로 중앙아시아 국가들에게 필요한 차관이나 신용을 제공할 수가 없었다. 중앙아시아의 지도자들이 터키와의 유대를 기회가 있을 때마다 확인시켜주었지만, 그들이 바라는 실질적인 원조와 재정 지원 등이 터키로부터 충족되지 않자 중앙아시아 국가들은 러시아, 중국, 미국 등으로 눈을 돌리기 시작했다.

터키의 문화적 영향력 확산

그럼에도 불구하고, 터키는 중앙아시아 국가들의 독립 초기에 정부 관리와 은행 전문가들을 파견하고, 중앙아시아 정부, 기업, 은행의 실무자들을 터키에서 훈련시키는 등, 중앙아시아 각국이 시장경제 체제를 도입하도록 실질적인 지원을 한 국가임은 누구도 부정하지 않는다. 문화적인 측면에서도 터키는 중앙아시아 국가에 문화원을 설립하여 중앙아시아 학생들이 터키에서 공부할 수 있는 대규모 장학 프로그램을 시행하는 한편, 중앙아시아에 문화적 영향력을 확산하기 위해 중앙아시아를 대상으로 한 TV 채널을 개설하고 방송을 시작했다. 『자만 *Zaman*』『튀르키예 *Turkiye*』 같은 민족주의적 성향의 신문이 중앙아시아에 배포되었다. 또한 터키는 1993년에 중앙아시아 국가들이 사용하는 키릴 문자를 터키가 사용하는 라틴 문자로 변경하도록 하는 원칙적인 합의를 이끌어 내기도 했다. 하지만 이는 중앙아시아 각국의 여론 지도층들이 키릴 문자를 버리고 라틴 문자를 사용하는 데서 오는 불편함을 이유로 반대함으로써 현재까지도 진척되지 않고 있다. 현재 아제르바이잔, 투르크메니스탄, 우즈베키스탄 등 3개국이 라틴 문자를 채택했고, 키르기스스탄과 카자흐스탄은 키릴 문자를, 페르시아어 계열의 타지키스탄은 이란에서 쓰는 아랍 문자를 사용하고 있다.

중앙아시아 공화국들과 교육, 문화, 경제, 기술 분야에서 협력을 해나가기 위해 터키는 1992년에 터키국제협력단을 설립하고 이들 국가들과 실질적 협력 사업을 추진했다. 중앙아시아 국가들은 회원국 간 다양한 문화 협력을 위해 중앙아시아 튀르크계 공화국 문화기구 TÜRKSOY를 1992년에 설립했다. 튀르크계 공화국의 유네스코라 불리는 튀르크계 공화국 문화기구는 사무국을 터키 앙카라에 두고 있다. 또한 터키는 중앙아시아 국가들이 독립국가로서의 역사가 일천하지만 유엔 가입과 유럽안보협력기구, 나토, EU 등과의 협력 관계를 형성하고 외교 지평을 확대해가는 데 적극적인 지원을 해왔다. 그리고 중앙아시아 국가들과의 경제 협력을 위해 1985년 터키-이란-파키스탄 간 구성된 경제협력기구 ECO에 아제르바이잔, 카자흐스탄, 키르기스스탄, 타지키스탄, 우즈베키스탄 및 아프가니스탄 등 7개국을 1992년에 가입시켰다.

중앙아시아의 풍부한 에너지 자원을 둘러싼 외교 경쟁

1990년대 중반 중앙아시아의 에너지 자원의 중요성과 이를 유럽으로 수출하는 문제 등이 국제사회에서 구체적으로 거론되고 메이저 석유 기업들이 이 지역에 진출하면서, 터키는 중앙아시아를 보다 현실적인 시각으로 보게 되었다. 미국, 러시아 및 유럽 국가들이 중앙아시아와 코카서스 지역에서 에너지 자원을 둘러싼 외교 경쟁을 벌이는 상황에서 터키는 중앙아시아 국가들과의 민족적·문화적 유대를 토대로 에너지 외교를 강화하기 위한 실리주의 외교를 추진하기 시작했다.

1990년대 초기에 미국은 터키를 통해 중앙아시아에 정치적 영향력을 넓히려 했으나, 1990년대 중반부터는 터키를 통하지 않고 직접 중앙아시아와 접촉했다. 중앙아시아는 중동 지역에 이은 제2의 석유 및 천연가스의 매장지이자 막대한 광물자원의 매장지로서, 천연자원 에너지 보유와 전략적 가치로 세계의 관심을 끌었다. 특히 카자흐스탄과 우즈베키스탄에는 석탄, 우라늄, 아연, 금 등 수많은 광물자원이 매장되어 있고, 우즈베키스탄의 경우, 금은 세계 매장량의 5위, 우라늄은 세계 매장량의 10위를 차지하고 있다.

중앙아시아가 보유하고 있는 에너지 자원의 중요성은 중앙아시아와 코카서스 지역의 전략적 지도를 변화시키고 있다. 카자흐스탄, 키르기스스탄, 타지키스탄, 투르크메니스탄, 우즈베키스탄 등 중앙아시아 5개국과 아르메니아, 아제르바이잔, 조지아 등 남코카서스 3개국이 석유 및 천연가스의 보유국이라는 점, 그리고 이들 국가들이 에너지 천연자원을 유럽에 수송하기 위한 에너지 안보 측면에서 중요하다는 점 등은 지역 내 국가는 물론 지역 외 국가들의 에너지 외교 및 경제 정책에도 큰 영향을 미쳤다. 더구나 중앙아시아와 카스피 해 지역에 미탐사·개발 상태의 풍부한 석유·가스 자원이 존재한다는 점과 9·11 테러 사건 이후 지정학적 중요성이 증대되면서 이 지역을 향하여 전 세계적인 관심이 한꺼번에 집중되었다.

에너지·안보·경제 협력을 꾀하는 실리주의 외교

터키는 특히 에너지 자원이 풍부한 카스피 해 연안의 투르크메니스탄, 아제르바이잔, 카자흐스탄과의 관계에 집중했다. 부존자원이 없는 터키의 목표는 생산국에서 나오는 에너지 자원을 유럽 시장에 파는 중개자 역할을 하는 것이고, 이를 통해 터키의 지정학적·지전략적·지경학적 가치를 높이는 것이다. 거대 에너지 시장의 싸움에서 미국, 러시아, 중국, 이란의 등장으로 터키는 제2선에서 에너지 자원을 자국으로 통과시키는 꿈을 실현시키는 데 성공했다. 터키는 아제르바이잔의 석유를 조지아를 통해 터키로 연결하는 BTC 송유관 사업과 아제르바이잔의 천연가스를 터키의 에르주룸으로 연결하는 수송관 사업에 이어, 바쿠-카르스 철도 연결 프로젝트 등 3개 사업에 연거푸 성공하면서 국제사회에 중앙아시아에 대한 터키의 지전략적 이해관계를 높이는 데 성공했다.

2006년에 완공된 BTC 송유관은 카스피 해 석유를 러시아를 경유하지 않고 터키를 거쳐 유럽에 수출하는 유일한 송유관이다. 석유를 수송하는 BTC 송유관 외에 터키와 그리스를 잇는 천연가스 수송관이 2007년에 연결되면서 터키는 카스피 해 연안의 천연가스를 유럽에 연결하는 다리 역할을 하게 되었다. 카스피 해 천연가스를 터키를 경유하여 불가리아, 루마니아, 헝가리, 오스트리아로 연결하는 나부코 수송관 건설 협력이 진행 중이다. 만약 나부코 수송관이 현실화된다면, 터키는 카스피 해 에너지를 유럽에 수출하는 최대 중개국이 된다.

에너지 생산국으로 보면 생산된 에너지 자원을 안전하게 수송하는 것이 필요하고, 에너지 자원을 보유하고 있지 않은 터키나 유럽 입장에서는 에너지 자원 생산국의 안정과 중개국의 신뢰가 중요한 문제이다. 이런 이유로 에너지 자원 생산국이나 서방에 의해 터키는 에너지 자원을 수송하는 데 가장 신뢰할 수 있는 나라로 인식되고 있다. 에너지 자원의 수입 대상국과 통과 루트를 다양화하려는 유럽 입장에서 '터키'라는 옵션은 러시아로부터의 에너지 자원 수입 의존도를 줄이는 최선의 선택이 될 수 있다. 더구나 유럽으로서는 정세가 안정적인 터키를 통해 에너지 자원을 공급받는 것이 에너지 안보 차원에서도 매우 중요하다. 이런 면에서 터키는 최적의 나라로 평가받고 있고, BTC 송유관은 카스피해 연안의 에너지 자원을 수송하는 데 다른 통로를 개척하는 것도 가능하다는 것을 보여준 사업이다.

터키와 러시아의 경쟁과 협력

터키가 중앙아시아의 에너지 자원을 자국을 통해 유럽에 공급하려는 계획은 당연히 러시아의 이해관계와 충돌한다. 그럼에도 불구하고 터키가 중앙아시아와 에너지·경제 협력 관계를 증진시킨 것은 오히려 터키와 러시아 간의 협력 관계를 증진시키는 효과를 얻었다. 70년 이상 소련의 지배를 받아 친소련적인 향수가 남아 있는 중앙아시아에서는 러시아와의 협력이 필요한 것이다. 더구나 중앙아시아의 경제 구조가 러시아의 경제 체제와 맞물려 있기 때문에 터키가 중앙아시아 국가와 협력을 유지해나가려면 러시아와 '경쟁과 협력'이라는 이중적 관계를 만들어 나가야 하는데, 특히 에너지 분야에서는 더욱 그러하다. 터키는 지중해 연안 메르신 주의 악큐유 지방에 터키 내 최초의 원전을 건설하는 사업을 러시아와 추진 중에 있다.

구소련 해체 이후 터키와 러시아의 관계는 새로운 시대를 맞이했다.

터키에 러시아가 더 이상 전략적 위협 국가가 아니라는 인식이 퍼지면서 중앙아시아 에너지 자원을 중심으로 터키와 러시아 사이에는 실리적인 경제 관계가 확립되고 있다. 정치적·군사적인 면에서 볼 때 중앙아시아에서는 러시아의 영향력이 터키보다 압도적으로 크기 때문에, 터키로서는 중앙아시아에서 러시아와 정치적·군사적인 경쟁을 하는 것보다는 경제·통상 면에서 경쟁과 협력을 해나가는 것이 이익이기 때문이다.

중앙아시아 국가와의 교류 확대

터키에서는 중앙아시아 국가들과의 관계에서 현실을 바탕으로 하지 않고 너무 감성적인 차원에서 접근한 것이 실패의 원인이라는 자기비판이 있었다. 이는 중앙아시아에 대한 터키의 능력과 한계를 점검하고 중앙아시아 국가와의 관계를 현실적이고 실리적으로 모색해나가는 기회를 만들어주었다.

경제·통상, 교육, 문화 분야에서 중앙아시아 국가와의 관계는 2000년대 터키의 경제력이 확대되면서 실질적으로 확대되고 있다. 중앙아시아에는 터키 상품과 터키 방송 프로그램이 수출되고 있다. 터키국영방송사 TRT는 중앙아시아 국가를 상대로 TRT TÜRK 채널로 터키어 방송을 하고 있다.

터키의 입장에서 볼 때 중앙아시아와의 교역은 전체 교역의 1.5퍼센트에 그쳐 미미한 수준이기는 하지만 성장 가능성은 많다. 중앙아시아에 수출하는 터키의 주요 분야는 건설과 섬유 산업이고, 건축자재, 세제와 식품이 주요 수출품이다. 통신, 도로 건설, 건축 사업은 터키 기업이 강점을 많이 가지고 있는 분야이다. 중앙아시아에 진출한 터키 기업은 대부분 중소기업으로 식당, 일반 상점, 세탁소, 인터넷 카페, 호텔, 여행업 대행사 등 다양한 분야에 진출해 있다. 터키의 주요 수입품은 면화와 직물이다. 중앙아시아 시장에서 터키 업체들은 중국 업체와 치열하게 경쟁하고 있다. 중앙아시아 국민들은 터키를 여행·관광 대상지로 선호한다.

04

흑해 지역 국가와의 관계

흑해의 지정학

흑해는 6개국과 국경을 접하고 대륙으로 둘러싸인 내해 형태를 이루고 있으며, 보스포루스 해협, 마르마라 해와 다다넬즈 해협을 통해 에게 해와 연결된다. 흑해로 드나드는 것은 터키 해협을 통해야만 가능하다. 흑해의 면적은 아조프 해를 포함하여 약 46만 제곱킬로미터이다. 총 4,340킬로미터 해안선 길이에 총수량은 53만 7,250제곱킬로미터이고, 평균 수심은 1,300미터이다.

17~18세기에는 유럽인들이 지중해에서 무역의 주도권을 가진 반면, 흑해에서는 오스만 제국이 무역의 주도권을 가졌다. 오스만 제국과 러시아는 흑해 연안에서의 상업 주도권을 놓고 경쟁했다. 지중해에서는 해상 무역이 활발히 이루어졌지만, 내해라는 지리적인 특성을 가진 흑해에서는 국제 무역이 활발하지 못했다.

그러나 구소련 해체 후, 흑해 연안은 국제 무역과 경제 협력에서 좋은 지리적 위치에 있다는 사실이 주목받기 시작했다. 흑해 지역이 역사적으로 중요한 경제 활동 지역이었다는 이유로, 냉전시대가 끝나자마자 흑해 지역의 협력 문제가 대두되었다. 흑해 지역에서의 경제 협력은 구소련의 영향력 아래 있던 동구권 국가들이 더욱 관심을 가졌다. 구소련은 동구권 국가에 방산이나 항공 등의 분야에 대규모 투자를 했지만, 그 외 분야에는 거의 투자하지 않았던 것이다.

흑해는 전통적으로 터키와 러시아가 지역 내 영향력 확대를 위해 경쟁하는 지역이지만, 최근에는 EU와 미국 등 서방 세력들의 관심 역시 고조되고 있다. EU는 이웃 국가 정책을 시행하기 위한 대상으로, 미국은 유라시아로 들어가는 관문으로 여기면서 흑해 지역 진출을 가속화하고 있다. 터키와 러시아는 국가 규모나 경제력 등에 비추어 흑해 연안국을 대표하는 국가로 두 나라는 역사상 흑해의 지배권을 놓고 늘 경쟁 관계에 있었다. 흑해를 장악하려던 러시아는 19세기 초 현재의 아르메니아와 우크라이나 일부를 장악하고 다뉴브 강이 바다로 접하는 지역을 점령하여 정치적·군사적인 보장을 받았다.

제2차 세계대전 이후 흑해는 소련 외에 루마니아, 불가리아가 가입한 바르샤바 조약기구와 터키가 속한 나토의 세력이 부딪치는 전선이 되었다. 1989년에 루마니아와 불가리아에서 공산주의 체제가 붕괴되고 1991년에 구소련이 와해된 후 흑해의 지정학적인 중요성은 크게 바뀌게 되었다.

러시아의 영향력이 과거에 비해 차츰 약해지고, 또 러시아는 구소련 체제 아래 있던 우크라이나, 조지아와 불화하게 되었다. 더구나 바르샤바 조약기구 회원국이었던 루마니아와 불가리아가 나토와 EU 회원국이 되고, 이들 나라가 미군 기지 설치를 승인한 것은 러시아에 큰 충격을 안겨주었다. 우크라이나는 흑해 연안국 중 러시아 다음으로 큰 국가로, 러시아와 중앙아시아 사이에 천연가스가 통과하려면 거쳐야만 하는 위치에 있다는 점에서 전략적으로 중요하다. 러시아로서는 이러한 나라와의 불화는 큰 타격이 아닐 수 없었다.

흑해경제협력기구 설립

흑해 연안 국가들과의 협력을 모색하려는 구상은 엘렉다으 미국 주재 터키 대사가 처음으로 제시했다. 불가리아, 조지아, 몰도바, 루마니아, 러시아가 협력 프로젝트에 지지를 표명해왔다. 흑해 연안 국가가 아닌 아르메니아와 아제르바이잔 역시 참석을 희망해와 1990년 12월 터키 앙카라에서 회의를 갖고, 흑해경제협력기구Black Sea Economic Cooperation: BSEC를 설립함을 발표했다.

흑해 지역 경제 협력의 당초 구상은 '자유무역지대'를 설립하는 것이었으나, 회의를 진행하면서 협력의 구체적 방식은 '경제 협력'으로 방향이 바뀌었다. 세 번의 회의를 거친 후 우크라이나가 참여했으며, 1992년 2월 참가국 외교 장관들이 이스탄불에서 흑해경제협력기구를 설립하기로 하는 성명서에 서명했다.

경제 협력을 통해 터키의 전략적 중요성을 부각시키려는 의도도 흑해경제협력기구를 탄생시킨 동기 중 하나이다. 터키는 특히 러시아와 경제 협력을 통해 양국 간 통상 관계를 증진시키고, 흑해 연안의 안보를 안정적으로 확보하고자 했다.

그리스와 알바니아도 이 기구에 참가하기로 결정한 후, 회원국 정상들의 참석 아래 흑해경제협력기구는 흑해 연안국의 교역 및 경제 협력 확대를 위해 1992년 6월 이스탄불 선언을 내면서 이스탄불에 사무국을 두고 발족했다. 흑해경제협력기구의 회원국은 터키를 비롯하여 아르메니아, 조지아, 아제르바이잔, 러시아, 우크라이나, 몰도바, 루마니아, 알바니아, 불가리아, 그리스 및 세르비아 등 12개국이다. 흑해경제협력기구는 회원국 간 지리적인 근접성을 이점으로 통상, 경제, 과학, 기술 협력을 증진시켜나가는 것을 목표로 했다. 궁극적인 목표는 회원국 간 과거 불신을 뒤로하고, 흑해 지역을 평화, 협력, 복지의 지역으로 만든다는 것이다. 그러기 위해서 회원국 간 상품과 서비스의 교역을 위한 협력의 장을 마련하고, 장기적으로는 자유무역이 이루어지게 하는 것을 목표로 한다.

흑해경제협력기구는 흑해, 발칸, 코카서스 지역을 포함하고 있으며, 2천만 제곱킬로미터의 넓이에 EU나 미국보다 많은 3억여 명의 인구와 연간 무역 규모 3천억 달러를 지닌, 천연자원이 풍부한 지역이다. 12개 회원국과 18개 옵서버 국가 및 기구, 16개 부문별 대화 파트너 국가가 참여하고 있다. 한국은 2011년 1월 부문별 대화 파트너 국가로 가입했다. 흑해경제협력기구는 회원국 간 도로 건설 및 기술 교류 분야 등에 한국이 적극 참여해주기를 기대하고 있다.

이 기구의 회원국 중 6개국이 구소련에 속한 국가인데, 이들 국가들의 경제가 취약하고 자유시장 경제 체제로 이전 중에 있는 것이 회원국 간 협력을 활성화시키지 못한 중요한 요인으로 작용한다. 또한 회원국 간 역사적인 과거 문제로 긴장 상태에 있는 것도 협력에 장애 요소이다.

흑해경제협력기구는 흑해 연안국의 교역 및 경제 협력 확대를 목적으로 설립된 지역 경제 기구이다. 흑해는 연안국인 터키와 러시아뿐만 아니라 인접 국가들에게 지정학적으로 중요한 지역이며, 최근에는 에너지 가스 수송로서의 전략적 중요성이 주목받고 있다.

아제르바이잔과 아르메니아는 나고르노카라바흐 문제로, 러시아와 조지아는 압하지야 문제로, 몰도바와 러시아는 트란스니스트리아 문제로 긴장 관계에 있다. 일부 회원국 간 긴장 관계에도 불구하고 모든 회원국은 경제 협력을 통해 긴장 관계를 해소하려고 한다.

흑해경제협력기구는 1992년 6월 흑해 연안국 간 경제, 통상, 교통, 통신, 과학기술 등 분야의 협력을 증진한다는 목적으로 이스탄불에서 창립총회를 가진 후 1995년 6월 루마니아의 부쿠레슈티에서 제2차 정상회의를 가졌고, 1996년 10월 러시아의 모스크바에서 제3차 정상회의 및 1998년 6월 얄타에서 제4차 정상회의를 가졌다. 회원국 간에는 조직

범죄방지협정, 문화협력협정, 긴급구조 및 자연재해 협력협정이 체결되었고, 1999년 6월 그리스의 테살로니키를 본부로 한 흑해무역개발은행을 발족시켰다. 이 지역 협력체에서 터키는 의욕적으로 주도적 역할을 하려고 했지만, 특히 러시아, 그리스 등과 이해가 상충되는 부분이 많아 당초 기대와는 달리 성과가 크게 나타나지는 않고 있다.

EU의 확대와 함께, 흑해 지역에 대한 EU의 관심도 증대되고 있다. 2007년에 불가리아와 루마니아가 EU에 가입했고, 터키가 정회원 가입 협상을 진행 중이므로 EU의 동쪽 경계가 흑해경제협력기구의 회원국 경계와 직접 만나고 있다. 흑해경제협력기구 회원국 중 그리스는 EU 회원국이며, 오스트리아와 이탈리아가 흑해경제협력기구의 옵서버 자격으로 참여하고 있다.

에너지 자원 수송로, 흑해의 안보를 지키려는 터키의 노력

흑해는 원유, 천연가스 같은 에너지 자원의 수송로라는 면에서 특히 그 중요성이 드러나고 있다. 터키와 러시아는 블루 스트림이라는 천연가스 수송관 연결에 합의했으며, 러시아의 천연가스는 흑해의 해심 2,150미터 지점에 설치된 수송관으로 터키에 공급되고 있다. 흑해를 통해 수송되는 원유량은 하루 평균 3백만 배럴 정도다. 터키는 한계에 달한 흑해의 해상 교통량을 줄이고, 환경오염 등을 방지하기 위해 에너지 자원을 수송선으로 운반하기보다는 해저에 설치된 수송관을 통해 운반하는 것을 선호하고 있다.

이런 이유로, 터키는 카스피 해 원유를 러시아의 흑해 연안 항구를 경유하여 터키 해협을 통해 수송하려는 구상에 반대했다. 아제르바이잔의 원유는 2006년 6월 바쿠-트빌리시-제이한으로 연결된 수송관을 통해 운반되고 있다. 러시아는 제2의 블루 스트림 천연가스 수송관 프로젝트도 계획 중이다. 터키가 삼순-제이한 원유 수송관을 건설하려는 것도 터키 해협의 해상 교통과 오염을 방지하기 위한 것이다.

터키는 에너지 자원의 수송로라는 점에서 지정학적 중요성을 지닌 흑해의 해상 안보를 위해 회원국 간 협력을 구하고 있다. 흑해의 안보와 안정은 흑해 연안국뿐만 아니라 미국이나 EU에도 매우 중요하다. 터키는 흑해경제협력기구 회원국과 역외 관련국인 미국이나 EU와 흑해의 안보를 확보하기 위한 메커니즘을 조직하기 위해 대화를 계속해나가고 있다.

또한 터키는 흑해의 안보를 위한 협력체로 흑해해군협력실무그룹 BLACKSEAFOR을 만드는 데 앞장섰다. 흑해 연안국 간 협력을 목적으로 1998년 설립 논의를 시작한 흑해해군협력실무그룹은 2001년 4월 터키, 불가리아, 루마니아, 조지아, 우크라이나와 러시아 등 6개국 참가하에 이스탄불에서 설립 협정이 체결되었다. 흑해해군협력실무그룹의 설립 목적은 서명국 해군 간의 협력 증진을 통해 흑해에서의 상호 이해와 우호, 친선을 강화하는 것이다. 흑해해군협력실무그룹은 탐색, 구조 작전, 인도적 지원, 환경 보호, 해저 지뢰 제거, 친선방문 등의 활동을 수행하고 있다. 9·11 테러 이후 테러에 대한 국제 협력의 필요성이 많아지자, 2004년부터 흑해해군협력실무그룹은 테러 방지, 대량살상무기 비확산 등의 임무도 수행하고 있다.

05

러시아·중국·일본과의 관계

1. 러시아와의 관계: 지역 내 경쟁자이자 협력자 관계로

적대와 친선을 오가는 두 나라의 관계

터키와 러시아는 역사적으로 적대와 친선 관계를 반복해왔다. 제1차 세계대전이 끝날 때까지 터키와 러시아는 수많은 전쟁을 치렀다. 터키와 러시아 간에는 1676~81년 전쟁, 1914~17년 전쟁을 포함, 12차례나 큰 전쟁이 있었다. 처음 전쟁을 시작한 1676년부터 마지막으로 전쟁을 치른 1917년까지, 241년 동안 20년마다 전쟁을 치른 셈이다. 양국은 거대한 제국을 운영한 역사를 가지고 있어 국가적 자부심도 대단하다는 공통점이 있다. 또 제국의 해체와 멸망 이후 국제사회에서 고립을 경험한 역사를 갖고 있는 것도 공통점이다.

오스만 제국에 큰 위협이 되었던 제정 러시아가 1917년 볼셰비키 혁명으로 붕괴되고 소비에트연방(소련)이 수립되면서, 오스만 제국의 동부 지역을 위협하던 제정 러시아는 사라지게 되었다. 제1차 세계대전 당시는 서로 적국이었지만, 전쟁이 끝난 후 두 나라 관계는 친선 관계로 변화되었다. 제1차 세계대전에서 오스만 제국은 패전국이 되었고, 제정 러시아에서는 전쟁으로 인한 경제적 피폐로 민중 혁명이 일어나 소련이 탄생했다.

제1차 세계대전의 연합국들이 패전국 오스만 제국을 분할 점령하기로 하자 오스만 제국도 동맹국을 찾게 되었다. 소련은 볼셰비키 혁명 이후 새로운 이념으로 반제국주의 사상이 확산되는 중이었고, 서방 주도 국제사회에서 고립되지 않기 위해 동맹을 찾게 되었다. 영국, 프랑스, 그리스, 이탈리아 등 연합국들이 오스만 제국을 분할하려는 데 맞서 아타튀르크가 터키 공화국을 수립하기 위한 독립전쟁을 시작하자 소련이 이를 지원했다. 소련은 터키의 독립운동에 상당한 양의 금과 병력을 지원했다. 그리고 터키 공화국이 수립되자 소련은 즉시 터키 공화국을 승인했다.

소련이 신생 터키 공화국을 지지한 시기(1921~39년)는 터키와 러시아 간의 친선 관계가 움튼 시기로 우호 관계가 유지되었다. 소련은 아타튀르크의 독립운동을 지지했으며, 터키는 양측 간 우호 분위기를 바탕으로 레닌의 지도 아래 볼셰비키 혁명을 거친 소련과 1921년 재빠르게 우호조약을 체결하고 외교 관계를 시작했다. 1925년에는 우호불가침조약을 체결하여 소련과의 든든한 우호 관계를 강화했다. 터키와 소련 양국은 제1차 세계대전으로 인해 국력이 피폐하고 외교적으로도 고립되어 있었으므로 상호 우호 관계가 필요했다. 서구는 터키가 소련과 같이 사회주의화될 것을 우려했다.

　소련과의 우호 관계는 제2차 세계대전이 시작되기 전까지 계속되었고, 전쟁이 끝난 후 양국 관계는 냉전이라는 양극 체제하에서 서로 다른 길을 걷게 되었다. 냉전시대에 터키와 소련의 관계는 미국과 소련의 관계에 따라 결정되었다. 소련이 지중해와 중동으로 진출하려는 야욕을 보이자 터키는 소련의 남진을 막기 위해 서방 체제의 보호 아래 있기를 원했다.

　1945년 3월, 소련은 제2차 세계대전에서 승전국이 된 여세를 몰아 터키와 소련의 우호불가침조약은 변화된 정세에 맞지 않는다는 이유로 일방적으로 파기할 것을 통보하고, 터키 동북부의 카르스와 아르다한의 할양*과 터키 해협에 소련의 군사 기지를 설치하도록 허용해줄 것을 요구했다. 터키는 이에 강하게 반발했고, 터키 내 영토 및 해협에 대한 소련의 야심이 드러나자 터키는 미국에 군사 원조를 요청했다. 터키는 1947년 3월 트루먼 독트린에 따라 그리스와 함께 미국의 군사 원조를 받게 되었으며 1948년부터는 마셜 플랜에 의해 많은 액수의 경제 원조를 받게 되었다.

　1960년대 초반 소련은 키프로스 문제와 관련해 군사 개입을 시도하려는 터키의 계획에 반대했다. 소련은 키프로스 섬을 터키가 장악할 경

★ 1919년 서구 열강들이 오스만 제국을 공격해 영토를 분할하려 했던 시기 소련은 터키에 물적 지원을 했다. 1920년 4월 터키 임시 정부의 국회 개원 3일 전 터키 지도자 아타튀르크는 레닌에게 서한을 보내 소련과 정치·군사 관계를 맺을 것을 희망했다. 1921년 터키-소련 간 우호조약으로 양국은 카르스, 아르다한은 터키에 넘겨주고, 바투미(현 조지아의 항구 도시)는 소련이 차지하는 데 합의했다.

우 미국이 이곳을 나토 기지로 사용할 수 있다고 보고 키프로스 섬에 대한 터키의 군사 개입을 반대하고 나섰다. 1970년대 양국 관계는 최악의 상황이었다고 볼 수 있다. 1960년대 말부터 터키에서 일어난 좌익 운동이 1970년대에 대규모로 확산되었고, 공산·사회주의 선전과 테러가 정국을 마비시키게 되었다. 1974년 터키가 키프로스 섬에 군사 개입하자 소련은 강력하게 반발하고, 군사 개입 후 미국이 터키에 대해 무기 금수 조치를 취하자 이를 환영했다. 그러나 미국의 무기 금수 조치가 1978년에 해제됨으로써 터키와 미국 관계는 호전되었다. 1980년 군사 혁명 후 출범한 외잘 주도의 터키 민간 정부는 미국 및 서구와의 관계 증진에 우선을 둠으로써, 터키-소련 관계는 1990년대까지 별다른 진척이 없이 지지부진했다.

구소련 붕괴 후 러시아연방이 탄생하자 터키는 바로 러시아를 승인했다. 그리고 양국은 새롭게 다가온 기회를 이용하여 냉전시대에 잃어버렸던 신뢰를 회복하고 좋은 이웃 관계를 구축하기로 했다. 1990년대 들어 터키와 러시아는 정치, 경제 분야에서 관계 발전을 시도했지만, 냉전시대의 정치적 환경으로 뚜렷한 성과를 보지는 못했다. 또한 터키에는 쿠르드 문제가 있었고, 러시아는 체첸 문제를 안고 있었다. 터키는 체첸을 지지하고 러시아는 쿠르드를 지지함으로써, 양국은 정치적으로 불편한 이슈를 안고 있다.

에너지 협력으로 급선회한 관계 발전

그러나 1997년, 빅토르 체르노미르딘 러시아 총리가 터키를 방문하여 러시아 가스를 흑해로 수송할 블루 스트림 프로젝트 협정에 서명함으로써, 양국 간 경제 관계가 활성화하는 계기를 맞았다. 양국 간 합의된 블루 스트림 프로젝트는 터키-러시아 관계를 다방면으로 확대하는 데 중요한 추동력이 되었다. 이 때문에 양국 관계는 경제 분야에서 에너지 분야로 협력의 중심이 급선회하게 되었다. 1999년 11월에는 에제비트 터키 총리가 러시아를 방문하여 체첸 문제는 러시아 국내 문제임을 확실하게 천명함으로써 체첸 문제를 둘러싼 양국 간 불편한 심기는 가라앉게 되었다.

2000년대에 터키와 러시아 관계는 급속도로 진전되었다. 특히 에르도안 총리 주도 아래 터키와 러시아 간 에너지 분야 협력이 다각도로 협의되면서, 양국은 정치, 경제, 에너지, 안보 분야 등에서 협력의 기조를 유지하고 있다. 구소련이 해체된 후 터키는 러시아와 국경을 같이하게 됐다. 이는 터키의 외교 정책 변화에도 크게 영향을 미쳤다.

러시아는 터키에 경제·정치·군사 분야에서 협력의 기회를 제공하고 있다. 즉, 양국 관계는 더 이상 군사적 대결이 아닌 정치적인 대화를 기반으로 발전하고 있다. 특히 터키와 러시아 총리 간 친밀한 유대는 양국 간 관계를 급진전시키는 데 도움을 주고 있다. 에르도안 터키 총리와 푸틴 러시아 총리는 평범한 가정 출신으로 강력한 리더십을 가지고 있으며 오랫동안 권좌에 있어 적대적인 과거의 역사를 역사 속에 묻어버릴 정도로 카리스마가 있는 지도자들이다. 푸틴에게 차르의 기氣가 있다면, 에르도안에게는 술탄의 기가 있다.★ 이로 인해 양국 간에는 에

★ Mehmet Öğütçü, "Turkey and Changing Dynamics of World Energy: Towards Cleaner and Smarter Energy", *Insight Turkey*, vol. 12, No. 3, 2010, p. 77.

너지, 경제, 대외 정책 면에서 정치적 대화를 할 수 있는 환경이 조성되었다.

전례 없이 가까워지는 양국 관계

터키와 러시아는 외교 전략 면에서 많은 공통점을 가지고 있다. 양국 모두 지역 내 맹주가 되려는 야심을 지니고 있으며, 역사적으로 인연이 많은 주변 국가들과의 관계 개선을 주 외교 목표로 삼고 있다.

이러한 공통점은 국제사회에서 서로의 정책을 지지하는 데도 큰 역할을 한다. 미국이 이라크와 아프가니스탄 문제에 전념하고 있을 때, 터키와 러시아는 코카서스와 중동에 영향력을 넓히기 위해 외교적 노력을 배가했다. 정치적으로도 러시아는 터키의 EU 가입을 지지하고 나섰고, 터키는 러시아가 이슬람회의기구에 옵서버로 참여하도록 지지해주었다.

이와 보조를 맞춰 양국 간 협력이 정상급 상호 방문으로 이루어졌다. 2004년 12월 푸틴 대통령이 터키를 방문했고, 곧이어 2005년 1월에는 에르도안 총리가 러시아를 답방했다. 같은 해 11월에는 푸틴 대통령이 터키에서 열린 블루 스트림 파이프라인 프로젝트 개통식에 참석했다. 2004년 12월 푸틴은 32년 만에 터키를 방문한 러시아 대통령으로 기록되었다. 양국 정상은 '우호와 다원적 파트너십의 심화'에 관한 공동성명을 발표했고, 여섯 개의 협정을 체결했다. 푸틴 대통령의 터키 방문은 양국 간 고위급 정무 관계를 촉진시켰으며, 터키와 러시아 관계는 괄목할 만하게 증진되었다.

2001년 양국 간 정치적 대화를 통해 외교 장관 간에 '유라시아 협력 액션 플랜'이 체결됨으로 두 나라의 관계는 결정적으로 가까워졌다. 푸틴 러시아 대통령과 에르도안 터키 총리가 2005년에 네 차례나 만날 만큼 2005년은 터키와 러시아 간 관계가 정점을 기록한 해였다.

2008년 8월 러시아-조지아 전쟁 시, 나토와 미군 함대가 흑해에 진입하는 것을 터키가 반대한 것은 러시아 기대를 충족시켜주었다. 러시아는 전통적으로 흑해와 이스탄불 해협을 군사적으로 매우 중요하게 보고 있기 때문에 흑해에 강국의 함대가 진입한다는 것을 용인하려 하지 않고 있다. 터키의 친러 감정과 양국 간 정치·경제 협력으로 신뢰감이 조성되는 분위기에서, 2009년 2월 터키의 귤 대통령이 러시아를 방문했다. 그간 터키의 범튀르크주의 확산을 우려하여 튀르크계인 타타르스탄 방문을 유보해온 러시아는 귤 대통령에게 타타르스탄 방문 기회를 주었다.

2009년 8월 푸틴 러시아 총리의 터키 방문 시에는 석유·가스 수송관 프로젝트, 원전, 세관 협력 등 20개 협정이 서명되었다. 러시아는 삼순-제이한 송유관에 석유를 공급하겠다고 약속했고, 터키는 유럽이 주도한 나부코 프로젝트에 맞선 러시아의 사우스 스트림 프로젝트를 지지한다고 발표했다. 푸틴 총리가 터키 방문으로 얻은 가장 괄목할 만한 성과는 악쿠유 원전 건설 사업과 관련한 협력 의정서를 체결한 것이었다.

또한 2010년부터 양국 지도자들이 매년 정례적으로 회담을 갖기로 했다. 2010년 1월 에르도안 총리가 러시아를 방문한 데 이어, 같은 해 5월 러시아의 메드베데프 대통령이 터키를 방문했다. 양국은 악쿠유 원전 건설 사업 협력, 비자 면제, 교통 등 분야와 관련하여 대통령실에서 5개, 총리실에서 12개 등 총 17개 협정서 또는 양해 각서를 체결했다. 양국은 380억 달러 규모의 양국 간 무역량을 5년 이내 1천억 달러로 증가시키기로 합의했다.

　정상 간 방문과 실무 협의를 통해 터키와 러시아는 터키의 악쿠유 원전 건설 사업에 합의했다. 2010년 5월에 서명한 계약을 통해 러시아는 터키 최초의 원자력 발전소를 악쿠유에 건설하게 된다. 지중해 연안에 위치한 악쿠유 부지에 총사업비 2백억 달러 규모로 2011년에 부지 사업에 착수하여 2019년까지 4기의 원전이 세워질 예정이다. 원전의 건설, 운영 및 자금 조달을 모두 러시아가 맡도록 한 터키 정부는 국제 입찰이 아닌 정부 간 협정 체결을 통해 수주 협상을 마무리했으며, 이에 따라 러시아 컨소시엄이 악쿠유 원전 사업을 최종 수주하게 되었다.

　양국 관계가 전례 없이 가까워지고 있다. 지역 내 패권 경쟁으로 양국 관계가 냉각될 위험성은 상존하지만, 양국은 지역 내에서 협력이 불가피한 전략적 파트너이다. 정치적인 목적보다는 양국 간 경제적 이익을 고려한 경제 협력이 강화되고 있다.

　러시아는 자국산 가스를 유럽으로 수송하는 사우스 스트림 가스관이 흑해 내 터키 영해를 통과할 수 있도록 허용해줄 것을 터키 측에 요청했고, 터키는 이를 전격 수락다. 만약 터키가 거부한다면, 러시아는 그간 수차례 가스 분쟁을 겪었던 우크라이나를 피해 멀리 우회해 가야 했다. 터키와 러시아 간 가스 구매는 1984년 9월에 정부 간 협정이 체결되어 시작되었고, 1986년 2월에는 터키의 보타쉬와 러시아의 가젝스포르트 간 25년간 구매 협정이 체결되었다. 천연가스는 1987년부터 '웨스턴 라인'이라는 수송관으로 수송되었다. 러시아와의 가장 중요한 가스 협정은 1997년 25년간 구매를 약속한 블루 스트림 프로젝트이다. 에너지 부문에서 천연가스의 65퍼센트, 석유의 30퍼센트를 러시아에서 수입하는 터키는 블루 스트림 천연가스 프로젝트로 러시아와 떼려야 뗄 수 없는 사이가 되었다.

라이벌에서 파트너로

오랫동안 터키와 러시아는 지역 내 패권을 놓고 경쟁한 라이벌이었지만 현재는 중요한 교역 대상국으로 협력하고 있다. 터키 입장에서는 러시아가 독일 다음으로 두번째 교역 파트너이고, 러시아 입장에서는 터키가 14번째 교역 파트너이다. 터키의 대러시아 교역량 중 70퍼센트 이상이 에너지 자원이다. 교역량에 비해 양국 간 투자는 아직 미미한 수준이다. 러시아의 터키 내 투자는 3억 5천만 달러 수준인 데 반해, 터키의 러시아 내 투자는 15억 달러 수준으로 터키가 러시아에 더 많은 투자를 하고 있다.

터키와 러시아 관계는 교역은 물론 관광 분야에서도 뚜렷하게 나타나고 있다. 1990년에 20억 달러에 불과했던 양국 간 교역 규모는 2000년에 45억 달러에 이어 2008년에 380억 달러로 최고를 기록했고, 2010년에는 260억 달러, 2011년에는 289억 달러를 기록했다. 2011년도 러시아에 대한 터키의 무역적자액은 179억 달러로, 터키는 러시아와 만성적인 무역 불균형 문제를 안고 있다.

2010년 4월부터 양국 간 30일간 비자 면제가 시행되자 2011년 상반기에 터키 남부의 휴양지인 안탈리아에는 러시아 관광객이 몰려들면서 처음으로 독일 관광객을 앞질러 휴양지 안탈리아를 방문하는 외국인 순위 1위에 올랐다. 2010년에 터키를 방문한 러시아 관광객은 무려 3백만 명에 이르렀고 비자 면제 조치가 이루어진 2011년에는 350만 명을 기록했다. 터키항공은 모스크바 외에 상트페테르부르크, 카잔, 로스토프, 예카테린부르크, 우파, 소치 등 일곱 곳에 직항을 운행하고 있고 모스크바에만 일주일에 40회 운항을 할 정도로 인적 교류도 늘고 있다.

오스만 제국 시절부터 시작된 러시아와의 관계는 이제 5백여 년이 넘어섰다. 그간 두 나라는 지역 내 패권을 두고 수없이 전쟁을 해왔다. 그러나 변화된 국제 정세 속에서 두 나라는 현실적이고 실용적인 관계를 유지하고 있다. 최근 20년간 에너지, 관광, 보건, 군사 등 다양한 분야에서 발전된 터키와 러시아의 관계는 가히 놀라울 정도이다.

두 나라는 외교 정책에서도 유사한 면을 갖고 있다. 터키가 '이웃 국가와의 갈등 제로 정책'을 통해 주변 국가와 모든 관계를 발전시키고 있는 것처럼, 러시아는 구소련 국가들과의 협력 관계를 모색하는 '근외 정책'을 실행하고 있다. 특히 터키가 러시아가 가깝게 된 데는 에너지 자원이 한몫을 하고 있다. 러시아가 에너지 자원 보유국이라는 점, 그리고 터키가 유럽-아시아-아프리카를 연결하는 교량 역할을 하는 위치에 있다는 점이 두 나라 간 협력을 촉진시켰다. 또한 양국 지도자인 러시아의 푸틴 대통령과 터키의 에르도안 총리의 기질과 국정 운영 방식이 비슷한 것도 관계 발전에 요인이 되고 있다. 증가하는 교역량, 고위급 인사의 상호 방문, 비자 면제 조치로 인한 관광객 증가, 원전 건설 사업 협력 등이 터키와 러시아 간 관계 발전을 대변하고 있다.

유라시아 협력 액션 플랜

유라시아 협력 액션 플랜Eurasia Cooperation Action Plan은 2001년 11월 터키의 이스마일 젬 외교부 장관과 러시아의 이고르 이바노프 외교부 장관 간에 뉴욕에서 체결되었다. 러시아와 터키는 중앙아시아와 코카서스 지역을 포함한 유라시아 지역에서 경쟁 관계를 뒤로하고 지역 내 평화와 번영을 위해 협력하기로 하는 한편, 에너지, 안보, 테러 및 불법 마약 거래 등 다차원의 분야에서 협력을 실천해나가기로 합의했다.

유라시아 지역은 역사적으로 터키와 러시아 간에 각자의 영향력 확대를 위한 경쟁의 장이었고, 최근에는 에너지 자원의 생산과 수송이라는 차원에서 전략적 중요성이 더욱 부각되고 있는 지역이다. 유라시아 협력 액션 플랜은 터키와 러시아 간 관계를 다양하게 발전시키는 시발점이 되었다. 양국 간 신뢰 조성과 우호 관계의 기반을 마련한 액션 플랜에 따른 실무 그룹 회의가 현재도 진행 중이다.

2. 중국과의 관계: 적대국에서 군사 협력 관계로

신장 위구르 문제

터키는 중국과 1971년 8월 4일 외교 관계를 맺었다. 그러나 양국 관계의 시작은 오스만 제국 때로 거슬러 올라간다. 오스만 제국은 서쪽으로 영토를 팽창해나갔기 때문에 극동에 대한 관심은 상대적으로 적었다. 오스만 제국은 말기에 튀르크계 위구르족이 있는 중국 서역 산악 지대의 신장에 관심을 가졌다.

현재 중국의 신장 위구르 자치구는 1955년부터 중국 정부에 의해 위구르족의 자치구가 되어 있으며, 이곳 총인구의 3분의 2가 위구르족으로 13개에 달하는 소수민족이 살고 있다. 신장 위구르 자치구는 고대 실크로드와 깊은 연관이 있는 서역의 일부로 면적은 160만 제곱킬로미터이다. 이는 중국 전체 면적의 6분의 1에 해당하는 넓은 면적이다.

터키와 중국은 1970년대 외교 관계를 맺었지만 1990년대 중반까지 별다른 관계 진전을 이루지 못했다. 양국 간 외교 관계 수립 이후 정치, 경제 관계가 나아지긴 했지만, 양국 관계를 발목 잡는 장애 요소가 있었다. 중국 서역의 신장 위구르 자치구의 소위 '동투르키스탄 문제'였다. 신장 위구르 자치구에는 튀르크계인 위구르족이 많이 거주하고 있고, 터키가 이 지역에 대한 연대감을 보이자 중국이 터키를 의혹의 눈으로 바라보기 시작한 것이다. 특히 신장 위구르 자치구 지역을 동투르키스탄으로 부르는 것은, 이곳이 '동쪽에 있는 또 다른 터키'라는 인식이 중국인들 사이에 퍼지는 결과를 가져올 것이었다.

1990년대 초반 신장 위구르 자치구를 바라보는 시선에 양국이 차이를 보임으로써, 두 나라 사이에 아주 미묘한 긴장이 흘렀다. 터키는 신장 지역에 있는 1천만 명의 위구르족들이 튀르크계 민족으로 양국 우호 관계를 증진하는 다리 역할을 한다고 천명하고 있지만 중국으로부터 큰 설득력을 얻지 못했다. 시간이 지나면서 터키는 중국과의 관계 발전을 위해 신장 위구르 자치구, 소위 동투르키스탄 문제를 낮은 수위로 다루기로 정책을 전환했다.

구소련이 해체되고 1990년대 초 중앙아시아 국가들이 하나하나 독립할 무렵 터키가 이들 국가와 민족적 동질성을 강조하며 '아드리아 해에서 만리장성까지 튀르크 세계가 될 것'이라고 외치자, 이를 범튀르크주의 확산으로 본 중국은 긴장할 수밖에 없었다. 중국의 서역에는 독립의 기회를 노리는 튀르크계인 위구르 자치구가 있기 때문이다. 즉, 범튀르크주의 바람이 중국까지 불어온다면 중국의 영토 보전에 위협이 될 것이기 때문이었다.

1995년 터키의 데미렐 대통령이 중국을 방문하여 중국이 지닌 영토 보전에 대한 우려를 해소시켰다. 이 무렵 체첸 문제를 안고 있는 러시아도 범튀르크주의가 러시아로 넘어오는 것을 우려하고 지역 내 집단안보 체제인 상하이협력기구SCO를 중국의 협조를 얻어 출범시켰다. 상하이협력기구에는 러시아, 중국 외에 우즈베키스탄, 카자흐스탄, 키르기스스탄, 타지키스탄 등 중앙아시아 국가가 가입했지만 터키는 제외되었다. 중국이 상하이협력기구 체제를 적극적으로 추진하게 된 동기가 바로 튀르크계 신장 지역 분리주의가 중앙아시아와 연계되는 것을 차단하고 중앙아시아 국가 및 러시아와의 협력을 통해 튀르크 세력 확장을 저지하기 위해서였기 때문이다.

2009년 7월 신장 위구르 자치구의 수도 우루무치에서 유혈 사태가 발생하기 직전, 터키의 귤 대통령은 중국 방문길에 터키의 국가 수장으로서는 처음으로 신장을 갔다. 양국 간 민감한 지역인 신장을 터키의 국가 지도자가 방문하는 것은 어려운 일이었으나, 터키가 양국 관계 증진을 위해 힘써오고 있고, 신장을 중국의 일부로 인정하며, 대만과 관련하여 중국이 '하나의 중국 정책'을 견지하고 있는 데 대한 신뢰로 이러한 일이 가능했다. 귤 대통령은 신장 방문과 함께 신장 대학에서 연설할 기회를 가졌다. 귤 대통령은 신장이 두 나라 간 가장 중요한 유대를 구성하게 해주는 부분이며, 신장에 있는 위구르족들은 중국과 터키의 우정의 가교라고 말했다.

한국전쟁에서 적군으로 마주한 터키와 중국

터키와 중국이 다른 나라들에 비해 뒤늦게 외교 관계를 맺고, 수교 후에도 관계 발전 속도가 더뎠던 것은 양국이 한국전쟁에서 서로 적으로 만나 싸운 데서 남은 부정적 이미지 때문이었다.

한국전쟁에서 터키와 중국은 많은 희생자를 냈다. 대표적으로 군우리 전투는 터키군이 중공군과 싸운 가장 치열한 전투로서, 터키군은 약 9백 명의 중공군을 사살한 반면, 218명 전사자 수를 기록했다. 군우리 전투 이후 휴전협정이 이루어진 1953년 7월 27일까지 양측 군대는 수차례의 전투를 가졌다.

한국전쟁으로 터키 국민들은 아시아 국가에 대해 알게 되었고, 전황을 알리는 방송 등을 통해 터키 내에서 중공군은 적군, 불쌍한 포로, 세

뇌된 공산주의 신봉자 등으로 묘사되었다.

터키는 한국전쟁이 진행 중이던 1952년 2월 서방의 안보 체제인 나토에 가입했다. 그렇지 않아도 이념으로 대립하고 있던 터키와 중국은, 터키의 나토 가입으로 거의 20여 년간 적대 관계를 유지했다. 한국전쟁 시 서로 적으로 싸우고, 또 터키가 서방의 집단 안보 체제의 일원이 된 것은 터키 내에서 중국에 대한 부정적 이미지를 낳게 하는 중요한 요인이 되었다. 중국도 마찬가지였다. 아타튀르크 통치 시대에 중국은 터키는 제국주의의 도구이고 케말주의에 의한 정치는 독재 정치라며 비난했다. 결국 한국전쟁으로 인해 생긴 상호간 비호감이 점점 커져 양국 관계에 큰 장애가 되었다.

중국의 위상 변화와 함께 달라진 관계

1990년대 후반 들어 중앙아시아에 대한 터키의 관심이 줄어들고 있을 때, 중국은 연 10퍼센트의 높은 경제 성장률을 보이고 있었다. 터키는 국제사회에서 커지는 중국의 정치·경제력을 간과할 수 없었다. 1998년 터키의 메수트 이을마즈 총리가 위구르인들의 모임에 관리가 참석하는 것을 자제하도록 하고, 분리주의 위구르 국기도 사용하는 것을 금지시키는 등 중국을 자극할 수 있는 행동을 삼가토록 했다. 2000년 4월에 중국의 장쩌민 주석이 터키를 방문하고, 2003년 터키의 에르도안 총리가 중국을 방문하여 후진타오 주석의 환영을 받았다. 2005년에는 터키의 귤 대통령이 중국을 방문하고 북부 키프로스 문제와 관련해 중국의 지지를 호소했으나, 중국은 원칙적으로 터키의 입장을 이해는 하지만 터키가 신장 위구르인들에 대해 지지하지 말아야 한다는 조건을 내세웠다. 귈 대통령은 양국 간 친선의 의미로 신장 위구르 자치구를 방문하지 않았다. 그러나 몇 달 후 중국 외교 장관이 그리스계 키프로스를 방문하고 그리스계 입장을 지지하는 발언을 함으로써 터키와 중국 양국 관계는 잠시 식게 되었다.

중국과 외교 관계를 수립하기 전인 1971년까지 터키는 민족주의 당인 국민당이 이끄는 대만을 중국의 유일한 합법정부로 인정했다. 1971년 8월 4일 터키는 중국 공산당이 이끄는 중화인민공화국을 승인하면서 대만과는 단교했다. 터키 정부가 중공을 승인한 데 대해 터키 상원에서는 25년간 동남아시아에서 공산주의 팽창을 막기 위해 투쟁한 대만과 관계를 단절하는 것은 매우 유감스러운 일이라는 의원들의 비판에 부딪혔다. 그러나 중국과의 외교 관계 수립 이후 터키는 '하나의 중국 정책'을 지지하고 있다.

양국 관계에 돌파구가 된 방산 및 군사 협력

양국 관계에 돌파구를 가져온 계기가 있었다. 터키가 미국과 M-270 다연장로켓시스템MLRS의 공동 제작과 기술 이전 협상에 실패하고서부터다. 1997년 터키는 중국과 24대의 WS-1형 다연장로켓시스템 도입 계약을 체결했고, 중국의 기술 협력으로 TR-300이라는 로켓을 만들었다. TR-300은 일명 폭풍이라는 뜻의 카스르가Kasırga라고 불린다. 이어 1998년에 터키는 중국정밀기계수출공사CPMIEC와 15대의 B-611형 지대지미사일 구입 계약을 체결하고, 미사일 공동 생산 계약으로 생산된 미사일은 번개라는 뜻의 일드름Yıldırım으로 명명되었다. 공동 생산된 일드름 지대지미사일은 2007년 8월 30일 터키 승전기념일 군사 퍼레이드에서 처음으로 공개되었다. 미사일에 이어 양국은 보병전투장갑차도 생산했다.

터키는 1973년에 베이징 대사관에 무관부를 설치했고, 중국은 1977년에 앙카라에 있는 중국 대사관에 무관부를 설치했다. 그러나 양국 간 군사 협력은 1990년대 후반에 와서야 본격적으로 시작되었다. 1999년에 양국은 군사훈련협력 의정서를 체결하고 2000년에는 안보협력협정을 체결했다. 양국 간 군사 협력이 활발하게 진행되자, 2010년 9월 터키는 중국 공군과 합동 군사 훈련을 터키 중부 도시 콘야에서 실시했는데, 이는 나토 회원국인 터키가 나토 회원국이 아닌 국가와 가진 최초의 군사 훈련으로 미국과 이스라엘의 주목을 받았다.

특히 중국의 전투기가 이란 영공을 통해 터키로 들어옴으로써, 터키와 중국의 합동 군사 훈련이 터키-중국-이란 간 협력의 계기가 되었다는 점에서 미국과 이스라엘을 자극했다. 양국은 부총사령관급 군사고위급 회담을 2010년 5월 베이징에서 가진 후, 제2차 군사고위급회담을 2011년 4월 앙카라에서 가졌다.

양국 간 교역의 급격한 발전

양국은 무역협정, 경제·산업·기술협력협정, 투자증진보호협정, 이중과세방지협정을 체결하여 법적 기반을 마련했으며, 그 후 중국으로부터 터키의 수입이 증가하면서 양국 간 교역이 늘어갔다.

2001년까지 중국은 터키의 10대 수입 대상국이 아니었으나 2002년부터 8위, 2005년 4위, 2006년 3위에 이어 2009년 및 2010년에도 러시아, 독일 다음으로 3위를 기록했다. 터키가 중국으로부터 들여오는 수입품은 통신기기, 소비재, 전자기기, 섬유직물, 오토바이, 전화기, 장난감, PVC, 비디오 카메라, 신발, 가방 등이다.

터키가 중국으로 파는 수출품은 광물, 화학제품, 기계, 차량, 농산품 등이나 무역 불균형이 심하다. 2000년 교역액은 14억 4천만 달러에서 2010년 194억 5천만 달러로 10년 사이에 12.5배나 성장했다. 2011년 교역액은 전년 대비 24퍼센트가 증가한 241억 6천만 달러를 기록했다. 터키의 대중국 무역 적자는 2010년 149억 1천만 달러, 2011년 192억 2천만 달러로, 중국은 터키의 최대 무역 불균형 국가이다. 2010년 10월 터키를 방문한 원자바오 중국 총리는 에르도안 총리와 회담을 갖고, 중국과 터키 양국이 전략적 협력 관계로 발전시키기로 합의하고 상호 경제, 무역 협력 관계는 물론 기술 협력, 정보통신, 해운, 철로 분야 협력, 문화 협력 등을 강화해나가기로 했다.

양국은 또한 2015년까지 교역액을 5백억 달러까지 늘리고, 10년이 지난 2020년까지 1천억 달러로 확대하기로 했다. 또한 양국은 무역 결제도 상호 자국 화폐를 사용하기로 했다. 에르도안 총리는 양국은 앙카라-이스탄불 고속철도 건설사업에서 좋은 협력 관계를 보여왔다고 말하고, 터키가 계획하고 있는 5천 킬로미터 철도건설사업에서도 중국과 협력하기를 희망한다고 말했다. 중국의 CSR 주저우 전기기관차 업체가 생산한 경전철이 처음으로 터키에 수출되어 이즈미르에서 운행될 예정이다. 2010년 에르도안-원자바오 총리 간 합의에 의해 중국은행이 터키에 진출함에 따라 터키의 지라트은행 역시 곧 중국에 진출할 예정이다.

양국은 1993년에 문화협정을 체결했다. 터키 내 앙카라 대학, 에르지예스 대학, 파티 대학 등 세 개 대학이 중국어문학과를 운영 중이며, 베이징외국어 대학이 아프리카-아시아언어과 내에 터키어 과정을 운영하고 있다. 터키를 방문하는 중국인의 수도 계속 증가세에 있으나 그 수는 아직 기대 수준에 못 미치고 있다. 터키를 방문한 중국인 수는 2000년 2만 1,500명에서 2010년 7만 7,100명으로 10년간 2.6배 정도 증가에 그쳤다.

2011년 8월 외교 관계 수립 40주년을 기념하기 위해 터키군 호위함 겜릭호가 중국 상하이를 방문했다. 터키의 귤 대통령은 중국과의 수교 40주년 축하 성명에서, 2010년 양국이 두 나라 관계를 전략적 협력 관계로 격상시킨 것은 두 나라 국민의 이익에 부합된다며, 양국 관계가 전략적 협력 관계로 발전되고 있음을 상기시켰다. 터키의 대형 프로젝트 참여에는 한국과 일본이 경쟁해왔으나, 중국의 진출로 한-중-일 간 경쟁 구도가 형성되고 있다.

중국의 '하나의 중국 정책'

중국은 1949년에 '하나의 중국One-China 정책'을 천명했다. 하나의 중국 정책이란, 대만, 홍콩, 마카오는 절대 여러 개로 나뉠 수 없는 중화인민공화국의 일부이고, 따라서 합법적인 중국 정부는 오직 하나라는 원칙 또는 이데올로기이다. 그중에서도 특히 중화민국이라 불리는 대만과 관련되어 중국은 하나의 중국 정책을 천명한다. 중국과 대만 관계는 양안兩岸 문제라고도 하는데, 양안이란 중화인민공화국(중국)과 중화민국(대만)이 대만 해협을 사이에 두고 있는 것을 나타낸 말로, 두 개의 독립된 국가도 아니고, 한 개의 국가도 아닌 모호한 상태를 의미한다. 하나의 중국 정책에 따라, 중국은 대만이 중국의 일개 성省에 불과하다고 말한다.

중화인민공화국은 대외적으로도 자국과 외교 관계를 맺는 나라들에 하나의 중국 원칙을 수용할 것을 강력히 촉구하고 있다. 한편, 하나의 중국이라는 원칙은 중국 대륙 내에 살고 있는 소수민족과도 연관되어 언급되기도 한다. 중국 공산당은 하나의 중국 원칙을 내세워 티베트, 위구르와 같이 중화인민공화국으로부터 분리 독립을 원하는 소수민족의 분리 독립을 반대하고 있다.

3. 일본과의 관계: 기술과 문화 중심의 협력 관계로

터키와 일본의 첫 만남

터키 공화국의 전신인 오스만 제국은 일본과 1875년 최초로 공식적인 접촉을 가졌다. 1871년 메이지 정부로부터 유럽과 미국에 파견된 전권대사 이와쿠라 도모미를 단장으로 한 유럽 사절단 중 겐이치로 후쿠치 서기관이 오스만 제국을 방문하고 오스만 제국의 상황에 대해 조사했다. 1875년 일본은 영국 주재 우에노 공사를 통해 양국 간에 외교 관계를 맺기를 희망한다는 의사를 영국 주재 오스만 제국 대사에게 전했다. 1878년에는 세이키 일본 군함이 훈련 교육 목적으로 이스탄불에 정박했고, 1880년에는 일본 외무성 사절단이 오스만 제국의 압둘하미드 2세 술탄을 예방했다.

일본은 제1차 세계대전 후 1923년 10월 29일 공포된 터키 공화국을 1924년 8월 6일 승인하고, 1925년 3월 이스탄불에 일본 대사관을, 7월에는 터키가 도쿄에 터키 대사관을 개설했다. 1965년 1월에 일본은 이스탄불에 영사관을 설치했고, 영사관은 1972년 10월에 총영사관으로 승격되었다. 1930년에는 양국 간 최초로 무역·어업협정이 체결되었다. 1936년에 일본은 마르마라 해와 차낙칼레 해협의 지위를 규정한 몽트뢰 회의에 참여하고 몽트뢰 조약의 서명국이 되었다. 그러나 제2차 세계대전 시 중립을 지킨 터키는 연합국의 승리가 거의 확실시되자 1945년 2월 23일 독일과 일본에 선전 포고했으나, 실제 전쟁이 일어나지는 않았다.

배와 비행기, 두 번의 역사적 구출 작전

터키와 일본 간의 우호 관계를 맺어준 두 건의 역사적인 사건이 있었다. 그중 하나는 1890년 오스만 제국 순양함이 일본 해안에 침몰한 참사이고, 다른 하나는 1985년 이란-이라크 전쟁 시 테헤란에 고립된 일본인들을 터키항공이 구출해준 사건이다.

1889년 일본 메이지 천황의 사촌 고마슈 아키히토가 오스만 제국을 방문하여 압둘하미드 2세 술탄을 예방하고 메이지 천황의 친선 메시지를 전달하며 일본의 최고 훈장을 술탄에게 전수했다. 이에 대한 호의로 술탄 압둘하미드 2세는 1889년 오스만 제국의 최고 훈장을 메이지 천황에게 전달하기 위해 해군 제독 오스만 파샤를 함대 사령관으로 하여 에르투우룰 순양함을 일본에 파견했다. 1889년 7월 24일 일본으로 향한 에르투우룰 순양함은 이슬람 국가들을 방문하고, 1890년 5월 22일 나가사키 항에, 6월 7일에는 요코하마 항에 도착하여 약 3개월간 일본에 머물렀다. 그러나 불행하게도 1890년 9월 16일 귀환 길에 일본의 와카야마 현 카시노자키 연안에서 태풍을 만나 에르투우룰 순양함이 좌초 침몰하는 참사가 발생하여 오스만 파샤 함대 단장을 포함하여 581명의 해군이 목숨을 잃었다. 이 해상 사고에서 일본인들의 헌신적인 구출 작전으로 69명이 목숨을 건지게 되었다.

또 다른 사건은 이란-이라크 전쟁이 시작된 1985년 3월에 테헤란에 고립된 일본인들을 터키항공이 구해준 사건이었다. 사담 정권의 이라크가 이란 영공의 전 항공기를 공격 대상으로 할 것이라고 공격 개시 시간과 함께 발표했다. 테헤란 주재 일본 대사관 측은 일본 항공사 측과 교섭했으나, 이란과 이라크 양국이 운행을 보장해주지 않으면 특별기 파견이 어렵다는 회신을 접하고 즉시 테헤란 주재 터키 대사관 측에 긴급히 협조를 요청했다.

일본 측 요청 사항은 당시 외잘 총리에게 보고되었고, 외잘 총리의 승인으로 터키항공사 소속 항공기가 테헤란에 긴급 파견되어 공격 개시 네 시간여를 앞두고 가까스로 고립된 215명의 일본인들을 터키로 수송해왔다. 이는 양국 국민 간 우호 관계를 증진시키는 중요한 계기가 되었다. '금세기 해외 구출 작전'으로 명명된 이 사건은 일본의 NHK 방송사가 다큐로 제작했고, 이 다큐가 2004년 8월 터키의 TRT-2에서 방영되기도 했다.

에르투우룰 순양함 침몰 참사 백주년이 되는 1990년에는 터키와 일본에서 침몰 참사 백주년을 기리는 각종 행사가 개최되어 양국 간 우호관계를 확인했다. 2006년 1월 터키를 방문한 고이즈미 준이치로 일본 총리는 이스탄불에서 1985년 일본인들을 긴급 수송한 알리 외즈데미르 전 터키항공 조종사를 만나 일본인들의 사의를 전하고 환담을 나누었다.

터키와 일본, 돈독한 우호 관계의 연대기

1958년 4월에 아드난 멘데레스 총리가 터키 총리로서는 처음으로 일본을 방문하여 양국 간 협력에 역사적인 기초를 다졌다. 그리고 터키 외교 장관으로서는 처음으로 1969년 1월 이호산 사브리 찰라얀길 외교 장관이 일본을 공식 방문했다. 1980년대에 이르러 터키와 일본 관계는 정치, 경제, 문화 면에서 크게 발전했다. 1983년 8월 신타로 아베 외상이 터키를 방문한 데 이어, 특히 일본에 관심이 많은 외잘 터키 대통령 재임 시기(1989. 11. ~ 1993. 4.)에 양국 간에 많은 교류가 이루어졌다. 1985년 외잘 총리가 일본을 방문했고, 1986년 5월 일본의 다카히토 왕세자가 1963년에 이어 두번째로 터키를 방문했다.

일본 정부 차관으로 이스탄불에 건설된 파티 술탄 메흐메트 대교 개통식에 참석하기 위해, 1988년 7월 일본-터키 의원친선협회장을 비롯한 다수의 일본 의원들이 터키를 방문했다. 외잘 총리는 1989년 2월 일본 히로히토 천황의 장례식에 참석했다. 터키는 1989년에 극동 및 중근동 역사와 문화에 관한 업적을 평가하여 '아타튀르크 국제평화상'을 다카히토 왕세자에게 수여했다.

1990년 6월에 외잘 대통령과 오르한 카라불루트 해군 사령관이 일본을 방문했다. 일본 총리로서는 처음으로 가이후 도시키 총리가 1990년 10월에 터키를 방문하고, 외잘 대통령과 아크불루트 총리와 회담을 갖고 걸프 전쟁으로 인한 중동 상황 및 양국 관계 협력 방안 등에 관해 의견을 교환했다. 가이후 도시키 총리는 일본의 대중동 지원 계획의 일환으로 2억 달러, 할리치 다리 건설을 위해 1억 달러의 차관을 터키에 제공하기로 했다. 11월에는 외잘 대통령이 아키히토 천황 즉위식에 참석하기 위해 일본을 방문했다.

1992년 12월에 데미렐 총리가 일본을 방문한 후, 터키는 데미렐 총리의 지시로 터키-일본 재단을 설립하고, 두 개 고등학교 등에서 일본어 교육을 하기로 결정했다. 1995년에는 탄수 칠레르 총리가 일본을 방문했다. 1996년에 이케다 유키히코 외상이 터키를 방문하여 이스탄불 식수 프로젝트 2단계 사업을 위해 엔화 차관과 문화 분야 무상 프로그램 차원에서 유도연맹에 유도 비품 무상 지원에 관한 의정서를 교환했다. 1998년 5월에는 도모히토 왕세자가 터키-일본재단 문화원 개원식에 참석했고, 10월에는 터키 공화국 수립 75주년 기념식에 일본 의원단이 참석했다. 1999년 8월에는 고무라 마사히코 일본 외상이 터키를 방문하고, 이스탄불 해협 터널 프로젝트와 보즈우유-메케제 도로 건설 프로젝트를 위한 엔화 차관 및 에르지예스 대학에 시청각 장비 무상 지원을 위한 의정서를 교환했다.

1999년 이스탄불의 마르마라 지역 대지진 시에 일본은 1백만 달러 상당의 현금, 물품을 터키 측에 전달했다. 일본 정부는 5백 채 조립식 주택을 세 척의 일본 자위대 군함 편으로 터키에 전달했고, 아다파자르에 건설된 조립식 주택 단지는 '터키-일본 마을'로 명명되어 2000년 2월 터키 건설주택 장관과 일본 외무 차관 참석 아래 개소식을 가졌다. 마르마라 대지진과 뒤즈제 지진으로 일본이 터키에 전달한 조립식 주택 수는 2천 채에 이른다. 2011년 10월 터키 동부의 반에서 강진이 발생하자 일본은 지진 피해 복구를 위해 겨울용 천막과 현금을 지원했다.

일본의 아나톨리아 고고학 연구소 개설과 강화된 문화 협력

양국 관계는 2000년대에 와서 더욱 급속도로 발전했다. 2000년 4월 이스마일 젬 외교 장관의 일본 방문으로 양국 외교 장관 간 액션 플랜이 서명되었고, 6월에는 메흐메트 누리 일마즈 종교청장이 휘크레트 윤류 국무 장관과 함께 도쿄 이슬람 사원 개원식에 참석했다. 또한 에르투우룰 순양함 참사 사고 110주년 기념 및 희생 전몰자 위령탑 개막식에 참가하기 위해 일함 에르딜 해군 제독이 투르구트 레이스 터키 순양함과 함께 일본을 방문했다.

일본은 2003년을 '터키의 해'로 선정했다. 각종 전시회, 무용 공연, 콘서트, 영화, 연극 등의 터키 관련 문화 행사가 일본에서 열렸다. 당시 부총리 겸 외교 장관이었던 압둘라 귤은 일본의 '터키의 해' 프로그램 일환으로 오사카에서 열린 '터키의 3대 제국: 히타이트, 비잔틴, 오스만 제국 전시회'에 방문했다. 이 유물 전시회는 일본 NHK 방송사 후원으로 일본 내 도쿄, 후쿠오카, 오사카 등 세 개 대도시에서 개최되었으며 60여만 명의 방문객을 기록했다.

에르도안 총리는 고이즈미 준이치로 일본 총리의 초청으로 2004년 4월에 일본을 방문하고, 일본 고위 지도자와 회담을 갖고, 아키히토 천황을 예방했다. 7월에는 도모히토 왕세자가 크르셰히르에 있는 아나톨리아 고고학 연구소 개소식에 참석했다. 2008년 6월에 귤이 대통령이 되어 일본으로 가 터키 박물관 및 에르투우룰 희생자 위령탑을 방문했다. 2003년 일본에서 선포한 '터키의 해'에 답례라도 하듯, 2010년 터키는 '일본의 해'를 선포하고 연중 전시회, 공연, 음악제, 영화제, 세미나 등 190여 개에 달하는 각종 행사를 가졌다. 특히 7월에 일본 아나톨리아 고고학 연구소가 크르셰히르의 카만에 카만칼레회육 고고학 박물관을 건립했는데 개관식에 미카사 도모히토 왕세자가 참석하기도 했다.

2011년 현재 터키에 상주하는 일본인 수는 1,571명이고, 일본 거주 터키인은 2,400명 수준이다. 터키를 방문하는 일본인 수는 2009년 14만 8천 명에서 2010년 19만 5천 명으로 증가했다. 일본의 대터키 수출은 2000년 16억 2천만 달러, 수입은 1억 4천만 달러, 총교역량 17억 6천만 달러에서, 2010년에는 수출 32억 9천만 달러, 수입은 2억 7천만 달러, 총교역량 35억 6천만 달러 수준으로 우리나라의 대터키 수출입 규모와 비슷하다.

54개 일본 기업이 터키에 사무소를 두고 있으며 터키 내 일본 투자 기업 수는 114개로 총 투자액은 30억 달러 수준이다. 1995년에 일본국제협력단JICA 사무소가 터키에 설치된 이래, 일본국제협력단은 기술, 교통, 에너지, 통신, 농업, 의료 분야에서 터키와 협력하고 있다. 일본국제협력단이 터키에 파견한 전문가 수는 2천 명이 넘었고, 3억 달러 수준의 재정 지원을 했다. 일본은 터키의 주요 프로젝트에 차관 형식으로 재정 지원을 하고 있다.

1970년 이래 터키는 일본 금융시장으로부터 프로젝트 차관과 사무라이 본드 발행(엔화 표시 채권)으로 차관을 도입했다. 터키 정부는 2000년 11월 일본 시장에서 3년 상환 5억 4천만 달러 상당의 사무라이 본드를 발행한 데 이어, 2010년 12월 20억 달러 사무라이 본드를 발행했다. 일본과의 재정 협력은 주로 일본국제협력은행JBIC을 통해 이루어지고 있다.

터키와 일본 양국은 사회, 문화, 기술, 경제 분야에서의 협력을 목적으로 앙카라에 1993년에 터키-일본 재단을 설립했다. 터키-일본 재단은 1992년 일본을 방문하고 돌아온 데미렐 총리의 지시로 설립되었고, 이어 부지 확보 및 건설비 등 소요 경비의 반 이상을 터키 측이 부담함으로써, 터키-일본 재단 문화원이 1998년 3월 개원되었다. 개원식에는 터키의 데미렐 대통령과 일본의 도모히토 왕세자 부부가 참석했다. 터키-일본 재단 문화원은 터키-일본 여성우호문화협회, 터키-일본 문화

연구협력협회, 일본국제협력단, 터키-일본 대학협회의 사무실을 두고 있다.

06

미국과의 관계

1. 나토 가입 후 스며든 긴장 관계

오바마 미국 대통령의 터키 방문

 2009년 4월 6일, 오바마 미국 대통령이 터키를 방문했다. 취임 이후 무슬림 국가 중에서 가장 먼저 터키를 방문한 것이었다. 그는 터키 국회에서 연설을 하며 미국과 이슬람 세계 간 관계의 해빙을 상징하는 모델로 터키를 지목했다. 그는 "미국이 무슬림계 미국인들 덕분에 더욱 부자가 되었고, 미국에는 많은 무슬림 가정이 있으며, 또한 많은 미국인이 무슬림 국가에서 살고 있고, 나도 그중 한 명이기 때문에 잘 알고 있다"고 언급했다. 중동 지역의 분쟁과 갈등이 해소되지 않고 그 관계가 표류하고 있는 시점에서, 미국이 이슬람 세계와의 관계 개선을 호소하는 장으로 터키를 선택한 것이다. 무엇보다도 오바마 대통령이 무슬림 국가 중에 처음으로 터키를 방문한 것은, 터키의 전략적 중요성에 대한 미국의 평가가 크게 작용한 것이다.

터키가 중동 지역 내에서 영향력을 미칠 수 있는 중요한 국가로 등장하면서, 특히 아프가니스탄 문제, 이란, 이라크, 팔레스타인 문제, 코카서스 지역의 안보, 나토 내 협력, 동지중해 지역 안보, 에너지 자원의 안정적 수급 및 수송관 문제 등, 지역 내는 물론 국제사회에서 중요한 문제들이 터키 없이는 해결되기 어려운 것이 현실이다. 미국이 과거에도 그랬듯이 현재도 중동 지역 내에서 가장 전략적이고 신뢰할 수 있는 협력자로서 터키를 선택 내지는 의지할 수밖에 없는 이유이다.

상업 교역과 선교사 활동으로 시작된 관계

터키와 미국의 관계는 약 2백 년 전으로 거슬러 올라간다. 그러나 제2차 세계대전 이후 국제사회가 양극 체제로 나뉘면서 두 나라 관계는 더욱 밀접하게 되었다. 1952년에 터키가 미국의 지원으로 나토에 가입한 이래, 냉전시대에 두 나라는 군사적으로 동맹 관계를 맺게 되었고, 다른 한편으로는 국제 정치 및 세력 균형의 변화, 쿠바 위기, 존슨 서한, 무기금수조치 등으로 불안한 긴장도 생겨났다.

냉전시대 이후에 중동, 중앙아시아, 코카서스 및 극동 지역 문제가 국제 안보의 관심 지역으로 주목받게 되자, 터키가 나토 내 주요 협력자로 부상했다. 터키는 미국의 국익은 물론 국제 안보 차원에서 중요한 지역인 이들 지역과 역사적·문화적으로 강한 유대 관계를 가지고 있다. 게다가 미국의 동맹국 중 이들과 대화할 수 있는 유일한 나라라는 점에서 미국에게 중요한 국가이다.

오스만 제국과 미국 간 처음 접촉은 상업으로 시작되었다. 독립전쟁을 끝낸 미국은 지중해 지역과의 교역을 확대하기 위하여 알제리, 튀니지, 리비아 등 소위 아프리카 북부 마그레브Magreb★ 지역에 진출을 시도했고, 그 결과 상당한 상업 관계를 지니게 되었다. 이어 미국은 1790년대 말부터 오스만 제국과의 교역을 위해 이즈미르İzmir(당시 이름 스미르나Symirna)에 상선을 보내려 했으나 이미 지중해에는 영국의 영향력이 지배적이어서 쉽게 이루어지지 않았다. 이와 함께 미국은 1799년과 1802년에 외교 사절을 이스탄불과 이즈미르에 각각 파견하려 했으나 오스만 조정 내 사정과 열강들의 이해 등으로 실현되지 않았다. 그러나 미국의 끈질긴 시도로 1810년부터 미국 상업선의 이즈미르 진출이 늘어나게 되었고, 1823년에는 데이비드 오플리가 이즈미르에 상무관으로 파견되었다.

미국이 지중해에 상선 진출을 시도하고 있는 가운데, 1827년 10월 그리스 연안 나바린 만에서 오스만 제국의 함대가 프랑스, 영국, 러시아의 연합 함대에 의해 대패하는 상황이 벌어졌다. 이 해상 전투의 대패로 오스만 제국은 해군 함대의 증강이 절실하게 필요하게 되었고, 지중해에서의 영향력을 유지하기 위해 다른 대안이 필요하게 되었다. 그로부터 7년 후인 1830년, 오스만 제국은 미국과 상업 및 항행 조약을 체결했다. 이 조약으로 오스만 제국은 미국을 관세 특혜 국가로 인정하게 되었다.

이즈미르에서 미국의 상선 활동이 활발해진 1820년 이후, 오스만 제국

★ 아랍어로 해 지는 지역, 서쪽이라는 뜻.

에 미국 선교사 진출이 늘어났다. 그 결과 부르사 여자 콜레지(1854년), 로버트 콜레지(1863년), 탈라스 오쿨루(1871년), 타르수스 고등학교(1871년), 위스크다라 고등학교(1876년), 메르지폰 콜레지(1886년) 등 미국계 고등학교가 개설되었다. 이 중 로버트, 타르수스, 위스크다라 고등학교가 현재도 운영 중이다.

제1차 세계대전 당시 터키와 미국은 서로 다른 진영에 줄을 섰다. 그러나 두 나라는 서로를 적으로 생각하지 않았다. 미국이 오스만 제국과의 전쟁을 피한 것은 터키 내 미국의 교육 투자를 보호하고, 미군을 중동에 파견하려는 연합국의 압력을 피하기 위해서였다.

전략적 요충지인 터키 해협을 둘러싼 강대국의 요구

터키 공화국 설립 이후 1927년 양국은 공식적으로 외교 관계를 수립하면서 점차 가까워지기 시작했으며, 제2차 세계대전 이후 공산주의 세력이 유럽과 아시아는 물론 중동까지 위협하자 서로 협력해야 할 필요성이 더 크게 증가했다. 터키 북동부 및 터키 해협에 대해 소련이 요구를 계속하자 터키 안보와 영토 보전에 위협받게 되었다.

이스탄불의 보스포러스 해협과 다르다넬스 해협은 터키는 물론 러시아에 전략적으로 매우 중요하다. 보스포러스 해협과 다르다넬스 해협은 보통 터키 해협이라 부른다. 러시아는 터키 해협을 해양으로 진출하는 관문이자 세력 신장을 위한 전략 기지로 여겼다. 오스만 제국이 흑해가 자국의 영해라고 선언한 이래 이 해협의 통행권과 지배권을 둘러싸고 오스만 제국과 러시아, 영국 등 강대국 간 분쟁이 일어났다. 오스만 제국의 해협에 대한 절대적 주권은 1774년에 러시아 상선에 해협 통행권을 줄 때까지 계속되었다. 특히 18세기 러시아가 부동항을 얻기 위해 남진 정책을 추구하면서 터키 해협의 통과와 지배권에 대한 논란은 더해갔다.

1923년 제1차 세계대전 후 터키와 연합국 간 체결한 로잔 조약에서 터키 해협의 중립화와 외국 선박의 통과 및 항해의 자유가 보장되었다. 그 후 터키가 자국의 안보를 이유로 터키 해협의 무제한적 개방에 반대함으로써, 1936년 스위스 몽트뢰에서 '해협제도에 관한 몽트뢰 조약'이 체결되고 평시平時와 전시戰時의 외국 선박의 통과와 항행 원칙이 구체적으로 정해졌다.

터키 해협은 외국 선박의 통과와 항해의 자유를 조약으로 보장한 국제해협 international strait이다. 터키 해협은 한 나라, 즉 터키의 영역에 있어 터키 주권의 지배가 적용되는 해협이기는 하지만, 해협의 전략적 중요성 등으로 인해 국제 조약을 맺어 외국 선박의 자유 항행을 보장하고 있다.

1877~78년 오스만 제국과 러시아 간 전쟁 후, 양측은 산스테파노 조약을 체결했다. 러시아와의 전쟁에서 패한 오스만 제국은 평시는 물론 전시에도 러시아 항구를 출입하려는 중립 국가의 상선에 해협을 개방토록 했으며, 러시아에 전쟁 보상금을 지불하고, 러시아가 터키의 일부 채무를 탕감해주는 대가로 아르다한, 카르스, 바툼, 베야지트 등 동부 지역을 러시아에 양도하기로 하였다.

제1차 세계대전이 한창일 무렵 1917년 2월혁명과 10월혁명으로 러시아에 레닌이 주도한 볼셰비키 독재정권이 수립되자, 오스만 제국과 러시아는 1918년 3월 브레스트리토프스크 조약을 체결했다. 오스만 제국은 이 조약으로 1878년 산스테파노 조약으로 잃었던 동부 지역의 영토를 회복했다.

쿠바 미사일, 키프로스 그리고 아편

반공산주의 기치를 내건 트루먼 독트린, 서유럽의 공산화를 막기 위한 마셜 플랜에 의해 지원을 받은 대가로 터키는 한국전쟁에 참전하고, 소련을 감시하기 위한 군 기지와 통신 기지를 미국에 제공했다. 결국 터키는 미국의 지원으로 1952년에 서구의 집단 안보 체제인 나토에 가입함으로써 소련으로부터 받는 안보 위협의 부담을 덜게 되었고, 양국 간 군사 협력 관계는 급진적으로 발전하기 시작했다.

나토 가입으로 미국의 편에 선 터키가 미국과의 군사적 동맹 관계를 의심하게 된 주요한 사건이 1960~70년대 초 몇 차례 일어났다. 그 첫 번째가 쿠바 미사일 위기로 인해 미국이 터키 내 주피터 미사일을 철수한 사건이었다. 1963년 미국과 소련 간에 일어난 미사일 위기 상황으로 인해 터키는 소련과 전쟁을 하게 될지도 모른다는 긴장감을 갖게 되었다. 터키는 소련이 쿠바에서 미사일을 철수하는 대가로 미국이 터키에 배치한 주피터 미사일을 철수하려는 계획에 반대했다. 구식인 주피터 미사일은 터키와의 사전 협의 없이 철수되었고, 이 때문에 터키는 강대국인 미국이 자국의 이익을 위해 필요하다면 동맹국인 터키를 무시할 수도 있다는 사실을 깨닫게 되었다.

터키와 미국 간 우호 관계에 금이 가게 된 두번째 사건은 존슨 서한이었다. 1963년 12월과 1964년 여름, 두 번에 걸친 터키의 키프로스 군사 개입 시도를 고압적으로 저지하려고 한 존슨 대통령의 서한이 공표된 후 터키 내 미국에 대한 불신 여론이 형성되었다. 존슨 대통령은 키프로스에 대한 터키의 정책이 그리스와 분쟁을 가져오는 경우 나토가 터키를 지원하지 않을 수도 있다는 내용의 서한을 보냄으로써 터키의 키프로스 정책에 압력을 가했다. 이 사건은 1950년대 이후 취해왔던 대미 일변도의 정책이 터키의 자주성을 해친다는 비난을 불러일으켰다. 이 사건으로 압도적으로 친미적이었던 터키 국민들은 반미 감정을 키우게 되었다. 1968년 7월 미 제6함대의 이스탄불 친선방문 중에 반미 시위가 발생했고, 1969년 1월 앙카라 중동공과대학교의 좌익계 학생들이 총장과 오찬 중이던 터키 주재 미국 대사의 관용차에 불을 지르는 사건이 일어나는 등 반미 시위가 계속 발생했다.

터키-미국 관계를 뒤집어놓은 또 다른 사건은 아편 재배 금지 조치였다. 터키에서 아편은 전통적인 농작물로 1960년까지는 정부가 아편을 수매하는 조건으로 자유 경작을 허용했다. 그런데 1960년대 들어 특히 후반기에 미국의 압력이 가중하여 단계적으로 경작 지역을 축소하고 신고제를 실시하게 되었다. 1971년 3월 터키 정부는 종래의 신고제를 허가제로 변경했다. 경작은 1년 유효 허가제로 하고, 위반자는 가중 처벌하며, 세계적 수요량의 부족량만을 계획 생산한다는 정부 정책을 발표했다.

1971년 3월 터키군의 군정 개입 후 과도 정부의 에림 총리는 6월 터키 내의 아편 경작을 전면 금지했다. 아편 재배를 금지하라는 미국의 압력이 가속화되었기 때문이다. 미국은 미국 내 청소년 마약 중독 환자가 50만 명에 이르렀고 또한 밀수입된 아편의 80퍼센트의 원산지가 터키라고 주장하면서, 터키에 대한 군사 및 경제 원조를 감축하거나 중단시킬 수도 있다는 위협을 가했다.

그러나 아편 재배 농민과 여론의 거센 반대에 부딪힌 터키 정부는, 1974년 7월 아편 재배 금지 조치 3년여 만에 '아편 재배는 농민들의 생활 보장책'이며, '아편 재배 금지 후 공급 부족으로 대용 마약이 출현하여 인류 건강을 해치'고 있으므로 국내 7개 주에서 아편 재배를 허용한다고 발표했다. 터키 정부의 이런 결정에 대해 터키 주재 미 대사는 터키 정부의 아편 재배 결정으로 인해 미국 시민과 의회의 여론이 악화될 것을 우려한다는 뜻을 터키 총리에게 전달하고, 미 국무부는 즉각 터키 주재 자국 대사를 본국으로 소환 조치했다. 터키 국민은 정부의 아편 재배 허용 결정을 환영하고, 이번 결정은 국가의 자주성 수호라고 주장하면서 터키에 대한 미국의 간섭에 불만을 표시했다.

터키 국민의 반미 감정과 터키의 정치적 선택

터키가 미국을 비롯한 서방 일변도 친화 정책을 수정하려는 움직임은 1960년 군사혁명 이전부터 나타나기 시작했으나, 표면적으로 강하게 드러난 것은 미국이 터키에게 '키프로스에 군사 개입하지 말 것을 요구'한 1964년 존슨 서한 이후이다. 1961년 군사혁명 정부가 민정 이양에 앞서 자유헌법을 제정·공포하자 일부 지식층을 중심으로 터키노동당 같은 좌익 정당이 생기게 되었고, 당시 서구 국가에서 유행하던 좌익운동의 영향을 받아 터키 내에서도 대학을 중심으로 좌익 학생 세력이 조직되기 시작했다. 키프로스에 대한 터키의 정책이 그리스와 분쟁을 일으킬 경우 터키에 대한 나토의 지원을 철회할 것이라는 내용의 존슨 서한은 터키 국민의 분개심을 유발시켜 반미 투쟁 구호를 외치는 좌익 학생운동이 일어나게 되는 큰 요인이 되었다. 일련의 터키-미국 간 위기로 인해 터키 내 국민적 반미 감정이 고조되면서 터키는 소련과 가깝게 되는 기회를 맞았다. 1970년대 말에 이르러 터키는 소련의 제3세계에 대한 지원 사업의 최대 수혜국이 되었다.

터키 내 미국과의 관계에 불신을 가진 여론이 극도의 반미로 돌아선 것은 키프로스 군사 개입을 이유로 미국이 군사 원조를 중단한 이후부터이다. 터키가 1974년 7월 키프로스의 터키·그리스 양계의 분쟁을 해결하기 위해 군사력을 개입시킨 데 대한 불만으로, 미국 의회는 1975년 2월 터키에 대한 군사 원조 중단 조치를 취했다. 같은 해 5월 나토 정상회담에 참석한 데미렐 총리는 미국의 군사 원조 중단 조치는 미국의 자멸 행위이며, 이는 나토의 동남부 방위력을 약화시킬 것이라고 경고하고, 군사 원조 재개 문제와 키프로스 문제는 별개의 문제라고 천명했다. 7월에 미국 하원 외교분과위원회는 대터키 군사 원조 타협안을 통과시켰으나, 하원 본회의에서 부결되었다. 이에 대해 터키 정부는 1969년에 체결된 방위협력협정을 폐지하고, 터키 내 인지를릭 기지를 제외한 모든 미 군사 기지★에 대한 활동을 중지시킨다는 강경책을 내놓았다. 찰라얀길 외교 장관은 대미 관계에 대한 정책을 재검토하겠다고 밝혔고, 터키 내 대미 감정은 극도로 악화되었다.

그 후 1976년 3월 양국 간에는 터키 내 미군 기지 지속 사용과 미국의 군사 원조 제공에 관한 신방위협력협정이 서명되었으나, 친그리스 로비스트들의 방해 활동으로 진전을 보지 못하고, 또 1978년 5월 미국

★ 터키 내 주요 미군 기지는 아다나에 있는 인지를릭 공군 기지, 디야르바크르의 피린칠릭 레이더 기지, 얄로바의 카라무르셀 레이더 기지, 흑해 연안의 시노프 레이더 기지, 앙카라의 골바쉬에 있는 레이더 기지 등 5개소이다.

하원을 통과한 대터키 무기 금수 해제 결의안도 상원 외교위에서 부결되는 상황이 계속되었다. 1978년 9월 미국은 키프로스 문제 해결 진전을 터키가 보장한다는 조건부로 무기 금수 조치를 해제했고, 터키 측도 네 개 미군 기지를 1년간 재개시킨다는 잠정 협정을 체결함으로써 양국 관계가 호전될 징조를 보였다.

　미국의 군사 원조 중단으로 냉각된 양국 관계는 1979년 이란 혁명과 1980년 소련의 아프가니스탄 침공 사태가 발생하면서 미국이 터키를 필요로 하게 되고, 1980년에 미국이 군사 원조 중단 조치를 해제함으로써 새로운 국면을 맞았다. 1979년 이란 혁명 이후, 미국은 터키를 이슬람권 내에서 온건 세력으로 유지해야 할 필요가 있어 터키에 대한 원조에 적극성을 보였고, 터키에서도 친서방의 데미렐 정권 등장으로 양국 관계가 호전되기 시작했다. 1980년 9월 군사혁명 후인 12월 18일 터키는 미국과 5년 유효의 방위경제협력협정DECA을 체결하고, 터키 내 12개 군사 기지를 미국이 다시 사용하도록 함으로써 미국으로부터 군사 및 경제 원조를 받게 되었다. 1980년 군사혁명 후, 친미 성향의 외잘 총리 및 대통령 시대에 와서 미국 및 서방과의 관계가 더욱 발전되었다. 터키는 미국과의 관계를 개선해가면서도 소련과의 관계도 원만하게 유지해가는 등거리 외교를 수행해나갔다.

먼로 독트린, 트루먼 독트린, 마셜 플랜

먼로 독트린Monroe Doctrine은 미국의 5대 대통령인 제임스 먼로가 1823년 12월 미 의회에 제출한 연두교서에서 밝힌 미국의 외교 정책이다. 미국의 유럽에 대한 불간섭 원칙과 유럽의 미 대륙에 대한 불간섭 원칙, 미 대륙에 대한 유럽의 식민지 건설을 반대하는 비식민지화 원칙을 포함하고 있다. 한마디로, 미국이 유럽의 분쟁에 간섭하지 않는 만큼, 유럽도 미 대륙에 대한 간섭을 하지 말라는 상호 불간섭 원칙이 핵심이다.

먼로 독트린은 미국 최초의 독트린이며, 오랫동안 미국 외교의 핵심 원칙으로 자리 잡았다. 먼로 독트린은 미국의 일방적 원칙 선언을 넘어 다른 국가들의 인정을 받았다. 먼로 독트린의 배경은 북미 서해안에 대한 러시아의 권리 주장과 중남미 신생 독립국가들에 대한 유럽의 간섭이 진행되는 가운데 나왔다. 유럽의 부패, 식민지 경영 등 구가치에 맞서 미 대륙의 자유와 평등, 민주주의 사상 등 신가치를 보호하겠다는 의미이다. 결과적으로 미국은 중남미 국가를 미국의 영향권 안에 넣게 되었다.

트루먼 독트린Truman Doctrine은 미국의 33대 대통령 트루먼이 1947년 3월 12일 의회에서 행한 외교 정책에 관한 선언을 말한다. 그는 공산주의 확대를 저지하기 위하여 자유와 독립의 유지에 노력하며, 소수자의 정부 지배를 거부하는 의사를 가진 나라에 군사적·경제적 지원을 하겠다고 선언했다. 이는 소련의 팽창을 저지하기 위한 미국의 외교 정책의 표현이었다. 그는 소련 공산주의의 침략 위협을 강조하고 그리스와 터키가 처한 상황을 설명하면서, 이들 두 나라에 대한 경제적 원조와 군수품 지원을 위해 4억 달러를 지출할 것과, 민간인과 군 병력의 파견을 승인해줄 것을 의회에 요청했다. 트루먼 대통령의 선언 이후 마셜 플랜과 나토가 구성되었으며, 미·소 냉전시대가 전개되었다.

마셜 플랜Marshall Plan은 미국이 1947~51년간 서유럽 국가에 행한 대외 원조 계획이다. 정식 명칭은 '유럽부흥계획ERP: European Recovery Program'이다. 이 계획의 목적은 공산주의 확산을 막기 위한 것이었다. 제2차 세계대전 이후 유럽의 경제는 황폐하게 되었고, 그 틈을 타 소련의 지원을 받은 공산주의가 유럽으로 들어가게 되었다. 1947년 6월 5일 조지 마셜 국무장관은 하버드 대학 연설에서 시장경제 체제를 채택하는 나라들이 경제를 부활시키려고 집행하는 계획에 미국은 대규모 재정 지원을 할 것이라고 밝혔다. 유럽 부흥 계획은 마셜이 제창했기 때문에 마셜 플랜으로도 불린다. 이 계획에 따라 미국은 영국, 독일, 프랑스, 그리스, 터키 등 16개 서유럽 국가에 총 130억 달러(현재 가치 1,300억 달러)에 달하는 경제적·기술적 지원을 했다. 마셜 플랜으로 서유럽은 전쟁 전 수준으로 경제가 회복되었다. 영국이 최대 지원액인 32억 9,700만 달러를 지원받았고 터키가 1억 3,700만 달러를 지원받았다.

2. 걸프 전쟁 후 변화하는 동맹 관계

걸프 전쟁을 통해 얻게 된 터키의 손익

1990년 이라크가 쿠웨이트를 침공하면서 시작된 걸프 전쟁 후, 터키와 미국의 관계는 다시 미묘하고 복잡해졌다. 터키는 이 전쟁에 직접 참여하지는 않았지만, 유엔 안보리의 모든 결정 사항에 동의했다. 터키는 이라크가 쿠웨이트를 강제로 병합하고 강국으로 등장할 경우 지역 내 세력 균형을 파괴시키고, 인접국의 영토 보전을 위협할 것이라는 두려움 때문에 유엔 안보리 결정에 손을 들어주었다.

터키는 미국이 이라크 공격을 위해 터키 내 나토 공군 기지를 사용하는 것을 허가했다. 터키는 이라크 석유를 수송하는 유무르탈륵 송유관도 닫고, 유엔 안보리가 결의한 경제 제재에도 동참했다. 터키는 인지를릭 공군 기지에 미국, 영국, 프랑스가 주둔하면서 이라크 북부의 쿠르드 보호를 위해 비행 금지 구역을 감시할 수 있도록 했다. 당시 외잘 정부로서는 미국을 지원함으로써 미국과 쿠르드의 사이가 가까워지는 것을 막겠다는 계산도 있었다. 즉, 이라크 사담 정권에 대한 압력 카드로 쿠르드를 사용하려는 미국이 쿠르드인들과 가까워지는 것을 막아보자는 전략이었다. 그러나 이 전쟁으로 터키는 쿠르드 난민 문제를 안게 되었고, 이라크 북쪽에서 사실상 쿠르드 자치가 시작되는 것을 보게 되었다.

2003년 3월 이라크 북부에 미군을 파병하기 위해 미군이 터키를 경유하는 것을 허락해달라는 미국의 요청이 터키 국회에서 거부당하자 양국 관계가 또다시 냉각되었다. 터키는 1991년 걸프 전쟁으로 북부 이라크 쿠르드인들이 자치라는 커다란 이익을 안게 된 반면, 자신들은 이라크와의 국경 무역에서 얻어질 80억 달러를 손해 보는 등 커다란 경제 손실을 입은 것에 실망하게 되었다.

터키는 걸프 전쟁이 시작되면서 이라크에서 터키로 연결된 석유 수송관의 폐쇄로 엄청난 경제적 손실을 입었고, 이라크와의 무역도 중단되었다. 전선에 이웃한 국가라는 이유로 투자와 관광객이 격감하고, 그 때문에 1인당 국민소득도 2,900달러에서 2,100달러로 줄어들었다. 터키가 미군의 터키 내 인지를릭 공군 기지 경유를 반대한 것은 1991년 걸프 전쟁 시 이라크 북부에서 미국이 쿠르드를 지원했다는 의심과, 또 전쟁으로 인한 터키의 정치적·경제적 손실을 감안한 결과였다.

미국과의 동맹과 높아진 지역 내 위상

2002년 정의개발당 정권 출범 이래, 에르도안 정부가 추진한 이웃 국가와의 갈등 제로 정책으로 터키는 아르메니아를 제외한 다른 이웃 국가 대부분과 관계를 개선했고, 이 때문에 지역 내에서 터키의 위상이 높아졌다. 에르도안 정부 집권 이후 경제적 잠재력과 정치적 안정이 부각되면서 지역 내 "떠오르는 별"이라는 찬사를 받게 된 터키는 큰 축에서 미국과 동맹 관계를 유지하면서, 지역 내 문제에 대해 적극적으로 개입하고 실용적 입장의 정책을 추진해갔다.

미국과의 관계는 더 이상 하위 동반자 수준이 아닌, 대등한 결정 주체로서 강한 자신감 속에서 이루어지고 있다. 2003년에 터키가 미국의 인지를릭 공군 기지 사용을 거절한 것은 향후 터키-미국 간 동맹의 범위와 수준을 가늠할 수 있는 계기가 되었다. 에르도안 정부는 이스라엘과 시리아의 화해를 위해 중재를 시도했고, 팔레스타인 문제에도 적극적으로 관심을 가지기 시작함으로써, 이스라엘의 가자 지구 침공에 대해서도 거침없는 비판을 가했다.

특히, 이란 핵 문제 관련, 유엔의 이란에 대한 경제 제재안 결의 시 터키는 반대표를 행사함으로써, 미국과 서방에 각을 세우기도 했다. 또한 2008년 8월 러시아가 조지아를 침공할 때, 러시아와의 관계를 고려하여 나토가 러시아에 무력 행사를 시도하는 것을 반대했다. 아프가니스탄 재건 문제를 협의하기 위해 터키는 2007년부터 터키-파키스탄-아프가니스탄 3국 정상회의를 이끌어오고 있다.

미국의 입장에서는 중동, 중앙아시아, 코카서스, 발칸, 북아프리카 지역의 문제에 적극 개입하여, 정치·경제·안보·문화 등의 분야에서 일정한 역할을 하는 터키와의 협력도 중요해지고 있다. 에르도안 정부가 과거와는 달리 보다 적극적으로 독립적인 외교 노선을 추구하고 이웃 국가들과 보다 폭넓은 선린 관계를 쌓으려고 하는 자세는, 외교 현장에서 터키의 이익과 미국의 이익이 충돌할 수 있는 여지를 남겨두고 있기도 하다.

07

EU로 가는 멀고 먼 길

1. 서구와 한 가족이 되는 꿈

EU라는 식탁에 앉기

터키는 EU 가입을 위해 '가입 협상 개시'라는 긴 터널 하나를 빠져나왔지만 '가입 협상 과정'이라는 또 다른 긴 터널에 들어가 저 끝에 있는 희미한 출구를 응시하고 있는 중이다. 『유럽에 'no'라고 말할 수 있는 터키』의 저자 젬 코즐루는 현재 터키의 EU 가입 상황을 아래와 같이 묘사하고 있다.

우리 가족은 맛있기로 유명한 식당에서 식사하기로 결정했다. 식당 안에 있는 일곱 개 식탁에는 독일, 프랑스, 벨기에, 영국, 이탈리아, 네덜란드와 룩셈부르크 사람들로 꽉 차 있었다. 식당의 웨이터는 우리에게 잠시만 기다려달라고 하면서 식당 뒤 정원의 피크닉 식탁에 앉도록 했다. 조금 후 스페인, 포르투갈, 그리스 등 세 명의 이웃집 손님이 들어오자, 식당 주인은 그들을 정원에 있는 피크닉 식탁에 앉히지 않고 바로 대기실에서 기다리도록 했다. 그리고 조금 후 식당 안에 식탁을 추가로 놓자, 이웃집 사람들은 바로 밥을 먹기 시작했다. 그리고 한참 있다 열 개의 다른 단체가 자동차에서 내려 식당으로 접근한 것을 보고 우리 가족은 웨이터에게 우리를 어떻게 할 거냐고 물었다.

웨이터가 걱정 말라고 하면서 잠시 후 대기실에 모시겠다고 하더니 대기실에서는 정장을 입어야 한다고 설명했다. 우리 가족이 상의와 넥타이를 준비하는 동안 식당 주인은 조금 전 자동차에서 내린 단체 손님들을 안으로 들어오게 하고는 바로 식당 안의 식탁에 앉도록 했다. 안으로 들어간 그들은 대부분 운동복 차림이었다. 웨이터가 웃는 얼굴로 그들로부터 주문을 받는 순간, 식당 주인이 "저 사람들은 터키인 같다. 음식도 손으로 먹고, 계산도 안 하고 나가는 사람들이야. 절대 식당 안에 앉히지 마라. 오늘 주방에서 음식 좀 많이 한 것 같더라. 하루 더 지나면 음식 상할 거야. 정원에 있는 나무 식탁에서 식사하도록 안내해라. 그렇다고 가격이 싸지는 건 아니다"라고 웨이터에게 말하는 걸 듣게 되었다.

그러는 사이 루마니아, 불가리아 손님이 들어오자 기다리는 것 없이 즉시 대기실에 앉혔다. 이를 보고 화가 난 아내가 "자, 이제 갑시다. 이런 푸대접을 받다니"라고 했다. 아이들이 "아빠! 이 식당은 유명하잖아. 지금까지도 기다렸잖아. 우리 동네에 이보다 좋은 식당은 없는데"라고 떼를 썼다. 아내가 요리법을 알아내 집에서 맛있게 만들어주겠다고 달래보았지만 아이들은 막무가내였다. 할 수 없이 우리 가족은 정원의 나무 식탁에 앉아 기다려야만 했다.

한참을 기다리자 웨이터가 우리에게 다가와 말했다. "손님을 안으로 모시기 전에 몇 가지 부탁이 있습니다. 안에 계신 손님 중에는 그리스계 키프로스 사람들이 있습니다. 손님 가족은 그 사람들과는 좀 떨어진 식탁에 모시겠습니다만, 식사하시기 전에 잠깐 들러 인사를 나누시기 바랍니다. 그리고 프랑스 사람들이 앉은 식탁에는 아르메니아 손님이 계십니다. 그분에게는 사과하고 화해하기 바랍니다. 그리고 한 가지 더 말씀드릴 게 있습니다. 다른 손님들에게는 가격을 할인해드렸지만 손님께는 미안하지만 그렇게 해드릴 수 없습니다. 왜냐하면 가족 수가 너무 많으니까요."

이 말을 듣고 머리가 폭발할 것 같은 상태에 이르자, 하는 수 없이 물었다.

"그게 전부인가요?"

"아아 짐작하고 계셨군요. 오스트리아 손님들 중에 크로아티아 친구가 있습니다. 그분들이 오면 손님들보다 먼저 앉혀드려야 합니다. 오스트리아 사람들에게 약속한 게 있거든요. 그리고 좀 있다 아이슬란드 손님도 올 겁니다."

"그럼 다 온 건가요?"

"저한테 들었다고 말하지 마세요. 저희 주인이 그러던데 독일과 프랑스 사람들이 친구인 세르비아 사람들을 위해 주인에게 선물을 주었대요. 마지막으로 더 말씀드릴 게 있는데 화내지 마세요. 주인이 오스트리아인에게 걱정하지 말라고 하면서 터키 사람들을 식당 안으로 앉히기 전에, 사전에 미리 알려드리겠다고 말하는 걸 들었습니다. 한 가지 더 있습니다. 아까 연이어 들어온 열 명, 그리고 두 명의 단체 손님들 때문에 주방도, 웨이터도 지쳤습니다. 그래서 손님에게 순서가 오기도 전에 주인이 오늘 식당 영업을 끝낼 수 있습니다. 그러나 걱정 마세요. 독일 사람들이 주문을 많이 했는데, 거기에서 남은 것을 정원 식탁에서 드시도록 할 수 있습니다. 이렇게까지 기다리게 했는데 그냥 보내드릴 수 없잖아요."

이 말을 듣고 화가 머리끝까지 난 우리 가족이 소리 지르는 것을 들은 영국인이 웃는 얼굴로 다가와 진정시키려 했다. "제발, 화내지 말고 진정하세요. 그리고 다른 식당은 찾지 마세요. 이 사람들 말 잘 듣고 정원에서 더 기다리세요. 저 사람들이 우리도 기다리게 한 걸 아시나요? 터키 속담에 이런 말도 있잖아요? '모든 것에는 때가 있는데, 기다리면 이루어진다.'"★

서구의 우방으로서 EU 가입을 신청하다

터키는 이슬람 국가 중 세속주의를 채택하고 있는 유일한 국가로 서구와의 관계 발전을 중요한 외교 정책으로 추진하고 있다. 역사적으로 터키의 문화는 유럽의 영향을 많이 받아왔다. 터키는 19세기부터 경제·정치·사회 구조를 서구화했다.

제1차 세계대전 이후 터키 공화국을 건립할 때, 터키는 세속주의의 모델로 서구를 선택했다. 터키는 서구와 긴밀한 관계를 유지하여 유엔의 창립 국가, 나토, 유럽평의회 및 경제협력개발기구OECD의 회원국이다. 냉전시대에도 서구의 편에서 자유, 민주주의, 인권 등 서구의 가치

★ Cem Kozlu, *Avrupa'ya Hayır Diyebilen Türkiye*, Remzi Kitabevi, 2011, pp. 21~23.

를 보호한 서방의 우방이었다. 유럽과 정치적인 관계를 발전시켜온 터키는 경제적인 관계 발전을 위해 1960년에 EU의 전신이라 할 수 있는 유럽경제공동체EEC와 제휴협정을 체결했다. 그리고 '유럽의 민주 국가는 유럽공동체EC 회원국 가입을 할 수 있다'는 로마협정 및 제휴협정에 따라 1987년 4월 14일 알리 보제르 국무장관이 역사적인 EC 정회원국 가입 신청서를 제출했다.

이에 따라 유럽위원회는 1989년 터키의 EC 가입 신청과 관련한 평가 보고서를 발표했다. 이 보고서는 터키가 궁극적으로 EC 회원국이 될 수는 있지만, 우선 정치·경제 과제를 해결하는 것이 선행되어야 하고, 특히 경제 및 금융 정책의 각종 문제점을 열거하면서, EC와 공동의 경제 정책을 추진하기 위해서는 터키가 해결해야 할 현안이 산적해 있으므로 1993년 이전에는 터키의 정회원 가입 문제는 검토할 수 없다고 단정했다.

유럽위원회가 1995년 말까지 관세동맹을 실현하도록 권고함에 따라, 터키는 1992년 11월 EU에 약속한 대로 그간 중단해온 수입 관세율을 1993년부터 적극적으로 인하하기 시작했다. 드디어 1995년 3월 6일 브뤼셀에서 개최된 제36차 터키-EU 제휴 이사회 회의에서 양측은 관세동맹협정을 체결했다. 관세동맹협정 체결로 터키 여론은 들뜨게 되었다. 탄수 칠레르 총리는 관세동맹협정 체결은 유럽과의 일체를 목표로 한 터키의 오랜 숙원이 해결된 역사적인 사건이라고 하면서, 관세동맹이 실현될 경우, 터키에 선진 노하우 및 기술이 도입되어 국가 번영을 가져올 것이라고 강조했다.

터키는 EU의 전신인 유럽경제공동체에 1960년에 준회원국으로 가입했고, 1987년에 유럽공동체에 정회원국 가입 신청서를 제출했다. 1993년 발족한 EU는 1987년 터키가 EU의 전신인 EC에 가입 신청한 때로부터 12년 만인 1999년에 터키에게 EU 가입 후보국 지위를 부여했다. EU 집행위원회는 터키에 대해서는 일단 가입 자격을 부여하되, 가입 협상은 EU 가입을 위한 정치적·경제적 기준을 충족한 후에 개시하도록 하고, 민주화·인권 개선 및 터키 법령의 EU 법령과의 조화 등 EU 가입에 필요한 개혁 사항을 권고했다.

이에 따라 터키 국회는 2002년 8월 사형 폐지, 쿠르드어 방송 및 교육 허용 등 EU가 가입 협상 개시 조건으로 제시한 인권 개선 및 민주 개혁 요청 사항을 충족시키기 위한 소위 'EU 개혁 법안'을 통과시켰다.

그 후 2005년 10월에 드디어 EU 가입 협상이 시작되었다. 터키의 EU 가입 협상이 시작된 것은 EEC 준회원국으로 가입한 1960년을 기준으로 하면 45년 만의 일이고, EC 정회원국 가입 신청서를 제출한 1987년을 기준으로 하면 18년 만의 일이다. 2004년 12월 EU 정상회의에서 결정된 사항을 보면 터키의 가입 협상 개시에 대한 조건이 많이 붙어 있다. 정회원 가입을 목표로 협상을 진행하나 정회원을 보장하지 않는다는 조건과 함께, 인권 및 민주화가 역행할 경우 협상을 중단하며, 협상 실패 시에는 터키에게 회원국에 준하는 별도 지위를 부여한다는 내용 등이 그것이다.

2. 길고 긴 EU 가입 협상의 길

EU 가입 협상의 중단

터키의 EU 가입 노력은 50여 년 전으로 거슬러 올라간다. 유럽경제공동체 가입을 신청한 지도 반세기가 넘어간다. 2005년 10월부터 EU는 터키와 가입 협상을 개시했다. 민주주의, 법치주의, 인권 및 소수민족의 보호를 보장하는 제도의 안정적 확립, 시장경제 및 EU 시장의 경쟁 압력에 견딜 수 있는 능력 확보, 단일 시장제도, 기술 표준, 환경은 물론 사법제도까지를 포함하는 8만여 쪽의 방대한 EU 규약acquis communautaire을 이행할 수 있는지 능력을 알아보는 것이 협상의 내용이었다.

결과적으로 터키의 EU 가입 협상은 광범위한 EU 규약을 터키 국내법에 포함시키는 문제이며, 이의 이행 여부를 확인하는 복잡한 과정이었다. 가입 협상을 위해 35개 장의 협상 분야를 결정하고 2011년까지 14개 분야에 대해 협상을 했으나 그중 겨우 한 개 장(과학 및 연구)만이 2006년 6월에 협상을 마친 상태다. 그런데 나머지 13개 분야에 대한 협상이 진행되는 중 2006년 12월에 8개 장에 대한 협상이 동결되었다. 터키가 키프로스 국적의 선박과 항공기에 대해 터키의 항구와 공항을 개방하지 않아 관세동맹협정의 추가 의정서를 위반했다는 것이 그 이유였다.

2007년에 이르러서 5개 장은 직접적으로 정회원 자격을 부여하는 의미라며, 이를 이유로 프랑스가 협상 개시를 유보시켰다. 그리고 2009년에는 다른 5개 장에 대해 협상을 할 것인지 결정하는 과정에서 다시 키프로스가 터키가 추가 의정서를 이행하지 않음을 들어 제동을 걸고 거부권을 행사했고 터키와 석유 탐사권 관련 분쟁을 하고 있다는 이유로 에너지 장에 대한 협상에 대해서도 거부권을 행사했다. 터키는 협상을 속개할 것을 EU에 촉구하고 있으나, 별다른 진전을 보지 못하고 있다.

가입 협상 대상 35개 항목은 다음과 같다.

제1장 상품의 자유 이동(2006. 12. 협상 동결)

제2장 근로자의 자유 이동(2009. 12. 협상 동결)

제3장 서비스 제공의 자유(2006. 12. 협상 동결)

제4장 자본의 자유 이동

제5장 공공입찰

제6장 기업 관련 법률

제7장 지적 재산권

제8장 경쟁 정책

제9장 금융 서비스(2006. 12. 협상 동결)

제10장 지식사회 및 언론

제11장 농업 및 농촌 개발(2006. 12. 협상 동결)

제12장 식품 안전

제13장 수산업(2006. 12. 협상 동결)

제14장 교통(2006. 12. 협상 동결)

제15장 에너지(2009. 12. 협상 동결)

제16장 조세 정책

제17장 중앙은행 독립 및 단일화폐

제18장 통계

제19장 사회 정책 및 고용

제20장 기업 및 산업 정책

제21장 유럽 연결 기간 시설망

제22장 지역 정책 및 구조 기금

제23장 사법 및 기본권(2009. 12. 협상 동결)

제24장 정의, 자유 및 안보(2009. 12. 협상 동결)

제25장 과학 및 연구(2006. 6. 협상 마무리)

제26장 교육·문화(2009. 12. 협상 동결)

제27장 환경

제28장 소비자 및 소비자 건강보호

제29장 관세 동맹(2006. 12. 협상 동결)

제30장 대외 관계(2006. 12. 협상 동결)

제31장 외교 안보 및 국방 정책(2009. 12. 협상 동결)

제32장 재정 관리

제33장 금융 및 예산 관련 규정

제34장 EU 주요 기관

제35장 기타

EU 회원국이 터키의 EU 정회원 가입에 대해 통일된 의견을 가지고 있는 것은 아니다. EU 내 일관된 대터키 정책이 부재한 상황에서 프랑스의 사르코지 대통령은 독일 메르켈 총리와 함께 터키의 정식 회원국 가입 대신 특별파트너십 지위를 부여해야 한다고 주장하는 등, '유럽 내 터키 Turkey in Europe'가 아닌 '유럽과 함께하는 터키 Turkey with Europe'를 제시하고 있다.

터키는 정회원이 아닌 다른 지위로의 가입 구상에는 단호하게 반대하고 있다. 키프로스의 거부권 행사, 특히 2005년 독일 메르켈 총리, 2007년 사르코지 프랑스 대통령 등장으로 터키의 EU 가입 협상 진행은 사실상 중지된 상태다. 메르켈 총리와 사르코지 대통령은 터키의 EU 정회원 가입을 바라지 않음을 공개적으로 밝히고 있다. EU가 터키를 받아들이지 않으려는 이유 중에는 단일 국가로서 터키는 유럽 다른 어느 나라보다 규모가 너무 크고$^{too\ big}$, 아직도 경제력이, 특히 농촌에서 너무 뒤떨어져 있고$^{too\ poor}$, 문화적으로 너무 다르다$^{too\ different}$는 것이다. 즉 한마디로 말하면 이슬람 국가라는 이유로 협상이 진척되지 않는 것이다.

협상을 발목 잡는 키프로스 문제

특히 키프로스 문제는 터키의 EU 가입에 발목을 잡고 있는 이슈이다. 그리스계 남키프로스의 디미트리스 크리스토피아스 대통령은 터키가 북키프로스에 군대를 주둔시키는 한 터키의 EU 가입은 불가능하다고 공언하고 있다. 남키프로스 측은 EU 가입을 원하는 국가(터키)가 회원국(남키프로스)을 인정하지 않고, 회원국에 대해 항구와 공항도 개방하지 않는 것은 모순된 행동으로 터키의 EU 가입 열쇠는 키프로스가 아니라 터키 스스로가 쥐고 있다면서, 터키의 EU 가입 협상이 지지부진한 책임을 터키 측에 돌리고 있다.

터키는 EU 가입 협상을 시작했지만, 터키가 EU 회원국인 남키프로스에 대해 항구 및 영공을 개방하지 않는다는 이유로 협상 대부분이 중단된 상태이다. 2005년에 터키와 EU 간 체결된 추가 의정서에 따라 터키는 EU 관세동맹 체제 내에서 전 회원국에게 항구 및 영공을 개방할 의무가 있으나, 2004년에 키프로스(그리스계)의 EU 가입에도 불구하고 터키는 키프로스에 자국의 항구 및 영공 사용을 금지하고 있다. EU는 키프로스에 대해 터키 영역 내 항구 및 영공 사용을 금지함으로써 EU 정회원국으로서의 대우를 하지 않고 있다고 불만을 제기하고 있다.

터키로서도 할 말은 많다. EU는 키프로스 통합을 위해 2004년에 유엔이 제시한 '아난 플랜'을 터키계 키프로스가 승인한 반면, 그리스계 키프로스가 거부했음에도 불구하고, 그리스계 키프로스의 단독 EU 가입이 승인된 바 있다.

당시 유엔의 코피 아난 사무총장은 연방제도 설립을 통한 키프로스의 통일 방안을 제시했고, 여러 차례의 협상을 거쳐 완성된 '아난 플랜' 중재안에 대해 2004년 4월 24일 남·북 키프로스 국민투표가 각각 실시되었다. 아난 플랜이 통과될 경우 남·북 키프로스는 연합 키프로스 공화국이라는 이름하에 함께 EU 가입을 할 것이었다. 그러나 국민투표 결과 터키계 북키프로스 찬성(64.9퍼센트), 그리스계 남키프로스 반대(75.8퍼센트)로 키프로스 통합은 실패했으며, 2004년 5월 1일 남키프로스가 키프로스를 대표하여 단독으로 EU에 가입했다.

터키는 키프로스 통합을 지지한 쪽은 터키계 키프로스이건만 EU가 그리스계 키프로스의 단독 EU 가입을 승인한 것은 이중적인 태도이며, 따라서 터키의 EU 가입 조건으로 키프로스 문제를 선결 조건으로 제시하는 것은 부당하다고 주장하고 있다.

EU 가입을 위해 50년이나 기다리다

터키가 EU에 가입 신청을 한 1970년대는 유럽이 자신들의 필요로 인해 터키인 근로자들을 대대적으로 받아들일 때였다. 반세기 가까운 시간이 흐르면서, 당시와 비교할 때 터키의 상황도 크게 변했다. 터키의 가입으로 EU가 얻을 이익에도 불구하고, 터키는 EU가 끌어안기에는 부담이 너무 큰 나라로 성장했다.

EU 가입을 바라보는 터키 국민의 입장도 변하고 있다. 터키 귤 대통령 및 에르도안 총리는 가입 협상에 진전이 없고 계속되는 서구 주요 국가들의 가입 반대 등 EU의 소극적인 태도로 인해 국민들의 자존심이 몹시 상해 있다는 의미의 발언을 하고 있다. 최근의 여론 조사에서도 터키 국민들 역시 EU 가입에 대해 부정적인 견해를 갖고 있는 것으로 나타났다. 정의개발당 집권 이래 크게 성장한 경제력과 대외 관계에 대한 정부의 자신감으로 국익 차원에서 EU가 유일한 해결책이 아니라는 인식이 증가했음을 반영하는 것이다.

중동과의 관계 개선으로 외교 축이 서구에서 중동으로 전환되었다는 비판에도 불구하고, 터키 정부는 이웃 국가인 이슬람 국가들을 향한 터키의 적극적인 선린 외교 정책은 지역 내 평화 조성을 위한 역사적인 사명에서 비롯된 것이라며, 터키의 EU 가입은 여전히 중요한 외교 과제라고 밝히고 있다.

> 우리는 같은 역사를 공유한다 We share the same history
> 우리는 같은 지역을 공유한다 We share the same region
> 우리는 같은 비전을 공유한다 We share the same vision

우리는 같은 가치를 공유한다 We share the same values

위의 말은 2010년 2월 터키의 다부트올루 외교 장관이 터키의 EU 가입 노력과 관련해, 터키와 EU는 세계 평화와 안정을 위해 같은 배를 타고 똑같은 목표를 향해 가고 있다면서 양측이 차이가 없음을 비유한 것이다. 터키가 이러한 관점을 유지하는 데는 과거의 영향이 크다.

오스만 제국의 술탄은 자신을 '이슬람과 동로마의 황제'라고 불렀다. 오스만 제국은 국가의 미래를 중앙아시아, 발칸이나 중동이 아닌 유럽에 두었다. 그 영향으로 터키가 종교와 정치의 개혁을 서두르고 공화국을 건립할 때 이란을 제외한 다른 무슬림 세계는 서구에 의해 정복되거나 식민 지배를 받았다.

터키는 경제·정치·군사 면에서 서구의 블록에 속해 있다. 터키는 냉전시대에도 서구의 제도에 속해 있었고, 지금도 서구와의 완전한 편입을 위해 EU 가입에 대한 강렬한 의지를 보이고 있다. 유럽은 터키를 그들과 다른 상대로 보고 있는 반면, 터키는 유럽을 그들과 다른 상대로 보지 않고 있다.

정의개발당 정권은 집권 후 더욱 당당하고 용감한 터키의 모습을 유럽 측에 선보였다. 2011년 2월 프랑스의 사르코지 대통령의 터키 방문 시 에르도안 총리는 1526년 슐레이만 황제가 프랑수아 1세에게 보낸 답신 서한 사본을 선물로 증정했다. 1525년 이탈리아의 파비아 전쟁에서 프랑스가 스페인에 패하고 프랑수아 1세가 신성 로마제국의 카를 5세에 포로로 잡히자, 프랑수아 1세의 어머니가 슐레이만 황제에게 도움을 요청했던 서한에 대한 슐레이만 황제의 답신 서한이었다. 도움을 청한 프랑스를 터키가 도와준 역사적 사실을 상기시킨 것이다.

귤 대통령은 사르코지 대통령에게 터키는 큰 나라이므로 터키 국민의 자존심을 상하게 하지 말라는 메시지를 전달했다.★ 터키의 귤 대통령은 EU는 터키의 EU 가입에 대한 약속은 지켜야 한다고 강조했지만, 사르코지 대통령은 EU 정회원 가입보다는 특혜국 대우로 터키를 받아들이겠다면서 터키의 EU 정회원 가입에 대해서는 반대하는 입장을 밝혔다.

터키의 귤 대통령은 2009년 11월 국제전략연구소USAK 개원식에서 터키는 EU 가입을 위한 법적인 기반이 튼튼하므로 터키에 대한 특별 지위 거론 운운하는 일은 있을 수 없다고 못 박고, 터키는 할 일을 다 할 것이므로 EU는 관전만 하면 된다고 언급했다. 이어 귤 대통령은 가입 협상이 마무리되면 다른 EU 국가들이 한 것처럼 가입 찬반 국민투표를 하겠지만 그 결과가 어떻게 나올지는 모르는 일이라고 하면서, EU에 대한 섭섭함과 자신감을 동시에 표현했다.

또한 2011년 1월 에르도안 총리는 파판드레우 그리스 총리와의 회동 시, 터키는 EU 가입을 위해 50년이나 기다린 국가라고, 이렇게 50년을 기다린 나라가 또 어디 있느냐고 호소하면서, EU는 터키의 인내를 시험하고 있다고 말했다. 그리고 EU는 터키의 가입을 원하지 않는다면 이를 확실하게 밝혀줄 것을 촉구하고, 만약 EU가 터키의 인내를 시험한다면 터키의 인내에도 한계가 있다는 것을 알아야 한다면서 EU 측에 강한 불만의 메시지를 전했다.

★ 터키는 2012년 5월 올랑드 프랑스 대통령의 취임을 계기로, 터키와 EU 간의 가입 협상이 새로운 국면으로 접어들기를 기대하고 있다.

터키는 언제쯤 EU 가입에 성공할 수 있을까

터키는 EU가 요구하는 가입 조건을 충족시키기 위해 갖은 노력을 다 해왔다. 국가의 체제와 법령을 유럽과 조화시키고 경제의 운용 방식을 현대화하는 한편, 유럽의 관심사인 인권문제를 개선하기 위해 사형 제도를 폐지하기도 했다.

EU는 구동구권 국가들을 포함한 10개국을 새로운 구성원으로 받아들였다. 가난한 나라 불가리아와 루마니아를 새 식구로 받아들이고 크로아티아의 가입도 언급되는 상황에서, 나토의 회원국이며 경제협력개발기구와 세계무역기구의 회원국인 터키의 가입에는 인색한 이유는 무엇일까?

'터키는 너무 크고, 너무 가난하고, 유럽에 속하지 않는 무슬림이다.' '터키가 10년 후 또는 그 후에 브뤼셀 의석에 앉게 된다면, EU 국가 중 가장 가난하고, 가장 인구가 많은, 그리고 의회에서 가장 많은 의원 수를 가진 나라가 될 것이다.' '터키는 크고 가난하여, EU에 밀려드는 가장 큰 이주민 대상국이 될 것이다.' 이와 같은 이슬람 국가에 대한 거부감, EU 소득의 25퍼센트 수준인 가난한 터키인의 이민 행렬에 대한 우려와 함께 인구 7천만 명인 터키의 EU 내 영향력 확대에 대한 우려 등이 자리 잡고 있다.

EU의 고민은 그렇다고 터키를 냉정하게 그대로 둘 수 만은 없다는 데 있다. 터키는 EU와 이슬람 세계의 연결 고리이자 유럽이 중동과 아시아로 나가는 관문에 있기 때문이다. 터키 내 EU 전문가는 EU가 터키에 등을 돌리면 서양은 이슬람 세계와 연결하는 다리를 잃게 될 것이라고 말했다. 터키의 젊은 인구 역시 매혹적이다. 시간이 지나면서 심각하게 노령화되고 있는 유럽 사회에 반해, 터키는 총인구의 평균 연령이 29세일 정도로 젊은 사회로 변했다. 터키의 경제력도 G20에 들 정도로 크게 성장했다. 그러나 단일 국가로서는 규모가 너무 큰 터키를 EU 회원국으로 받아들이는 것은 EU로서는 너무 큰 부담이 될 수 있다.

미국 오바마 대통령은 이슬람 국가를 포용해야 한다면서 유럽 지도자들에게 터키의 EU 가입 지지를 호소했으나 유럽의 주요국 지도자들은 터키의 EU 가입 승인 문제는 EU 회원국들이 판단할 문제라며 유럽 일에 상관하지 말라고 일침을 놓았다. 터키인들 사이에 터키의 EU 가입에 대한 부정적인 시각도 늘어나고 있지만, 터키 정부는 EU 가입은 터키의 최우선 국정 과제임을 밝히고 있다.

50년이 넘는 기나긴 여정에서 볼 때, 터키의 EU 가입은 아직도 이루어질 수 없는 꿈처럼 보인다. 그럼에도 불구하고 경제적인 면에서는 터키는 EU에 가입한 것 같은 효과를 보고 있다. 터키가 EU 가입을 당장 포기할 수 없는 이유 중 하나이다. 1996년에 발효된 관세동맹으로 양측 간 무역 규모는 크게 확대되었고, 터키는 총수출의 절반을 EU에 하고 있다.

문제는 정치적인 차원에 있다. 터키와 EU는 서로 상대방을 필요로 하고 있지만, 복잡한 이해 계산으로 간극을 좁히지 못하고 있다. 에르도안 총리는, 터키는 이제 더 이상 간청하며 EU의 문 앞에서 기다리지 않을 것이라고 하면서, 터키는 EU가 터키를 필요로 한 만큼 EU를 필요로 한다며 서로의 필요성을 강조했다.

터키는 EU라는 항구에서 닻을 내리지 못하고 있는 상태다. 언젠가는 항구를 떠날 수 있다고 터키인들은 말하고 있다. 2011년 6월 총선 후 터키 정부는 터키의 EU 가입을 전담하는 유럽연합부를 신설했다. 터키가 언제 EU에 가입할지 점치기는 쉬운 일은 아니지만, 단기간 내에 해결되지는 않으리라는 전망이 우세하다.

EU 회원국 현황

기존 회원국

오스트리아, 벨기에, 독일, 덴마크, 핀란드, 프랑스, 그리스, 아일랜드, 이탈리아, 룩셈부르크, 네덜란드, 포르투갈, 스웨덴, 스페인, 영국 등 15개국.

신규 가입국

2004년 5월: 키프로스, 체코, 에스토니아, 헝가리, 라트비아, 리투아니아, 몰타, 폴란드, 슬로바키아, 슬로베니아 등 10개국.
2007년 1월: 루마니아, 불가리아 등 2개국.

아난 플랜

코피 아난 유엔 사무총장은 2002년 11월 양원제 연방 정부를 구성하고 있는 소위 '스위스 모델'을 모체로 터키계와 그리스계 양측이 키프로스의 독립과 주권을 인정하되 새로운 단일 국가 키프로스United Cyprus Republic를 수립한다는 목표로 키프로스 문제 해결 방안을 제시했다. 아난의 해결 방안의 원 이름은 '키프로스의 포괄적 해결에 관한 합의를 위한 기초'이며, 보통 '아난 플랜Annan plan'이라 불린다. 아난 플랜은 국가 형태는 연방공화국으로 하며, 양원제의 연방의회와 집행부로 대통령 평의회를 두고, 외국 군대 철수와 유엔 평화유지군의 활동을 보장하는 등의 내용을 담고 있다.

1974년 터키의 키프로스 침공으로 인해 분단된 이후, 통일을 위한 중재안이 페레즈 드 구엘라, 부트로스 갈리 등의 유엔사무총장에 의해 제시되었으나, 아난 플랜이 가장 포괄적이고 건설적인 통일 방안인 것으로 평가되었다.

☪
08

남과 북으로 나뉜 키프로스 문제

1. 오스만 제국의 지배와 영국의 식민지

키프로스, 지중해 분단국 섬나라

키프로스★는 지중해 동북부에 위치한 섬나라로 유럽 내 유일한 분단국이다. 구리의 라틴어 'cuparum'의 어원이 키프로스에서 유래했을 정도로 구리 광산이 많은 것으로 유명하다. 지중해 북동쪽 끝에 위치한 키프로스는 터키에서는 남쪽으로 75킬로미터, 그리스에서는 동쪽으로 8백 킬로미터 떨어진 해상에 있으며, 면적은 9,251제곱킬로미터로 지중해에서 시칠리아 섬, 사르데냐 섬에 이어 세번째로 큰 섬이다. 우리

★ 키프로스Kypros는 현지 발음대로 표기한 것인데 영어식으로 사이프러스Cyprus라고 하기도 한다.

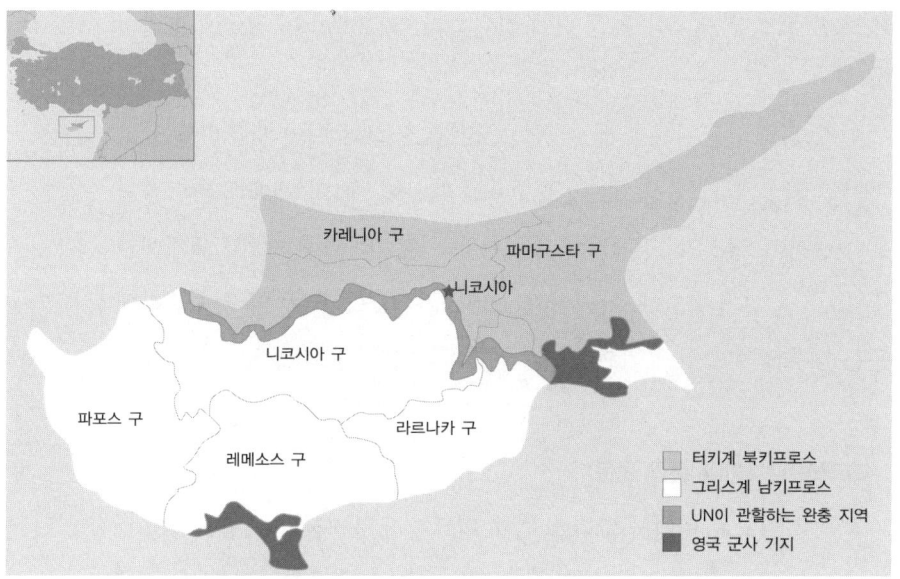

키프로스는 남·북으로 갈라져 북쪽은 터키계가, 남쪽은 그리스계가 통치하고 있다.

한반도 면적(22만 2,223제곱킬로미터)의 4퍼센트, 남한 면적(9만 9,461제곱킬로미터)의 9.3퍼센트에 해당한다.

키프로스는 후기 청동기시대에는 히타이트 제국의 지배를 받았다. 기원전 3천 년부터 그리스 미케네인이 지배한 이후, 키프로스 섬은 그리스적인 색채가 많이 남게 되었다. 이후 키프로스는 페니키아, 이집트, 아시리아를 거쳐 페르시아, 비잔틴제국, 영국, 베네치아 등의 지배를 받아오다가 1571년에 오스만 제국의 영토로 편입되어, 1571년부터 영국의 행정 관할이 된 1878년까지 307년간 오스만 제국의 지배를 받았다. 1571년 이래 키프로스에는 무슬림 터키인과 정교도인 그리스인 등 두 민족을 양대 축으로 살아왔다. 1878년 영국과 오스만 제국 간 방위동맹협정에 따라 영국의 행정 관할로 되었다가, 제1차 세계대전 때인

1914년 오스만 제국이 독일 편에 참전하자, 키프로스는 영국에 병합되었다.

오스만 제국 국민으로 살고 있던 키프로스 섬의 터키계 주민들은 갑자기 적국 국민의 신분으로 변했고, 그 때문에 제1차 세계대전이 끝난 1918년까지 행정적·경제적으로 고통을 받았다. 이어 제1차 세계대전 후 1923년 로잔 조약으로 터키와 그리스가 키프로스를 영국 주권하에 두는 데 합의함으로써 키프로스는 영국의 식민지가 되었다.

그리스 본토와의 통합 운동

로잔 조약으로 터키와 그리스 간에 미묘하게 유지되던 균형은 키프로스 섬의 그리스 정교회가 키프로스 섬을 그리스에 통합하려는 소위 에노시스Enosis 운동을 전개하면서 깨지기 시작했다. 키프로스 섬의 터키계 사람들도 그리스에 의한 식민 지배를 바라고 있지 않았기 때문에 에노시스 운동을 강하게 반대했고, 만약 키프로스 섬의 주인이 바뀌게 된다면 섬의 주인은 당연히 터키가 되어야 한다고 주장했다.

그러는 사이, 1931년에 그리스 정교회에 자극을 받은 그리스계 사람들이 에노시스를 주장하며 영국에 무력으로 저항하기 시작했다. 그러나 영국 식민 행정부는 이를 강경하게 무력화함으로써 에노시스 운동은 제2차 세계대전이 끝난 1945년까지 성공하지 못했다. 영국 식민 정부의 강경한 대처로 1931~45년간 키프로스 섬 내 양계 간 반목은 거의 없는 듯했다.

제2차 세계대전 중 영국은 키프로스의 그리스계 주민에게 전쟁 종료 후 자치권을 부여하겠다는 제안으로 참전을 호소했고, 그리스계 주민

중 일부는 영국군에 합류하여 북아프리카, 특히 리비아 전투에 참여했다. 양차 대전에서 그리스계 주민들은 키프로스가 언젠가 그리스와 통합될 수 있을 것이라는 기대감으로 영국 편에 서서 싸웠다.

제2차 세계대전 후 그리스계 키프로스 주민들은 민족자결주의를 바탕으로 그리스 본토와의 통합을 추구하는 민족운동을 다시 일으키며 반영 독립운동을 시작했다. 그 과정에서 그리스계 키프로스 주민과 터키계 키프로스 주민 간에 민족·종교를 둘러싼 갈등이 생기게 되었다. 특히 1955년에 이르러 '키프로스 투쟁 국민기구EOKA'가 에노시스 운동을 조직적으로 지원하고 나섰다. 영국으로부터의 해방과 그리스 본토와의 합병을 내걸고 대영 투쟁을 선언한 키프로스 투쟁 국민기구는 이때부터 대규모적인 반영 테러 활동을 시작했다. 이에 대항하여 터키계 저항 단체는 키프로스의 분할을 주장하고, 그리스계의 병합(에노시스)에 맞섰다. 1958년 여름에 양계 간 무력 싸움은 거의 내전 수준에 이르게 되었다. 1955~58년까지 터키계 주민들은 키프로스 투쟁 국민기구의 진압의 목표가 되었다. 수백 명의 터키계 사람들이 목숨을 잃었고, 6천 명의 난민이 발생했으며 30여 개 이상의 마을이 이로 인해 파괴되었다.

2. 분단에서 통일로 향해 가는 국제적 노력

독립국의 탄생

그리스는 민족자결주의를 내세우고 키프로스 섬을 그리스에 통합해야 한다고 주장하며, 유엔에 키프로스 문제 해결을 요청했다. 그러나 유엔은 그리스의 요청은 키프로스 섬의 주권을 변경하는 것임을 이유로 그리스의 요청을 기각하면서 당사국 간에 평화적인 방법으로 해결할 것을 권고했다.

이에 따라 1959년 초에 터키와 그리스 외교 장관이 해결 방법을 모색하기 위해 취리히에서 회담을 가졌다. 터키와 그리스 정부 대표, 키프로스 섬의 터키와 그리스계 주민 대표들 간 장고의 회담 끝에, 그리스와 터키 총리는 1959년 2월에 독립국가 키프로스 공화국을 세우는 데 합의했다. 키프로스 공화국 헌법이 채택되어 1960년 8월 16일 키프로스 내 터키계, 그리스계 주민 대표와 영국·그리스·터키 3국간에 런던협정이 체결되었다. 런던 협정에 따라 대통령은 그리스계에서, 부통령은 터키계에서 선출하며 그리스계와 터키계가 7 대 3의 비율을 차지하는 형태로 정부를 구성하기로 하고 1960년 8월 16일 키프로스 공화국이 정식으로 선포되었다. 런던 협정에 따라 그리스는 키프로스에 950명의 군대를, 터키는 650명의 군대를 각각 주둔시킬 수 있으며, 영국은 아크로티리 및 데켈리아 등 두 곳에 군사 기지를 보유할 수 있게 되었다. 키프로스 공화국은 같은 해 9월 20일 유엔 회원국으로 가입했다.

키프로스 공화국은 반영 독립투쟁과 그리스계-터키계 주민 간의 반목, 충돌 등 극심한 고통을 겪은 후 독립하기는 했지만, 그리스계-터키계 주민은 헌법 시행에 있어 각자의 이해관계에 따라 해석을 달리함으로써 양측 간 충돌이 여전히 빈번하게 발생했다.

양계 간에 무력 충돌이 일어난 원인은 마카리오스 대통령이 터키계의 자치화에 관한 법령 무효화 조치를 취하고 터키계의 정치적 권리를 약화시키는 헌법 개정안을 낸 데 따른 것이었다. 1962년 키프로스 내 터키계 지방의회(키프로스에는 중앙의회와는 별도로 그리스계, 터키계가 각각 별도의 자치 의회를 두었음)는 수도 니코시아를 포함한 5개 주요 도시 구역 내에 터키계 자치구역을 설정하는 동시에 그중 한 개 도시를 자치화한다는 법안을 통과시켰다.

이에 대해 마카리오스 대통령은 포고령을 선포하여 중앙정부 권한으로 이 법안을 무효화시켰다. 또한 터키계 주민의 권익을 최대한으로 보장한 키프로스 헌법에 대해, 마카리오스 대통령은 중앙 집권 체제의 강화책으로 1963년 11월 터키계 부통령의 거부권 행사 규정을 폐기하고 터키계의 정치적 권리를 약화시키는 헌법 개정안을 제출했다. 이로 인해 터키계와 그리스계 주민 간에 정면 충돌이 일어나 키프로스에 다시 위기가 닥쳐왔다. 터키와 터키계 키프로스 주민들은 헌법 개정은 그리스와의 병합을 목표로 한 것이라고 반발했고, 팽팽한 대립 관계를 보인 양계 간에 1963년 12월 정면 충돌이 발생하여 양측에서 수백 명의 사상자가 발생했다.

1964년 2월 양계 간에 무력 충돌이 다시 발생한 후, 양 자치단체 간의 협력 관계는 완전히 단절되었으며, 적대 관계가 고착하게 되었다. 1964년에 터키 정부는 키프로스의 터키계 주민을 보호한다는 명목 아래 군사 개입을 단행할 계획이었으나, 군사 개입 단행 직전, 이를 반대한 미국이 터키 영토에 소련의 침략이 있을 경우 미국은 터키 편에 서지 않겠다는 등 강력한 반대 의사를 담은 6월 5일자 소위 '존슨 서한'을 터키 이뇌뉴 총리에게 전달함으로써 이 개입은 실행되지 못했다.

이와 병행해 키프로스 공화국은 키프로스 문제를 유엔에 제기했고, 유엔이 키프로스에 유엔 평화유지군을 배치하기로 결의한 후 수도 니코시아는 일명 '그린 라인' 휴전선으로 분리됐으며, 1964년 5월 유엔평화유지군이 파견됐다. 그러나 그 후에도 양계 주민들의 갈등과 반목은 계속됐고, 마침내 1967년 12월 터키계 키프로스 주민들은 북부 지역에서 그들만의 임시정부를 수립했음을 일방적으로 선포했다. 터키계 키프로스 임시정부는 대통령 및 부통령을 둠으로써 사실상 정부 형태를 갖추게 되었다.

1968년 11월 그리스계 주민과 터키계 주민은 정부, 의회, 치안을 포함한 정부 형태에 대한 의견서를 교환하고 양측의 의견 차이를 협상을 통해 해결하기로 했다. 그리하여 통일 국가의 새로운 헌법을 제정하기 위한 협상을 시작했지만, 서로 양보 없는 주장이 팽팽해 1971년 4월 결렬되고 말았다.

터키의 군사 개입과 남북 분단

그러는 사이, 1974년 키프로스에서 친그리스 군대가 키프로스를 그리스와 병합할 것을 주장하면서 쿠데타를 일으키자, 터키 정부는 터키계 지도자인 라우프 뎅타쉬의 요청에 따라 키프로스 내 터키계 주민들을 보호한다는 명분을 내세워 키프로스 섬에 4만 명의 군대를 파견했다. 1974년 7월 20일 아침 7시 터키의 에제비트 총리는 방송을 통해 키프로스 섬에 터키군이 군사 개입함을 발표했다. 터키 전 국민은 정부 조치에 대하여 전폭적인 지지를 보냈다. 터키군의 키프로스 군사 개입 후 휴전을 위한 외교적인 조치가 즉각 이루어졌다. 7월 20일 밤 유엔 안보리는 휴전 결의안을 채택했고, 같은 날 닉슨 미국 대통령이 터키 정부에 친서를 전달하며 사태 발전의 우려를 표명하고 평화적 해결을 촉구했다. 나토는 미국과 영국의 외교적 해결 노력을 지지한다고 발표했다.

7월 22일 아침 10시 에제비트 총리는 유엔 안보리 결의안을 정식으로 수락하고, 17시부터 휴전을 성립한다고 발표하면서, 사흘간의 군사 작전은 목표를 달성했으며 터키는 앞으로 키프로스 내에서 세력 균형 유지를 위하여 영향력을 발휘할 것이라고 발표했다. 그리스의 지원을 받은 키프로스 공화국 쿠데타 정부와 터키 군대는 사흘간의 전투를 벌인 후, 동부 지역의 파마구스타(터키명 가지마우사)와 서부 지역의 레프카를 연결하는 정전 라인을 그어 그 북부 지역은 터키가, 남부 지역은 그리스계 키프로스 공화국이 각각 장악하면서 키프로스는 남북으로 분단되고 말았다.

그리스로부터 독립을 주장하던 마카리오스 대통령은 1974년 7월 군사혁명에 의해 그리스와의 통합을 추구하는 에노시스 운동의 배신자라는 낙인이 찍혀 대통령직에서 축출되었으나, 군사혁명 정부가 붕괴하자 12월 다시 키프로스 대통령으로 복귀했다. 그러나 터키는 키프로스에서 군대를 철수시키지 않고 키프로스 섬의 약 36퍼센트에 해당하는 북부 지역에 계속 군대를 주둔시켰으며, 이로 인하여 북부 지역에 거주하고 있던 약 20만 명의 그리스계 주민들은 난민이 되어 남부 지역으로 이주해야 했다.

1975년 2월 13일에 터키계는 별도의 정부 수립을 선포했다. 이로 인해 키프로스는 사실상 두 개의 분리된 행정 체제 밑에 별도의 정치, 경제, 사법, 교육 제도와 군사 제도를 유지하기 시작했다.

키프로스 섬 안에 두 개의 분리된 체제가 유지되자, 1975년 3월 유엔 안보리는 유엔사무총장 중재하에 협상 재개를 촉구하는 결의안을 채택했다. 1977년 1월 터키계 지도자 뎅타쉬와 그리스계 마카리오스 대통령은 발트하임 유엔 사무총장 중재로 연방공화국 수립을 위한 일반 원칙에 합의했다. 그러나 마카리오스가 1977년 8월 사망하고 키푸리아누가 1978년 1월 대통령에 취임한 후, 키푸리아누 대통령은 터키계와의 회담을 거절했다. 1979년에 와서야 뎅타쉬와 키푸리아누는 키프로스 문제 유엔 특별 대표 페레즈 데 켈라를 중재자로 하는 회담 재개에 합의한 후 1983년까지 간헐적으로 회담을 계속했으나 성과 없이 끝나고 말았다.

1983년 5월 키푸리아누가 키프로스 문제를 유엔 총회에 상정하여, 유엔 총회가 모든 점령군의 철수를 결의함에 따라, 11월 5일 뎅타쉬 지도자는 터키계 북키프로스 공화국의 독립을 일방적으로 신포했다. 같은 날 터키 정부는 즉각 터키계 북키프로스 공화국을 승인했다. 현재 북키프로스 공화국은 터키 외 다른 국가들로부터 인정받지 못하고 있으며, 남키프로스 공화국만이 국제적으로 대표성을 인정받고 있다.

그리스계의 키프로스 공화국의 2010년 GDP는 230억 달러, 1인당 GDP는 2만 8천 달러이며, 비교적 안정된 경제력을 보이고 있다. 한편 북키프로스 공화국은 1인당 GDP가 남키프로스의 4분의 1에 불과하여, '풍요한 남쪽과 빈곤한 북쪽'으로 불리고 있다. 2004년 5월 1일 EU는 남키프로스의 가입을 승인했다. EU는 키프로스 공화국의 가입을 승인했지만 EU의 법률과 회원국의 혜택은 키프로스가 통일될 때까지 남키프로스에만 국한한다는 단서를 달았다.

남북 키프로스 경계에는 그린 라인이 설정되어 있어 평화유지군이 관할하고 있다. 2002년 1월 한국의 황진하 장군이 키프로스 유엔평화유지군 사령관에 부임하여 2003년 12월 말까지 현지 평화유지 활동에 중요한 책무를 맡은 바 있다.

통일을 위한 국제적 노력

그리스계 남키프로스의 크리스토피아스 대통령은 터키가 북키프로스에 군대를 주둔시키는 한 터키의 EU 가입은 불가능할 것이라고 공언하고 있다. 이는 터키가 북키프로스에 상주하고 있는 군대를 철수시키지 않을 경우 터키의 EU 가입에 거부권을 행사하겠다는 뜻을 분명히 한 것이다.

2004년 4월 코피 아난 유엔 사무총장의 스위스 연방제식 통일 방안에 대해 국민투표가 양계에서 실시되었으나, 터키계 북키프로스는 64.9퍼센트가 찬성한 반면, 그리스계 남키프로스는 75.8퍼센트가 반대했다. 국제사회는 유엔의 통일 방안을 반대한 남키프로스를 비난했다. 이로 인해 통일을 위한 양측의 협상은 중단됐으나, 2008년 초 남키프로스에서 통일에 적극적인 크리스토피아스 대통령이 당선된 뒤 남북은 3월에 정상회담을 갖고 협상 재개에 합의했다.

반기문 유엔 사무총장은 키프로스 문제 해결에 깊은 관심을 보이고 있다. 양계 지도자는 유엔 사무총장 중재로 2010년 1월 제네바, 11월 뉴욕, 2011년 7월 제네바 회담 등 세 차례 3자 회담을 가졌다. 특히 제3차 제네바 회담에서는 그간 가장 협상이 어려운 문제인 영토 조정 문제도 협의하자고 제의되었다. 2011년 말까지 원칙적 합의에 도달하고 2012년 초 국민투표를 거쳐 2012년 후반에 통일된 키프로스가 되기를 바란다고 다부트올루 터키 외교 장관은 포부를 밝혔지만 기대한 대로 진전되지는 않았다. 다부트올루 외교 장관은 2011년 6월 총선 후 구성된 정부에서 다시 외교 장관으로 취임 후 제일 먼저 북키프로스를 방문했고, 이어 에르도안 총리도 방문했다. 북키프로스에 대한 터키의 지원을 확인시켜주기 위해서다. 단일 국가를 주장하는 그리스계와 스위스식의 연방제를 주장하는 터키계 간 이견을 좁히기에는 아직 갈 길이 먼 것이 현실이다.

제3부
한국과 터키의 관계

01

한국-터키 교류의 역사적 배경

한국과 터키의 교류 60년

한국과 터키는 지리적으로 먼 나라이다. 그러나 한국전쟁에 참전한 것을 계기로 터키와 한국은 각별한 관계를 지니게 되었다. 그래서 한국과 터키를 멀고도 가까운 나라라고 한다.

터키는 북위 36~42도에 위치하여 한반도와 거의 같은 위도에 있으며, 지형적으로는 중요한 전략적 위치에 자리하고 있다. 한국은 아시아 대륙의 동쪽 끝에, 터키는 서쪽 끝에 자리하여 두 나라는 아시아 대륙을 지키는 첨병 역할을 하고 있다.

1948년 대한민국 정부가 수립되자, 미국, 영국, 프랑스, 스페인, 독일 등에 이어 터키는 1957년에 열번째로 한국을 한반도의 유일한 합법 정부로 인정함으로써 발 빠르게 대한민국과 우호 관계를 맺었다. 한국은 터키에 대사급 상주공관을 미국, 대만에 이어 세번째로 설치했다.

대한민국은 프랑스, 영국, 필리핀에 공사관을 개설했는데 이들을 포함한다 해도 대한민국 외교사상 일곱번째로 터키에 상주공관을 설치한 것이다. 대한민국이 한국전쟁 이후 터키를 얼마나 중요하게 보고 있었는지를 단적으로 말해주는 것이다.

지난 2007년은 한국과 터키가 외교 관계를 수립한 지 50주년이 되는 해였고, 2010년은 한국전쟁 발발 및 터키군의 한국전 참전 60주년이 되는 해였다. 제1차 세계대전 이후에 건립된 터키 공화국(1923년)과 제2차 세계대전 이후에 건립된 대한민국(1948년)은 '자유·평화·복지·인권'이라는 인류 보편적 공통의 가치를 존중하면서 '정치·경제·군사·문화' 등 다방면에서 양국 관계를 발전시켜왔다. 60년이라는 세월을 인생의 한 주기를 마감하고 새로운 삶을 시작하는 기점으로 보는 한국인의 환갑처럼, 양국 관계도 60세라는 환갑을 맞았다. 지금은 지난 60년에 걸친 교류의 역사를 살펴보고, 그러한 역사 속에 위치한 또 다른 60년의 한국-터키 관계의 새로운 발전 방향을 모색해야 할 시점이 되었다.

한민족과 튀르크족의 교류의 역사

한민족과 튀르크족 간 교류의 역사는 그 뿌리가 매우 깊다. 흉노와 돌궐은 터키인들의 조상이다. 흉노는 중국의 기록에 의해 전해지지만, 돌궐의 경우 그들이 남긴 비문이 19세기 말 러시아 고고학자에 의해 뒤늦게 발견되고 덴마크 학자에 의해 판독된 후 돌궐이 터키의 조상임이 확인되었다.

역사적으로 한민족과 터키인의 조상인 흉노와 돌궐의 관계는 특이하다. 기원전 한반도에 우리나라 최초의 국가 고조선 시대에 바로 이웃에 흉노족이 있었다. 고조선과 흉노는 중국 최초로 통일을 완성한 진秦과 그 뒤를 이은 중국의 통일 왕조 한漢나라에 대해 군사적 동맹 관계를 맺고 이들과 대립했다. 흉노의 후예인 돌궐이 세운 돌궐 제국도 고조선 이후 기마민족의 문화를 받아들여 세워진 고구려와 긴밀한 동맹 관계를 유지하고 수와 당에 대립하여 전쟁을 했다. 흉노 제국과 고조선이 가까운 동맹 관계에 있었듯이, 그 이후에 형성된 돌궐 제국과 고구려가 수나라에 대항해서 혈맹국으로 싸웠다.

중국 『사기』의 「흉노전」에는 한민족의 조상(고조선 건국에 참여한 부족)인 예족과 맥족(예맥족)의 기록이 있다. 한민족이 어디에서 기원했는지에 대해서는 정론은 없으나, 이들 한민족의 조상들은 중앙아시아에서 기원하여 구석기시대를 전후하여 몽골과 만주 지방으로 이동한 것으로 알려지고 있다.

예맥족은 만주 몽골계, 튀르크계를 포함하는 같은 조상에서 갈라진 종족이라 할 수 있다. 튀르크족은 알타이 산맥의 남동부 스텝 지역에서 발원한 것으로 알려지고 있다. 한민족과 튀르크족은 공통의 조상을 갖고 한민족의 뿌리는 동쪽으로, 튀르크족의 무리는 서쪽으로 이동했던 것으로 믿기고 있다. 맥족이나 흉노족은 곰과 연관을 갖고 있으며, 한민족의 조상인 맥족과 터키족의 조상인 흉노족은 모두 곰을 신성시하여 수호신으로 숭배한 같은 토템 민족이었다.

그러나 선사시대 이전부터 맺어온 튀르크인과 한민족 간의 전통적 유대 관계는 중국의 당조 시대 이후부터 소원해지기 시작했다. 특히 통일 신라 이후 한반도는 문화적·정치적으로 중국의 영향권에 놓이게 되어 중국을 넘어서는 대외 관계를 유지하기가 어렵게 되었다. 더구나 튀르크족이 서쪽으로 이동을 계속하게 되면서 튀르크족과 한민족의 관계는 흔적도 없이 사라지고 말았다.

한민족과 튀르크족이 중앙아시아 지역에서 발원한 까닭에 한국어와 터키어는 형태론적으로도 많이 유사하다. 터키어는 한국어와 함께 알타이어군에 속한다. 고대 튀르크어는 괵튀르크(돌궐제국 552~745년)가 사용한 돌궐어 문자로 적힌 튀르크어족 중에는 가장 오래되었다는 점에서 중요하다. 현대 터키어는 이 같은 튀르크어족의 갈래이다. 언어가 같은 계통에 있어 양국 국민의 사고방식도 유사한 점이 많고, 전통 관습과 습관도 유사한 점이 많다.

터키인의 조상 돌궐이 고구려와 서로 동과 서로 헤어진 지 1,300여 년이 지난 1950년 6월, 한반도에서 전쟁이 일어나자, 유엔의 파병 요청에 따라 터키 정부는 1950년 7월 시상군 파병을 결정했다. 이산 민족 같은 터키족과 한민족의 만남이 다시 시작되었다.

02

군사 중심의 교류: 1950~70년대

터키의 한국전쟁 참전

고대 시기 흉노와 고조선, 돌궐과 고구려가 튀르크족과 한민족으로서 만났다면, 근대 들어 양 민족은 1950년 6월 25일에 일어난 한국전쟁 때문에 만나게 되었다. 1950년 6월 28일 유엔 안전보장이사회에서 '한국 원조에 관한 결의문'이 채택되고, 7월 중순 유엔 사무총장이 터키 지상군을 파병해줄 것을 요청하자, 7월 25일 터키 국회는 터키군 파병을 만장일치로 승인했다. 1950~53년 3년간 계속된 한국전쟁에서 터키군은 1만 4,936명이 참전하여 741명의 전사자를 포함, 수많은 군인이 부상 또는 실종되었다. 터키군은 김량장 및 군우리 전투에서 혁혁한 공을 세우고 대한민국의 자유와 민주주의 수호를 위해 피를 흘렸다.

터키군의 참전 상황에 관한 소식은 라디오와 신문 등을 통해 보도되면서 파병 군인 가족은 물론 터키 전 국민이 한국을 알게 되었다. 이슬람을 믿는 터키인들은 전장에서 같이 싸운 사람들을 형제로 보는 종교관을 바탕으로 한국인을 '형제'라고 부르게 되었다. 이 때문에 한국을 바라보는 터키인의 시각은 단순한 '우방국' 차원을 넘어 '형제국'이 된 것이다. 한국전쟁에서 돌아온 터키 병사들은 자신의 이름 대신에 '코렐리(한국인)'로 불리기도 했다. 터키군의 한국전 참전은 양 국민 간 우호 관계의 초석이 되었을 뿐만 아니라, 양국 정부 간의 우호 관계를 결정하는 중요한 요인이 되었다.

1950년대는 한국전쟁과 터키군의 참전, 그리고 양국 외교 관계 수립 등이 있었는데, 이 시기는 외교 관계 수립기로 볼 수 있을 것이다. 한국전쟁 이후 1957년 3월에 양국은 외교 관계를 수립했고, 이에 따라 같은 해 6월 정일권 초대 주 터키 한국 대사가 앙카라에 부임했고, 11월에는 카밀 이딜 초대 주한 터키 대사가 서울에 부임했다. 다음 해인 1958년 4월에는 아드난 멘데레스 총리가 이승만 대통령의 초청으로 한국을 공식 방문함으로써, 양국 관계가 공식적으로 발전하는 도약대가 마련되었다. 터키 언론에서는 한국전쟁이 휴전에 들어간 1953년부터 1960년까지 한국에 관한 기사를 꾸준히 보도하여 터키 국민들이 한국을 기억하게 되었다.

터키군의 한국 주둔 문제

한국전쟁이 끝난 후, 터키군의 한국 주둔 문제가 한국과 미국에 중요한 문제로 떠올랐다. 1960년대 말까지 미국과 터키, 태국을 제외한 나머지 국가들의 병력은 모두 철수했고, 터키와 태국만이 1개 중대 병력을 한국에 주둔시켰다. 터키와 태국 병력은 주한 유엔사령부의 한 상징으로 남아 있었다. 특히 터키군은 한국전쟁에서 특유의 용감함과 희생정신으로 싸운 유엔군 전력의 상징이었기 때문에 한반도의 안보 문제에 직면한 한국 정부로서는 터키군의 철수 문제는 큰 충격이었다. 터키군의 한국 주둔 문제는 한국과 터키 관계 60여 년의 역사에서 특기할 만한 일이었다.

한국전쟁 시 터키 정부는 1950년 9월 유엔군의 일원으로 1개 여단 병력(5,068명)을 파한했으며, 한국전쟁이 끝난 후에도 매년 1개 여단 병력이 유엔군 소속으로 한국에 주둔했다.

그러나 터키에서 1960년 5월 군사혁명이 일어나자 군부를 중심으로 6월부터 주한 터키 여단의 교체 문제를 거론하기 시작했다. 터키 정부는 주력 부대인 여단 병력을 8월에 중대 병력으로 감축했다가, 1962년에 이르러 한국에 주둔 중인 중대 규모의 병력마저 철수시킨다는 결정을 발표했다. 하지만 터키는 한국과 미국 정부의 간곡한 요청에 따라 주둔 기한을 1년씩 연장하는 형식으로 한국에 터키군을 주둔시켰다. 주한 터키군의 규모는 여단병력(1950년), 중대병력(1960년), 의장대(1966년), 완전 철수(1971년)의 순으로 진행되었다.

비록 열한 명의 의장대이지만, 유엔군의 일원인 터키군 의장대는 1971년 6월에 한국에서 완전 철수함으로써 1950년 10월 부산에 상륙한 이래 한국에 연락 장교 두 명만을 남긴 채 파한 21년 만에 완전히 철수하게 되었다.

한국과 미국 정부는 주한 공산 진영과 대치하고 있는 상황에서 터키군의 철수 문제를 한국과 자유 진영의 안보와 평화가 위협받을 수 있는 심각한 사태로 분석했다. 그리하여 이 결정을 철회시키기 위한 외교적 노력을 경주했다. 터키가 철수할 경우 태국마저 철수할 가능성이 다분하고, 그렇게 될 경우 주한 유엔군 사령부의 존속은 사실상 어렵게 된다는 것이다.

터키군의 주둔은 자유 진영의 대공방위 전선 구축에 절대적으로 필요할 뿐만 아니라 유엔의 상징으로서 주한 유엔군 사령부의 존속을 위해서도 필요하다는 것이었다. 터키군의 한국 주둔은 전투 병력을 파견한 참전 국가의 철수 이후 주한 유엔군 사령부의 큰 상징이었다는 점에서, 터키군의 철수 문제는 한국은 물론이고 미국에도 중요한 문제였다. 터키군의 철수 문제는 동서 긴장 상태에서 화해 무드로 전환하는 시기에 우리 정부와 미국 정부의 적극적인 개입에도 불구하고 불가피한 조치였던 것으로 판단된다.

03

본격적인 협력 기반 구축: 1970~90년대

에브렌 대통령과 외잘 총리의 방한과 경제 협력

  터키군이 한국에서 철수한 후 1970년대에는 양국 간 교류의 무게 중심이 군사 분야에서 경제·통상 분야로 옮겨갔다. 1971년 서울과 앙카라 간에 자매도시 결연이 체결되고, 1972년 사증면제협정, 1974년 문화협정, 1977년 통상진흥 및 경제기술협력협정, 1979년에 항공협정 등이 연이어 체결됨으로써 경제 및 인적 교류 협력 기반이 마련됐다. 1974년 코트라KOTRA 이스탄불 무역사무소도 개설됐다. 특히 1971년 8월에 양국 수도 간 자매결연으로 앙카라 시내에 한국공원이 조성됐고, 1973년 11월 한국공원 내에 터키군 참전기념탑이 건립됐다. 앙카라의 터키군 참전기념탑은 양국의 우호 관계를 상징하는 기념탑이 되었다.

  1982년 12월 케난 에브렌 대통령의 한국 공식 방문, 1986년 11월 투르구트 외잘 총리의 한국 방문은 한국전쟁 이후 양국 관계를 발전시키는 중요한 전환점이 되었다. 에브렌 대통령은 중령 때 1958년부터 1959년까지 주한 제8차 터키여단 참모로 근무하면서 한국과 인연을 맺었으며, 특히 한국의 전후 발전상에 대해 관심이 많았다. 에브렌 대통령은 취임 직후 터키의 한국전 참전을 바탕으로 이루어진 혈맹 우호 관계를 실질적 협력 관계로 확대하기 위해 한국 방문을 결심했다.

1986년에 방한한 외잘 총리는 다년간 세계은행에서 근무한 경험이 있으며, 터키의 경제 구조를 자유시장 경제 체제로 전환하기 위해 다양한 정책을 시행했고, 특히 한국의 경제 발전에 대해 관심이 많았다. 이를 계기로 양국 관계가 군사 위주로 이뤄져오던 양국 관계가 경제 분야의 협력 관계로 크게 변화하게 되었다.

1980년대 터키에서는 한국과의 경제·통상 관계를 발전시켜야 한다는 여론이 크게 일어났다. 특히 에브렌 대통령의 방한으로 터키에서는 극동 국가에 대해 관심을 갖게 되었고, 한국의 놀라운 경제 성장에 관심을 보였던 터키는 한국과의 경제 협력을 중요시하게 되었다. 터키의 경제 발전을 위해 한국 경제의 원동력이었던 수출 주도형 산업화와 개발 전략을 배워야 한다는 목소리가 커지게 되었다. 터키에서는 그들이 배워야 할 경제 발전 모델은 바로 한국의 경제 발전이라 하고 이를 '한국 모델'이라고 부르며 주목하게 되었다. 이 시기에 터키 정부나 기업계에서는 한국의 경제 발전 상황을 배우기 위해 한국을 방문했다.

1977년 체결된 통상진흥 및 경제기술협력협정에 따른 협력을 구체화하기 위해, 정부 차원에서 양국 간 경제 협력을 강화하려는 시도가 1981년에 앙카라에서 제1차 한국-터키 경제공동위 회의를 계기로 시작됐다. 이와 병행하여 민간 차원에서는 한국-터키 민간경제협의회가

1987년에 결성되어 제1차 회의가 1989년 6월 이스탄불에서 개최됐다.

이 시기에 양국이 경제 협력에 관심을 갖게 된 이유는 양국의 경제 발전 수준이 상호 보완적으로 서로에게 도움이 되었기 때문이었다. 한국은 이 시기에 새로운 시장을 찾고 있었고, 터키는 1970년대부터 추진해 온 내부 지향적 개발 전략을 중단하고 1980년대부터 자유시장 경제 정책을 시행하여 대외무역청을 신설하고 터키의 수출 증대와 터키 기업의 해외 진출을 위한 제도적 기반을 구축했다.

한국 기업의 터키 내 투자 진출

1980년대 중반, 한국 기업들이 터키 투자에 관심을 두기 시작했다. 터키의 많은 인구, 큰 내수시장, 유럽과 중동의 관문, 터키 기업에 대한 수출 장려 정책, 해외 투자 유치를 위한 터키 정부의 유인책 등이 한국 기업에는 호재가 되었다.

터키 내 한국 기업의 최초의 투자는 1987년에 금성이 터키의 베스텔 Vestel과 합작 투자 회사를 설립하고, 마니사에 건설된 공장에서 1988년 6월부터 전자레인지와 컬러 TV를 생산한 것이었다. 이어 같은 해 삼성전자도 터키의 타트쉬Tatış 홀딩과 합작으로 이즈미르 공장에서 컬러 TV 및 비디오를 조립 생산했다. 1984년 12월 삼성전자를 시작으로 LG전자, 현대종합상사, 대우, 삼성물산, 선경 등 한국의 대부분 주요 기업이 1980년대에 터키에 지사를 설치했다. 한국의 현대자동차는 1990년에 처음으로 터키에 수출되었고, 1995년 11월에 이즈미트에 현대자동차 공장이 건설되어 차량이 생산됨으로써, 터키 내에서 한국 상품에 대한 좋은 이미지가 확산되어갔다.

04

교역·투자·인적 교류의 폭넓은 발전: 1990~2010년대

단순 교역에서 대형 국책 사업 협력으로

터키에서 양국 간 무역 통계가 발표되기 시작한 1965년의 한국과 터키 간 교역량을 살펴보면 고작 8천 달러였다. 양국 간 교역량은 1970년에 5만 9천 달러, 1980년에 6,319만 달러, 1990년에 5억 1,484만 달러로 증가했고, 2000년에는 12억 653만 달러를 기록했다. 양국 간 교역량이 최고에 이르렀던 2007년을 기준으로 한다면, 양국의 교역 규모는 꾸준히 증가하여 2000년 이래 세 배 정도 성장했고, 흑자 수지도 꾸준히 증가 추세에 있다.

2007년 한국의 대터키 수출은 40억 8천만 달러, 수입은 2억 8천만 달러로 교역량 규모에서 사상 최대치를 기록했으나, 세계 경기 침체의 영향을 받은 2008~2009년간, 특히 2009년의 한국의 대터키 수출은 급격하게 감소했다. 경기 침체에도 불구하고 터키의 대한국 수출은 꾸

한국과 터키의 교역 현황

		2005	2006	2007	2008	2009	2010	2011
수출	금액 (천 달러)	2,782,025	3,035,803	4,087,436	3,772,570	2,660,688	3,752,906	5,070,997
	증가율 (%)	18.1	9.1	34.6	-7.7	-29.5	41.1	35.1
수입	금액 (천 달러)	127,408	194,333	281,570	361,913	434,435	516,290	804,624
	증가율 (%)	22.5	52.5	44.9	28.5	20.0	18.8	55.8

출처: 한국무역협회

준한 증가세를 유지하여 그동안 심각했던 무역 불균형을 다소나마 해소하게 되었다. 한국과 터키 간 무역 불균형은 부품 소재 산업이 발달한 한국이 산업 생산에 필요한 원부자재 및 부품을 터키에 공급하고 있는 양국 간 산업 구조에서 기인한 것이었다.

양국 간 투자를 위한 장애를 제거하기 위해 1991년 5월 상호투자증진협정이 체결된 후 한국 기업의 대터키 진출은 1990년 이후 급증하여 2010년 현재 총투자액은 5억 1천만 달러에 달한다. 1991년에 1,900만 달러였던 한국의 대터키 투자액은 20여 년간 약 26배가 증가했으나, 상호보완성이 높은 양국의 경제 구조나 경제력에 비해 그 규모는 작은 편이다. 현대자동차, 현대로템, LG전자, KT&G, POSCO 등 한국의 대표 기업들이 터키에 투자했고, 다른 유수 기업들도 터키에 공장 건설이나 대규모 프로젝트 참여를 계획하고 있다.

특히 한국 기업들은 단순 소비 또는 서비스 부문이 아니라 제강, 전자, 자동차 등 제조업 중심으로 투자·진출함으로써 터키의 경제 발전에 기여하고 있다는 점을 간과해서는 안 될 것이다. 양국 간 투자 관계는 한국의 일방적인 대터키 투자로 이루어지고 있으며, 터키의 대한 투자액은 7백만 달러로 미미한 실정이다. 그러나 한국의 기술 수준이 터키 기업인들에게 알려지면서 한국 기업과의 합작 투자를 희망하는 터키 기업의 관심도 증가하고 있다.

한편, 양국 간 전통적인 군사 협력 관계는 최첨단 기술의 집약 산업인 방산 협력으로 발전하고 있다. 1980년대 초부터 거론되기 시작한 양국 간 방산 협력은 2001년 K-9 자주포(터키식 명칭 Fırtına) 공동 생산을 계기로 새로운 차원으로 발전하게 되었다.

양국 간 방산 분야 협력은 한국의 기술력과 터키의 생산 능력, 양국의 마케팅 능력을 바탕으로 상호 호혜적으로 발전할 것으로 기대된다. 이 같은 합작·공동 생산은 방산뿐만 아니라 민간 부문에서도 활발히 이루어지고 있다. 2000년 LG와 Arçelik 간 에어컨 합작 공장에 이어 2007년 현대 Rotem-TCDD(터키 철도청) 합작사인 Eurotem 공장이 준공되는 등, 양국 간 경제 협력은 국가 전략 사업의 파트너로 발전하면서 원전 등 대형 국책 사업에 대한 협력도 논의하는 단계로 발전하고 있다.

크게 늘어난 민간 교류

한국어와 터키어가 알타이어군에 속하고, 양국의 문화도 유사한 점이 많아 문화 분야에서도 잠재적인 협력 분야가 많다. 1972년 8월 체결된 문화협정에 이어 1972년 12월에 한국외국어대학교에 터키어과가 설립되었고, 1989년 2월에는 앙카라 대학에 한국어문학과가 설립되었다. 이들 양 대학에 설립된 터키어과와 한국어문학과는 양국의 학술 분야 및 민간 교류 증진에 중요한 견인차 역할을 하고 있다. 터키의 중부 도시 카이세리에 있는 에르지예스 대학에도 2003년 9월에 한국어문학과가 개설되었다.

터키를 방문하는 한국인의 수도 증가 추세에 있다. 2000년에 터키를 방문한 한국인의 수는 2만 2천 명에 그쳤으나 2007년에는 13만 5천 명으로 늘어나 5년 만에 5배가 증가했다. 2008~2009년도 방문객 수는 세계 경제 위기의 여파로 2007년도에 비해 감소했으나 2010년도 이후부터는 다시 증가세를 유지할 것으로 예상된다. 반면, 한국을 방문한 터키인의 수는 2005년도에 8,900명이었으나 2008년에 1만 2,500명 수준으로 증가했고, 세계 경제 위기에도 불구하고 2009년도에도 2008년과 거의 같은 수준을 기록했는데, 이는 터키인의 한국 방문객 수가 앞으로 크게 증가할 수 있음을 시사해준다.

2006년 5월 한국 국적기 대한항공이 인천-이스탄불 간 정기 노선 취항을 시작했고, 2009년 10월에는 아시아나항공이 터키항공과 코드 쉐어로 공동 운항을 한 데 이어, 2011년 3월부터 아시아나 항공이 이스탄불에 취항을 시작함으로써, 양국 항공기의 정기노선 취항은 양국 간 지리적인 거리를 단축해줌은 물론, 인적·물적 교류 활성화에도 큰 역할을 하고 있다.

터키 대지진과 2002 월드컵

한국과 터키의 양국 국민을 아주 가깝게 만들어준 두 번의 역사적 사건이 있다. 그중 하나는 1997년 8월 이스탄불과 이즈미트에서 발생한 대규모 지진 사태였다. 한국의 사회 각계 지도자급 인사들로 구성된 '터

한국-터키 방문객 수 현황

	2005	2006	2007	2008	2009	2010	2011
터키 방문 한국인 수	91,597	108,140	135,124	119,500	89,148	123,315	149,943
한국 방문 터키인 수	8,976	8,969	11,625	12,574	12,409	16,320	16,099

출처: 한국 문화체육관광부 및 터키 문화관광부

키의 아픔을 함께하는 사람들'이라는 자발적 단체가 구호금 모금에 나섰고, 한국의 동아일보사도 터키 돕기 캠페인을 벌임으로써 엄청난 국민적 관심을 불러일으켰다.★ 지진 지역에 대한 생생한 보도, 구호 활동, 한국전쟁과 관련되어 묻혀 있던 사연들이 터키에 대한 소개와 함께 다시 등장하며 오랜 우방국 터키를 새롭게 인식하는 기회가 되었다. 2011년 10월 터키 동부 반에서 발생한 강진 피해를 돕기 위해 우리 정부는 겨울용 천막 100동을 긴급 지원했고, 현금 1백만 달러를 추가로 지원했다.

또 다른 하나는 2002년 한국과 일본이 공동 개최한 월드컵이었다. 2002 월드컵에서 한국 국민들은 터키 팀을 열렬히 응원했고, 특히 한국과 터키 팀이 치른 3·4위전에서 한국 국민이 보여준 응원과 경기 후 양팀 선수들이 서로 격려하는 모습은 전 세계인에게 양국 국민 간 우호 관계가 얼마나 깊은지를 단적으로 보여주었다. 양국 국민 간의 유대가 뜨거웠던 월드컵 이후, 2005년 4월 양국 관계의 반세기 역사를 정리하는 한국 대통령의 터키 방문이 이루어졌다. 한국의 대통령이 터키를 공식 방문한 것은 수교 이후 48년 만에 이루어진 일이었다.

★ 1999년 8월 24일부터 35일간 모금된 성금 6억 5,400여만 원(당시 환율 1,235원 기준)과 6억 5,300여만 원 상당의 의연금을 포함해 13억 원이 넘는 지원금과 물품이 동아일보사를 통해 터키 국민에게 전달되었다. 「'지진돕기' 10주년 기념식」, 『동아일보』, 2009. 8. 25.

특히 2002년 이후에 양국 간 고위 인사 교류가 활성화된 것이 특기할 만하다. 2004년 2월에는 터키의 에르도안 총리가 한국을 방문하여 노무현 대통령과 정상회담을 가졌고, 이어 4월에는 반기문 외교 장관이 터키를 공식 방문했다. 1999년 11월 한국의 홍순영 외교 장관이 유럽안보협력회의 참석차 이스탄불을 방문한 적은 있지만, 반기문 외교 장관의 터키 방문은 한국의 외교 수장으로서는 수교 47년 만에 처음으로, 터키의 수도를 공식 방문한 것으로 기록되었다.

2005년 4월에는 노무현 대통령의 터키 방문, 6월에는 이명박 서울시장의 터키 방문이 이어졌다. 2008년 12월에는 한승수 국무총리의 터키 방문, 2009년 1월 김형오 국회의장의 터키 방문이 이어지는 등, 한국의 고위급 인사의 터키 방문이 계속 이어졌다. 2010년에는 6월에 귈 대통령이 에브렌 대통령의 방한 이래 28년 만에 공식 방한했고, 11월에는 서울에서 개최되는 G20 정상회의 참석차 에르도안 총리가 방한하여 이명박 대통령과 각각 정상회담을 가졌다.

2012년 1월에는 김성환 외교부 장관이 반기문 전 외교부 장관의 터키 공식 방문 8년여 만에 터키를 방문했다. 이어 2월에는 이명박 대통령이 터키를 국빈 방문하였으며, 양 정상은 양국 간 전통적 혈맹 관계를 전략적 동반자 관계로 격상시켰다. 3월에는 에르도안 총리가 서울에서 개최된 제2차 핵안보 정상회의에 참석차 방한하였다.

양국의 협력 분야도 점차 다변화되고 있다. 그동안은 양국 정부 간에 개최된 경제공동위회의가 정부 간 주요 회의 중 하나였다. 그런데 최근에는 양국 간 정책협의회 회의, 영사국장회의, 통상장관 회담, 교통건설 관련 장관 회담 등이 개최되었다. 양국은 단순히 상품 교역을 넘어

교통·건설, 해운, 조선, 해운, 에너지, 방산 등의 분야로 협력 범위를 확대함으로써 정치·경제·사회·문화·군사 등 모든 영역에 있어 양국 간 협력과 교류의 폭이 넓어지고 있다.

05

또 다른 60년을 위하여

한국과 터키의 관계는 양국의 경제 발전과 국력의 상승에 따라 진화하며, 또 다른 차원의 궤도로 진입하고 있다. 2010년 3월 이스탄불 츠라안 호텔에서 『매일경제』 신문사가 주최한 한국-터키 비즈니스 포럼은 터키의 에르도안 총리를 포함, 양국 정부의 주요 각료 및 주요 기업 총수 등이 대거 참여하여 성황리에 마무리되었다. 한국-터키 비즈니스 포럼은 양국 간 60년의 우호관계를 바탕으로 또 다른 60년의 협력 방향을 모색하는 의미 있는 장이었다. 이스탄불 비즈니스 포럼에서 광범위하게 협력 방안이 토의된 것같이, 양국 간에는 방산, 원전, 건설, IT, 조선 등 다양한 분야에서 협력이 진행되고 있다. 또한 한국과 터키는 2010년 4월부터 자유무역협정FTA 협상을 진행했는데, 자유무역협정은 2012년 3월 26일 핵안보정상회의 참석을 위해 에르도안 총리가 방한한 것을 계기로 가서명되었다. 2012년 중에 타결될 것으로 보이는 한국-

터키 자유무역협정이 발효되면 경제·통상 및 투자가 크게 확대될 것으로 전망된다.

에너지를 중심으로 한 중앙아시아 지역의 부상, BRICs★를 비롯한 신흥 경제 국가군의 급속한 성장은 국제 정치·경제의 지형을 빠른 속도로 변화시키고 있다. 또한 탈냉전시대에 들어가면서 평화·안보, 개발, 인권, 환경, 군축, 비확산 같은 새로운 안보 위협과 도전이 정면에 부상하고 있다. 이러한 세계적 변화의 물결 속에서 지역 내 주요 국가 역할을 하는 한국과 터키의 관계도 빠른 속도로 변화하고 발전할 것이다. 양국은 양자 문제뿐만 아니라 이 같은 국제적 문제에도 적극 공조하면서 상호 호혜적 관계를 발전시켜야 한다.

터키는 지역 내 주요 에너지 프로젝트의 통과 거점으로서 지정학적·전략적으로 중요한 국가이다. 터키는 G20의 회원국으로 세계 경제 위기 해결 및 경제 질서 재편을 위한 국제 공조 대열에도 적극 참여하고 있고, 2023년 세계 경제 10대국 진입이라는 목표를 두고 있다. 2010년 G20 정상회의와 2012년 핵 안보 정상회의를 치르면서 한국의 국제적 위상도 높아지고 있으며 '성숙한 세계국가Global Korea'를 지향하는 한국 정부의 정책하에 한국의 국제적 역할과 기여도 앞으로 더욱 커질 것이다.

이제 양적·질적으로 본격적인 성장의 기회를 맞고 있는 한국과 터키는 양국의 전략적 가치를 제고하는 노력을 경주해야 한다. 양국이 갖고 있는 역사적·문화적인 공통점, 양국 경제 구조의 상호보완적 성격, 양

★ 미국의 골드먼삭스가 2050년에 세계 경제를 주도하는 가장 강력한 잠재력이 있는 국가로 브라질, 러시아, 인도, 중국을 꼽았다. BRICs는 이들 4개 국가의 영문 이름의 대문자를 딴 것이다.

국 국민 간의 친밀감, 양국 정부의 비전 등을 감안하면, 양국 간 미래지향적인 전략적 제휴 strategic partnership가 충분히 가능하기 때문이다. 지금은 글로벌 국제 질서하에서, 특히 경제·통상 관계는 물론 국제적 이슈에 대한 다자 외교 안에서의 한국-터키 간 양자 협력이 그 어느 때보다 중요하다. 전략적 깊이 strategic depth가 있는 협력 방안이 도출되어 양국 간의 관계가 더욱 발전해야 할 시점인 것이다.

참고문헌

고재남, 「한·중앙아 지역협력의 현황과 과제」, 정책연구과제 2009-01, 외교안보연구원, 2010.
권 찬, 『중동의 지정학』, 한민족, 1984.
김대성, 「오스만 제국의 이슬람 종단」, 한국국제지역학회, 2001.
김재명, 『눈물의 땅 팔레스타인』, 프로네시스, 2009.
김송절, 『이스라엘: 평화가 사라져버린 5000년 성서의 나라』, 리수, 2006.
백상기, 『터키 사람들과 반세기』, 삶과꿈, 2007.
법무부, 「키프로스 통일방안 연구」, 법무부 법무실 특수법령과, 2004.
서재만, 『터키 공화국의 정치발전과 이슬람, 중동정치의 이해 3』, 한울아카데미, 2006.
신범식, 「21세기 러시아의 동맹·우방 정책의 변화와 전망」, 동아시아연구원 EAI NSP Report 4, 2009. 12(www.eai.or.kr/data/bbs/kor_report/2010060312261314.pdf).
엄구호, 「SCO에서의 러·중 협력: 현황과 전망」, 『외교안보연구』 제7권 제1호, 2011.
오기철, 「중동평화 협상과 정착에 따른 한국의 대중동 외교방안」, 외교안보연구원, 2000.
외교통상부, 『2006 외교백서』, 외교통상부, 2006.
──, 『NATO 개황』, 외교통상부, 2008.

──, 『2009 외교백서』, 외교통상부, 2009.
──, 『OSCE 개황』, 외교통상부, 2010.
우덕찬, 「키프로스 통일문제에 관한 연구」, 『지중해 지역연구』 제10권 2호, 2008, pp. 33~53.
이두환, 「EU와 러시아의 에너지 안보전략 패러다임의 변화」, 『외교안보연구』 제7권 제1호, 2011.
이희수, 「이슬람국가 터키의 새로운 정치실험」, 『경향신문』, 2010. 3. 21.
──, 「중동사태 중재 나선 터키의 역할」, 『경향신문』, 2012. 4. 1.
이희철, 「유프라테스강과 티그리스강을 중심으로 한 수자원 분쟁 연구」, 『중동연구』 제15권 2호, 1996.
──, 『오스만 제국과 터키사』, 펴내기, 2001.
인남식, 『팔레스타인 문제에 대한 한국의 정책방향』, 대외경제정책연구원, 2007.
──, 「2011 중동 민주화 운동의 원인, 현황 및 전망」, 『주요국제문제분석』, 외교안보연구원, 2011.
임세균, 『단순하고 소박한 삶: 아미쉬로부터 배운다』, 리수, 2009.
장병옥, 『쿠르드족 배반과 좌절의 역사 500년』, 한국외국어대학교 출판부, 2006.
장지향, 「90년대 터키의 정치변동 연구」, 한국외국어대학교 석사학위 논문, 1997.
정여천, 『중·동구 국가들의 EU 가입 전망과 시사점』, 대외경제정책연구원, 1996.
정한구, 「러시아 대외정책의 진로 수정?: '대국주의' 열망과 푸틴의 선택」, 『세종정책연구』 제3권 1호, 세종연구소, 2007(www.sejong.org/Pub_st/PUB_ST_DATA/kst005-06.pdf).
최한우, 『중앙아시아 연구』, 펴내기, 2003.
한국전략문제연구소, 『동북아 전략균형 2008』, 한국전략문제연구소, 2008.
한석진, 「이슬람문명과 서구문명 간의 갈등관계 고찰」, 『외교』 제85호, 한국외교협회, 2008. 4, pp. 93~104.
홍관희, 「이스라엘·하마스 전쟁으로 본 중동분쟁의 성격과 시사점」, CFE Report No. 78, 자유기업원, 2009.
홍미정, 「이스라엘-팔레스타인 문제와 전망」, 불교평론, 2009.
홍순남, 『중동정치질서의 이해』, 한국외국어대학교 출판부, 1997.
Davison, Roderic H., 『터키사 강의』, 이희철 옮김, 펴내기, 1998.

「미국은 역시 조지아의 든든한 배경」, 『연합뉴스』, 2008. 1. 15.
「조지아·우크라이나 "美 믿고 NATO 가입추진"」, 『데일리NK』, 2008. 3. 26.

「터키, 오바마 중동정책 핵심으로」, 『한겨레』, 2009. 4. 5.
「3번 연임 성공 터키총리… 이슬람 민주 지도자 모델로」, 『조선일보』, 2011. 6. 14.

Aneja, Atul, "Turkey's election & Arab spring", *The Hindu*, 2011. 6. 13.
Aras, Bülent, "Turkey and the Palestinian Question", *SETA Policy Brief No. 27*, 2009.
Bulaç, Ali, "The First Election of the Post-Kemalist Era", *Today's Zaman*, 2011. 6. 14.
Denktash, R. R., *The Cyprus Triangle*, New York: The Office of the Turkish Republic of Northern Cyprus, 1988.
Enginsoy, Ümit, "Turkey and Korea aim to up business", *Hürriyet Daily News*, 2010. 4. 13.
──, "Turkey, S. Korea to mark war's 60th year", *Hürriyet Daily News*, 2010. 5. 18.
Ergil, Doğu, "A New Chapter: Cyprus", *Today's Zaman*, 2011. 7. 13.
Erteküm, Necati, *The Cyprus Dispute and the birth of the Turkish Republic of Northern Cyprus*, Northern Cyprus: K. Rustem & Brother, 1984.
Finkel, Caroline, *The History of the Ottoman Empire: Osman's Dream*, New York: Perseus Books Group, 2005.
Foroohar, Rana, "Prime Minister Erdoğan: Turkey's Man of the People", *TIME*, 2011. 6. 27.
Fromkin, David, *A Peace to End All Peace: The Fall of the Ottoman Empire and the Creation of the Modern Middle East*, New York: Henry Halt and Co., 1989.
Fuller, Graham E., *The New Turkish Republic*, Washington D. C.: United States Institute of Peace Press, 2008.
Göksel, Nigar, "Turkey and Azerbaijan: Passion, Principle, or Pragmatism?", *The German Marshall Fund of the United States*(www.gmfus.org), 2009. 6. 4.
Hostler, Charles W., *The Turks of Central Asia*, London: Praeger, 1993.
Hotham, David, *The Turks*, London: John Murray Ltd, 1972.
Ismailzade, Fariz, "Turkey-Azerbaijan: The Honeymoon is Over", *Turkish Policy Quarterly*, vol. 4, No. 4, 2005[http://www.turkishpolicy.com/images/stories/ 2005-04-neighbors/TPQ2005-4-ismailzade.pdf(검색일: 2011. 7. 15)].

Jenkins, Gareth, *Turkey and Northern Iraq: An Overview*, The Jamestown Foundation, February 2008.

Kaddorah, Emad Y., "The Turkish Model: Acceptability and Apprehension", *Insight Turkey*, vol. 12, No. 4, 2010.

Kaplan, Robert D., *Balkan Ghosts*, New York: Vintage Departure, 1994.

──, *Eastward to Tartary*, New York: Vintage Departure, 2001.

Kibaroğlu, Mustafa, *Turkey's Neighborhood*, Ankara: Foreign Policy Institute, 2008.

──, "Turkey and Israel Strategize", *Middle East Quarterly*, Winter 2002.

Kramer, Heinz, "Will Central Asia become Turkey's sphere of influence", *Perceptions: Journal of International Affairs*, vol. 3, No. 4, March-May 1996[http://sam.gov.tr/wp-content/uploads/2012/01/8.-WILL-CENTRAL-ASIA-BECOME-TURKEYS-SPHERE-OF-INFLUENCE.pdf(검색일: 2011. 6. 25)].

Küçükcan, Talip, "Arab Image in Turkey", *SETA Research Report*, SETA foundation, 2010.

Larrabee, F. Stephen, "Turkey Rediscovers the Middle East", *Foreign Affaires*, July/August 2007.

──, "Turkey's Eurasian Agenda", *The Washington Quarterly*, vol. 34, No. 1, winter 2011.

Longrigg, Stephen Hemsley, *Oil in the Middle East*, Oxford: Oxford University Press, 1954.

McNamara, Sally, Ariel Cohen & James Phillips, "Countering Turkey's Strategic Drift", *Backgrounder*, Washington D. C. : The Heritage Foundation, 2010. 7. 26.

Na, Jeong-ju, "South Korea, Turkey agree to boost ties", *Korea Times*, 2010. 6. 15.

Nachmani, Amikam, "The Remarkable Turkish-Israeli Tie", *Middle East Quarterly*, June 1998.

Nagaba, Hiroshi, "Japan and Turkey Historical Process for Diplomatic Relations", September-November 1997[www.ikinciabdulhamid. com/iaforum/japan-and-turkey-historical-process-for-diplomatic-relations/t165.html(검색일: 2011. 7. 22)].

Nedjiatigil, Zaim M., *The Cyprus Conflict*, Northern Cyprus: Kema Press Ltd., 1981.

Oğan, Sinan, "The Black Sea: New Arena for Global Competition"[www.turk

sam.org/en/yazdir195.html(검색일: 2011. 4. 13)].

Paul, Amanda, "Turkey's 360 degree foreign policy", *Today's Zaman*, 2011. 3. 30.

Pipes, Daniel, "A New Axis: The Emerging Turkish-Israeli Entente", *National Interest*, Winter 1997/98[http://www.meforum.org/article/pipes/29 (검색일: 2011. 2. 14)].

Robins, Philip, *Turkey and the Middle East*, London: The Royal Institute of International Affairs Pinter Publishers, 1991.

Shaw, Stanford J., *The Jews of the Ottoman Empire and the Turkish Republic*, London: Macmillan Press Ltd, 1991.

Yurttagül, Ali, "'Model' Turkey", *Today's Zaman*, 2011. 3. 9.

"Turkey's election, One for the opposition", *The Economist*, 2011. 6. 2.

"Why did Kenan Evren ban Kurdish?", *Today's Zaman*, 2011. 6. 10.

Akgün, Mensur & Sabiha Senyücel Gündoğar, *Ortadoğu'da Türkiye Algısı 2010*, TESEV, 2011.

Aknur, Müge, *TSK'nın Dış Politika Üzerindeki Etkisi*, Ankara: Novel Yayın, 2010.

Aras, Bülent, "Türk-İran İlişkileri: Değişim ve Süreklilik", *Avrasya Dosyası*, Cilt 12, Sayı 2, 2006.

Arı, Tayyar, *Orta Asya ve Kafkasya*, Bursa: Marmara Kitap Merkezi, 2010.

Behar, Büşra Ersanlı, *Bağımsızlığın İlk Yılları*, T.C. Kültür Bakanlığı, 1994.

Besli, Hüseyin & Ömer Özbay, *Bir Liderin Doğuşu: Recep Tayyip Erdoğan*, Istanbul: Meydan Yayıncılık, 2010.

Bilge, A. Suat, *Güç Komşuluk Türkiye-Sovyetler Birliği İlişkileri 1920~1964*, Ankara: Türkiye İş Bankası Kültür Yayınları, 1992.

Bölükbaşı, Yusuf Ziya, *Türkiye-İsrail İlişkileri*, Ankara: Novel Yayın, 2010.

Çarkoğlu, Ali & Binnaz Toprak, *Değişen Türkiye'de Din, Toplum ve Siyaset*, TESEV Yayınları, 2006.

Çemre, Metin & Murat Aksoy, *TSK'nin Dış Politika Üzerinde Sorunsalı*, Ankara: Nobel Yayın, 2010.

Coşkun, Melih, *Cumhuriyet'ten Günümüze Türkiye-Irak İlişkileri*, Ankara: Novel Yayın, 2010.

Davutoğlu, Ahmet, *Stratejik Derinlik*, Istanbul: Küre Yayınları, 2009.

Demirtepe, M. Turgut, *Orta Asya & Kafkasya Güç Politikası*, Ankara: USAK, 2008.

Ensari, Oktay & Alper Kekeç, "Ismail Cem, Suriye hălă bir şey anlamıyor", *Hürriyet*, 1998. 10. 6.

Ercan, Murat, *Değişen Dünyada Türk Dış Politikası*, Ankara: Nobel Yayın, 2011.

Hasanoğlu, Alihan, "Türk Firmaları Kuzey Irak'ın gözdesi", *Zaman*, 2011. 7. 2.

Hermann, Rainer, *Türkiye'de Neler Oluyor?*, Istanbul: Ufuk Yayınları, 2011.

Japonya Büyükelçiliği, Japonya-Türkiye İlişkilerinin Tarihçesi [http://www.tr.emb-japan.go.jp(검색일: 2011. 7. 25)].

Kozlu, Cem, *Avrupa'ya Hayır Diyebilen Türkiye*, Istanbul: Remzi Kitabebi, 2011.

Laçiner, Sedat, *Türk Dış Politikası*, Ankara: USAK Yayınları, 2009.

Lee, Heechul, *Siyasi, Ekonomik, Askeri ve Kültürel Açıdan Türkiye-Kore İlişkileri*(Turkey-Korea Relations in Political, Economic, Military and Cultural Aspects), Ankara: Türk Tarih Kurumu, 2007.

──── , *Türkiye-Kore İlişkileri(Turkey-Korea Relations): 1950~1960*, Ankara: Gazi Üniversitesi, Yüksek Lisansı Tezi(master's thesis), 1988.

Özbay, Fatih, *Türkiye-Ermenistan İlişkileri*, Istanbul: BİLGESAM, 2002.

Özdal, Habibe, *Mülakatlarla Türk Dış Politikası*, Ankara: USAK Yayınları, 2009.

Öztarsu, Mehmet Fatih, "Madrid Prensipleri ve Karabağ Görüşmeleri", Stratejik Düşünce Enstitüsü, 2010. 5. 11[www.sde.org.tr/tr/haberler/1032/madrid-prensipleri-ve-karabag-gorusmeleri.aspx(검색일: 2011. 7. 25)].

Seviğ, Veysi, "Güney Kore Modeli"(South Korea Model), *Dünya*, 1984. 9. 15.

Subaşı, Necdet, *Alevi Modernleşmesi*, Istanbul: Timaş Yayınları, 2010.

Tan, Altan, *Kürt Sorunu*, Istanbul: Timaş Yayınları, 2009.

Taşhan, Seyfi(ed.), *Dış Politika-Foreign Policy*, vol. XXXXIII, No. 1~2, Ankara: Foreign Policy Institute, 2011.

Tüysüzoğlu, Göktürk, "Dağlık Karabağ Sorunu ve Kazan Başarısızlığı", *Usak Stratejik Gündem*, 2011. 6. 29(www.usakgundem.com).

Yazar, Yusuf, *Enerji İlişkileri Bağlamında Türkiye ve Orta Asya Ülkeleri*, Ankara: Ahmet Yesevi Üniversitesi, 2011.

찾아보기

ㄱ

가스 분쟁 88, 232
가자 지구 25, 118~19, 134, 145, 162~63, 165, 167~68, 170~71, 267
갈등 제로 정책 7~8, 66, 140, 164, 195, 202, 234, 266
게제콘두gecekondu 85
골란 고원 127, 170
공화인민당 57, 58, 82, 85~86
관세동맹 272, 274, 278, 283
국가안보위원회MGK 44, 45, 47
국가안보회의 31, 44, 48, 153~54
국제안보지원군ISAF 187
국제축구연맹FIFA 196
국제통화기금IMF 21
군우리 전투 238, 303
「규무쉬Gümüş」 75
근외 정책 175, 182, 234

ㄴ

나고르노카라바흐 62, 174, 176~77, 194~97, 199, 200~205, 221
나부코 프로젝트 90, 96, 98, 231
나토(북대서양조약기구) 61~62, 114, 116, 127, 160, 163, 174~75, 177~78, 182~84, 186~88, 212, 219, 228, 231, 239, 241, 253~54, 258~61, 263, 265, 267, 271, 282, 293
나히체반 197~98, 210
남오세티야 174, 184~86, 188
네신, 아지즈Nesin, Aziz 55
노무현 315
누르주Nurcu 53
뉴 터키 15, 30

ㄷ

다르다넬스 해협 256
다부트올루, 아흐메트Davutoğlu, Ahmet 7, 66, 196, 203, 280, 296
데미렐, 쉴레이만Demirel, Süleyman 20, 21, 44, 58, 193~94, 208, 210, 237, 248, 251, 261~62
덴타쉬, 라우프Denktaş, Rauf 292, 294
독립국가연합CIS 177, 183, 210
돌궐 124, 300~303
동결 분쟁 175
동남부 지역 개발사업 36
동트 제도 31
디야르바크르 16, 35, 40, 55

ㄹ

라프산자니, 악바르 하셰미Rafsanjani, Akbar Hashemi 139
로잔 조약 111, 125, 148, 257, 288

■

마그레브Magreb 255
마드리드 원칙 204
마르딘 35, 39
마셜 플랜 227, 258, 263~64
마카리오스Makarios 290~91, 293~94
맥마흔 서한 109~10
먼로 독트린 263
메드베데프, 드미트리Medvedev, Dmitry 204, 231
멘데레스, 아드난Menderes, Adnan 58, 247, 304
모국당ANAP 20~21, 23, 30, 46, 59, 116
모술 123, 147~48, 156
몬드로스 협정 147
몽트뢰 조약 245, 257
미덕당FP 27
민스크 그룹 177, 203~205
민족구원당MSP 27
민수좌익당DSP 20~21
민주 헌법 86

■

바르샤바 조약기구 174, 219
바야르, 제랄Bayar, Celal 42
바트당 126, 146
반기문 295, 315
방위경제협력협정DECA 262
밸푸어 선언 110~11
범이슬람주의 103
범튀르크주의 207~10, 231, 237
베이징 올림픽 185
보스포러스 해협 94, 256
복지당 27, 44~45, 139

부크레슈티 187, 222
북부 비행 금지 구역 120
블루 스트림 90, 94~95, 223~24, 228~30, 232~33
비스마르크, 오토 폰Bismarck, Otto Eduard Leopold von 102
비자면제협정 61, 64, 122~23, 132
BTC 송유관 90~91, 94, 98, 188, 194, 197, 214~15
빌헬름 2세Whihelm Ⅱ 103~104, 113

ㅅ

사막의 폭풍작전 120
사우스 스트림 90, 95~96, 231~32
사이크스피코 협정 109, 126, 146
사카쉬빌리, 미하일Saakashvilli, Mikheil 184~85, 188, 190
사파비드 왕조 52, 136~37
산레모 회의 111~12
산스테파노 조약 257
상하이협력기구SCO 237
서안 지구 165, 167~68, 170~71
세계경제포럼 119
세브르 조약 111
세속주의 8, 22~23, 26~29, 43~44, 47, 53~55, 57, 73~74, 76, 79, 82, 114, 137~39, 147, 271
수니 이슬람 51~53, 56, 136
수니파 50~52, 70~71, 135, 143
수에즈 운하 113, 160
술래이마니예 154~56
시바스 사건 56
시아 이슬람 51, 198
시아파 50~52, 70~71, 135~37, 143, 145, 155, 192
신장 위구르 236~40
신중동 전략 69
신중산층 6, 29~30

찾아보기 329

ㅇ

아난 플랜 278, 285

아라파트, 야세르Arafat, Yasser 166, 168, 170

아랍-이스라엘 문제 62

아르빌 35, 40, 154~56

아타튀르크, 무스타파 케말Atatürk Mustafa Kemal 22, 33~34, 53~54, 58, 83, 136, 139~40, 207, 226, 239, 248

아타튀르크주의Atatürkçülük 43

아편 재배 259~60

아프가니스탄 침공 137, 262

악쿠유 원전 건설 사업 231~32

알레비 33, 49~56

알레포 66, 131

알아사드, 하페즈al-Assad, Hafez 126, 135

압둘하미드 2세Abdulhamid II 103, 245~46

압하지야 62, 174, 184, 186, 188, 222

에너지 안보 68, 96, 176, 213, 215

에노시스 운동 288~89, 293

에르게네콘Ergenekon 46, 48

에르도안, 레제프 타이이프Erdoğan, Recep Tayyip 6~7, 16, 19, 24~28, 39, 47, 56, 64, 66~69, 80, 82~86, 95, 118~19, 131~32, 134, 153, 155, 162, 171, 194, 229~31, 234, 239, 242, 250, 266~67, 279~81, 283, 296, 315, 317

에르투우룰 순양함 246~47, 249

에브렌, 케난Evren, Kenan 38, 59, 307~308, 315

예니체리 42

오프닝opening 33, 56

욤 키푸르 날 159

외잘, 투르구트Özal, Turgut 20, 22~24, 30, 36, 46, 116, 120, 208~209, 228, 247~48, 262, 265, 307~308

유라시아의 발칸 172~73

유럽안보협력기구OSCE 174, 177, 197, 203~204, 212, 315

유럽연합EU 8, 25, 32~33, 43~45, 49, 60, 62, 67~68, 74, 81, 88~90, 96, 98,

122, 142, 186~87, 202~203, 207, 212, 219, 221, 223~24, 230, 268, 271~85, 294~95
유엔 안전보장이사회(안보리) 25, 60, 67, 135, 141~42, 160, 265, 292~93
유엔무역개발회의UNCTAD 18
의원내각제 31
이란-이라크 전쟁 39, 119, 137, 147, 150, 246
이란 핵 프로그램 25
이란 혁명 138, 143, 262
이맘 하팁İmam Hatip 학교 24
이명박 315
이슬람협력기구OIC 63, 117, 140, 230
이슬람회의기구(→이슬람협력기구)
이원집정제 31
이을마즈, 메수트Yılmaz, Mesut 239
인티파다intifada 145, 166~67
일본국제협력단JICA 251~52
일본국제협력은행JBIC 251

ㅈ

자유무역협정FTA 161, 163, 171, 317~18
정의개발당AKP 5~7, 15, 18~19, 21~22, 26~28, 30, 39, 47, 49, 56, 62~64, 66, 68, 74, 80~86, 118, 122, 140, 154, 162, 171, 180, 256, 279~80
정치 이슬람 82
제1차 세계대전 42, 101~102, 104~105, 108~14, 118, 123, 125~26, 146~47, 166, 202, 225~26, 245, 256~57, 271, 287~88, 300
제2차 세계대전 61, 64, 112, 126, 158, 168, 219, 227, 245, 256, 264, 288~89, 300
제이한 90~94, 188, 194, 223~24, 231
젬에비cemevi 53, 56
조로아스터교 91
존슨 서한 254, 258, 260, 291
주택건설청 84

찾아보기 331

주피터 미사일 258
중동전쟁 116, 127, 158~60, 166, 168
중동 평화 문제 68
중동평화협상 117, 127
지복당SP 27

ㅊ

축구 외교 202~203
츠한발리 185

ㅋ

카스르가Kasırga 240
카흐라만마라시 54, 59, 133
칼리프 51, 54, 70~71, 101, 103, 138, 146
케말리즘Kemalizm 43
코트라KOTRA 307
쿠르드노동자당PKK 41, 121~22, 127~32, 147, 152
쿠르드민주당KDP 151
쿠르드애국당KYP 151
쿠웨이트 침공 62, 119
크즐바시kızılbaş 51~52, 56
키르쿠크 153, 155
키릴 문자 193, 211~12
키프로스 투쟁 국민기구 289

ㅌ

터키 해협 92, 218, 223~24, 227, 256~57
터키경제사회연구재단TESEV 74~75
터키경제인연합회TUSKON 28
터키경제인협회TÜSIAD 28

터키국제협력개발단TIKA 171, 212
터키-일본 재단 248, 251
터키항공 122, 155, 234, 246~47, 313
튀르크계 공화국 정상회의 209~10
튀르크계 공화국 문화기구 212
튀르크-이슬람 통합 정책 23~24
트루먼 독트린 227, 258, 263
트빌리시 90~91, 98, 186, 188, 190, 194, 223
티그리스 강 127, 154

ㅍ

팔레스타인해방기구PLO 117, 161, 166, 168, 170
평화민주당BDP 31
푸틴, 블라디미르Putin, Vladimir 95, 182, 229~31, 234
『포린 폴리시Foreign Policy』 26, 66

ㅎ

하마스Hamas 139, 145, 162, 170
하타이 영토 문제 127~28
핵연료 합의안 141~42
헤즈볼라Hezbollah 139, 145, 170
호메이니, 아야톨라 루홀라Khomeini, Ayatollah Ruhollah 138, 145
훙노 124, 300~301, 303
흑해경제협력기구BSEC 197, 220~24
헤자즈 103, 110
하즈벡타쉬Hacıbektaş 53~54